VOCÊ TEM MAIS INFLUÊNCIA DO QUE IMAGINA

VANESSA BOHNS
VOCÊ TEM MAIS INFLUÊNCIA DO QUE IMAGINA

COMO DOMINAR A ARTE DE PERSUADIR E IMPACTAR PESSOAS

Tradução
Jennifer Koppe

academia

Copyright © Vanessa Bohns, 2021
Copyright © Editora Planeta do Brasil, 2023
Primeira edição: Nova York, NY: W. W. Norton & Company, 2021
Todos os direitos reservados.
Título original: *You have more influence than you think: how we underestimate our power of persuasion and why it matters*

Preparação: Mariana Cardoso
Revisão: Ligia Alves e Ana Maria Fiorini
Projeto gráfico e diagramação: Maria Beatriz Rosa
Capa: Anderson Junqueira

Dados Internacionais de Catalogação na Publicação (CIP)
Angélica Ilacqua CRB-8/7057

Bohns, Vanessa
   Você tem mais influência do que imagina: como dominar a arte de persuadir e impactar pessoas / Vanessa Bohns; tradução de Jennifer Koppe. – São Paulo: Planeta, 2023.
   272 p.

ISBN 978-85-422-2144-2

Título original: You have more influence than you think: how we underestimate our power of persuasion and why it matters

1. Persuasão (Psicologia) 2. Influência (Psicologia) I. Título II. Koppe, Jennifer

23-0679   CDD 153.8

Índice para catálogo sistemático:
1. Persuasão (Psicologia)

Ao escolher este livro, você está apoiando o manejo responsável das florestas do mundo

2023
Todos os direitos desta edição reservados à
Editora Planeta do Brasil Ltda.
Rua Bela Cintra, 986, 4º andar – Consolação
São Paulo – SP – 01415-002
www.planetadelivros.com.br
faleconosco@editoraplaneta.com.br

Para Hanna e Evelyn

Introdução 9

1. Influência invisível 16

2. Seu poder de persuasão 48

3. Só porque você pediu 76

4. Por que é tão difícil dizer "não" 102

5. Desinformação, perguntas inadequadas e o movimento Me Too 130

6. O poder e a influência percebida 161

7. Ver, sentir e experimentar sua influência sobre os outros 198

Conclusão 237

Agradecimentos 241

Notas 244

Introdução

Eu amo ensinar, mas, do púlpito na frente da sala de aula, pode ser difícil saber se estou causando algum impacto. Eu coloco meu coração e minha alma em uma lição, apenas para olhar para um mar de rostos ilegíveis, a maioria dos quais vai desaparecer quando a segunda aula terminar. Até que um dia recebi um e-mail de um ex-aluno detalhando a influência que tive na vida dele e, como um relâmpago, experimentei um momento de reconhecimento com lágrimas nos olhos ao saber do impacto que minhas palavras e ações podem exercer sobre os outros.

A maioria de nós, no entanto, não recebe regularmente esse tipo de percepção sobre como influenciamos os demais. Quer afetemos os outros de maneiras intensas e que mudam a vida (como os paramédicos ou os assistentes sociais) ou de jeitos mais sutis e cotidianos (como os baristas bem-humorados), normalmente só conseguimos obter uma visão muito pequena de nosso verdadeiro impacto. Em outras palavras, talvez recebamos um e-mail a cada cem alunos que ensinamos. E como raramente percebemos nossa influência sobre os demais, podemos subestimá-la cronicamente. Afinal, se quase ninguém nos disser o quanto nosso elogio o fez se sentir bem, ou que passou o dia sorrindo por causa daquela piada que contamos, como vamos saber que causamos algum impacto?

Curiosas sobre esse fenômeno, a colega psicóloga Erica Boothby e eu pensamos em um experimento: e se perguntássemos às pessoas, antes de se envolverem em uma interação comum com alguém, que impacto elas esperavam causar sobre o outro, e imediatamente questionássemos ao outro o quanto ele foi realmente impactado? As pessoas subestimariam a influência que têm sobre os demais nesse tipo de interação cotidiana e corriqueira?

Recrutamos pessoas para participar de nosso estudo e dissemos a elas que ele consistia essencialmente em uma única tarefa: elas deveriam sair do laboratório e ir para a rua, abordar um desconhecido qualquer (do mesmo sexo) e elogiá-lo. Nós até dissemos aos participantes o que eles deveriam enaltecer, simplesmente afirmando: "Ei, gostei da sua camisa".

Antes de deixarem o laboratório, pedimos aos participantes que adivinhassem quão bem esse elogio faria a outra pessoa se sentir. Em seguida, demos a eles dois envelopes para que entregassem à pessoa em questão logo após a abordagem: um envelope continha uma pesquisa questionando se o elogio a fez se sentir bem; e no outro a pessoa abordada colocaria as questões respondidas, lacrando-o para que nossos participantes não pudessem lê-las (o que poderia tornar os desconhecidos menos honestos em suas respostas).

O que descobrimos nesse estudo mudou a forma como interajo com desconhecidos: se tenho algo de bom para dizer a alguém, me esforço para isso, porque agora eu sei que meu elogio aparentemente banal e sem jeito fará a outra pessoa se sentir significativamente mais feliz do que eu imagino. Os participantes desconhecidos abordados e elogiados disseram que gostaram da interação e que o elogio os fez se sentirem "melhor" e mais "lisonjeados" do que nossos parceiros esperavam. Mais do que isso, quando realizamos o estudo novamente e perguntamos aos participantes quão irritadas e incomodadas as pessoas se sentiriam ao serem abordadas e elogiadas por um desconhecido, eles pensaram que suas ações seriam percebidas como muito mais irritantes e incômodas do que os indivíduos abordados de fato relataram.[1,2]

E não se trata simplesmente de elogiar alguém pelo bom gosto na escolha da camisa. Encontramos o mesmo padrão de resultado quando pedimos aos participantes que encontrassem algo – qualquer coisa – de que gostassem genuinamente em um desconhecido para dizer a ele. Surpreendentemente, os destinatários desse elogio o valorizaram mais do que as pessoas que o ofereciam esperavam.

Então, as pessoas subestimam quão bem um simples elogio fará os outros se sentirem e superestimam quão irritante é ser interrompido por um desconhecido que tem vontade de expressar sua admiração. Esse fenômeno também vai além do elogio superficial. As pessoas subestimam, inclusive, quão gratos e bem fazemos os outros se sentirem quando expressamos nossa gratidão pelo impacto maior que eles tiveram em nossas vidas – e superestimam quão desconfortável isso faz os demais se sentirem.

Em um estudo conduzido pelos psicólogos sociais Amit Kumar e Nicholas Epley, os participantes escreveram "cartas de gratidão" para pessoas notáveis de suas vidas. Uma parte escreveu para os pais, alguns para professores ou treinadores e outros para amigos. Antes de enviar essas cartas, eles adivinhavam quão bem os destinatários se sentiriam ao recebê-las, assim como quão desconfortável a outra pessoa se sentiria ao ler a carta. Os pesquisadores então entraram em conato com os destinatários e perguntaram como eles *realmente* se sentiram ao ler a carta. Como tinha acontecido no estudo sobre elogios, os participantes haviam subestimado quão bom seria – e superestimado quão desconfortável seria – para as pessoas importantes em suas vidas receberem essas cartas de gratidão.[3]

Em outro estudo, Kumar e Epley pediram aos participantes que pensassem com que frequência escreviam esse tipo de carta de gratidão para pessoas que os impactaram: eles achavam que escreviam com muita frequência? Ou com uma frequência insuficiente? Surpreendentemente, as pessoas relataram sentir que não escreviam essas cartas com frequência suficiente. Acontece que todos nós tendemos a falhar em transmitir nossa gratidão às pessoas que mais gostariam de ouvi-la.

Meu marido e eu certamente não somos imunes a essa tendência. Quando nossa filha mais velha nasceu, ela teve que passar alguns dias na unidade de terapia intensiva (UTI) neonatal do Grand River Hospital em Kitchener, Ontário. Ela estava bem, mas foi angustiante para meu marido e eu ver nossa bebezinha conectada a monitores e agulhas intravenosas. As enfermeiras foram incríveis. O cuidado que elas deram não só à nossa filha, mas também a nós, pais de primeira viagem, foi surpreendente. Os três dias intensos que passamos na UTI neonatal com elas valeram como um curso improvisado sobre parentalidade. Assim que nossa filha recebeu alta, as pessoas comentavam sobre o quanto nos sentíamos à vontade para trocar fraldas, amamentar a bebê e confortá-la ao tomar as primeiras vacinas. Foram as enfermeiras da UTI, diríamos, que nos ensinaram muito sobre parentalidade. Contamos a todos que nossa experiência com elas foi incrível – a todos, exceto às próprias profissionais.

Três meses depois que minha filha recebeu alta da UTI, tirei uma foto dela – uma bebê radiante, sorridente e saudável – e senti uma gratidão intensa. Imprimi a foto, escrevi uma mensagem de agradecimento no verso e a enviei para as enfermeiras da UTI neonatal do Kitchener. Não sei qual efeito ocorreu ao receberem essa carta, mas minha esperança é que isso as tenha feito se sentir melhor do que eu imaginava.

***

Como esses exemplos iniciais revelam, muitas vezes evitamos elogiar desconhecidos ou expressar gratidão às pessoas importantes em nossas vidas porque subestimamos o impacto que nossas próprias palavras têm sobre os outros: quão bem essas pessoas se sentiriam ao ouvir as coisas boas que temos a dizer. No entanto, vamos ver nos capítulos seguintes que essa é apenas uma das muitas maneiras pelas quais subestimamos nossa influência sobre os demais.

Se você já se sentiu ineficiente, invisível ou inarticulado, há uma boa chance de realmente não ser nenhuma dessas coisas. Esses sentimentos podem, em vez disso, ter sido o resultado de uma falta de consciência que todos parecemos ter sobre a maneira como nossas palavras, ações e até nossa mera existência afetam outras pessoas: subestimamos o impacto de nossa presença sobre os outros porque nos sentimos invisíveis. Nós nos abstemos de pedir coisas porque assumimos que os demais vão dizer "não". Por outro lado, às vezes fazemos comentários descuidados e desnecessários porque subestimamos o impacto que nossas palavras podem ter, assumindo erroneamente que as pessoas simplesmente vão ignorar nossa opinião insensível ou inadequada. E, quando ocupamos posições de poder, muitas vezes deixamos de reconhecer como nossas sugestões inocentes e meio sérias podem parecer comandos para pessoas com menos poder.

Faz sentido que tenhamos essa falta de consciência. Muito do nosso impacto sobre os outros é inobservável ou inacessível para nós. Quando interagimos com alguém e depois nos separamos, geralmente não há como saber o quanto a pessoa vai pensar em nós mais tarde. Quando enviamos uma carta de agradecimento, não costumamos estar lá no momento em que o receptor a lê. (Mesmo se estivermos presentes, a outra pessoa normalmente não avalia para nós em uma escala padronizada o quanto a carta a fez se sentir bem.) Além disso, a menos que você se sinta compelido a se levantar no metrô e gritar: "Quantos de vocês estão olhando para mim agora?!", realmente não pode ter certeza de quantas pessoas estão vendo o que você faz – e estão impactadas pelo que veem.

É aí que entra a pesquisa feita pelos meus colegas e por mim. Passamos décadas trazendo à luz a influência que as pessoas exercem sobre os outros, normalmente sem perceber. Fazemos aos nossos participantes o tipo de pergunta que todos queremos fazer acerca da nossa própria influência sobre os demais: Ele notou se eu estava lá hoje? O quanto ela levou a sério o que eu disse antes? Eles sabem que podem rejeitar minhas sugestões? Ela vai fazer isso se eu pedir?

INTRODUÇÃO

As respostas a essas perguntas têm sido esclarecedoras. Muitas vezes *sentimos* que causamos pouco impacto. No entanto, a pesquisa mostra que, de fato, as pessoas nos veem, nos ouvem e concordam em fazer coisas para nós com mais frequência do que imaginamos – para melhor e para pior.

Aqui eu provavelmente deveria deixar um aviso: este não vai ser o típico livro sobre influência e persuasão. Esse tipo de livro geralmente tem um objetivo em mente: mostrar como ganhar a influência que você *não* tem, presumivelmente, para que você vá em frente e use com ousadia a influência recém-adquirida. Meu objetivo ao escrever este livro não é ajudar você a ganhar prestígio, e sim torná-lo mais consciente do que *já* tem, mas não percebe. Quando estiver ciente disso, você pode realmente decidir ir em frente e usar corajosamente essa influência recém-descoberta. Você pode se ver mais disposto a dizer o que tem em mente e pedir o que precisa. Ou pode decidir não se comportar assim. Depois que perceber como é difícil para as pessoas dizerem "não", ou quantas provavelmente levarão a sério suas reflexões casuais, você pode descobrir que há momentos em que é preferível dar um passo para trás e usar *menos* sua influência.

Por fim, espero que este livro o ajude a reconhecer a influência que tem para que possa usá-la com mais atenção. Quero que você se sinta mais encorajado a exercê-la quando fizer sentido e, ao mesmo tempo, que assuma maior responsabilidade pela influência que às vezes pode exercer de maneiras que não pretenda ou nem esteja ciente. Mais uma coisa: gostei da sua camisa!

1
Influência invisível

Mr. Magoo, o personagem de desenho animado irremediavelmente míope que apareceu pela primeira vez na tela da TV em 1949,* é conhecido por andar apertando os olhos ao interagir com as outras pessoas e por provocar o caos por onde passa. Em certo episódio, ele entra sem querer em uma instalação de lançamento de foguetes que pensa ser um cassino, puxa uma alavanca que acredita ser uma máquina caça-níqueis e, depois de uma série de erros e eventos complicados, acaba lançando o diretor da instalação ao espaço. Em outro, ele confunde o laboratório do Dr. Frankenstein com um bar de hotel e, ao longo de mais uma série de eventos complicados, arruína o experimento diabólico que Frankenstein está realizando em seu monstro.

A peculiaridade sobre o Mr. Magoo – e o principal recurso cômico do personagem – é o fato de ele ser completamente alheio ao caos

---

* Uma época em que o público era menos propenso a se incomodar com as características claramente discriminatórias de um personagem como esse.

que provoca. Enquanto anda pelo mundo impactando as pessoas a torto e a direito de maneiras improváveis, ele não consegue enxergar além do próprio nariz para compreender o efeito e o impacto que exerce sobre os outros, e não percebe que o comportamento e a atenção de todos ao redor mudam assim que ele entra em cena.

O que espero mostrar ao longo deste livro é que todos temos dentro de nós um pequeno Mr. Magoo. À medida que avançamos pesadamente em nossas vidas cotidianas, sem ver além de nossos próprios narizes, deixamos para trás nosso rastro de impacto nas várias pessoas que encontramos ao longo do dia. E, como o Mr. Magoo, estamos, em grande parte, alheios a esse impacto.

Essa revelação pode ser tanto fortalecedora quanto sensata. Por um lado, significa que ter influência é, em muitos aspectos, mais fácil e menos extraordinário do que imaginamos. Embora as ocasiões em que você tentou e não conseguiu sugestionar alguém possam parecer muitas, sem dúvida há muito mais exemplos de você ter inspirado alguém sem tentar – e sem nunca ver a influência que teve. Por outro lado, também significa que provavelmente houve momentos em que você inspirou alguém sem querer, de maneiras que você pode até desejar não ter feito.

Como qualquer executivo de marketing pode dizer, o primeiro passo para ter influência é chamar a atenção de alguém – na verdade, essa é a parte mais difícil da persuasão, o executivo diria. Neste capítulo, vamos virar essa pressuposição de ponta-cabeça. Vamos abordar a percepção errônea de que, para que alguém preste atenção, você precisa acenar com as mãos e gritar. Os executivos de publicidade podem precisar fazer todos os esforços para atrair a atenção das pessoas, mas você não. Você já tem. Você é uma pessoa, não um anúncio ou um tuíte, e as pessoas estão programadas para notar umas às outras. Mais do que isso, os demais estão preparados para se perguntar o que as outras pessoas estão pensando e para ajustar seus próprios pensamentos e comportamentos de acordo com as necessidades delas. O que isso significa é que você está influenciando discreta e sutilmente os indivíduos ao seu redor o tempo todo – sem nem mesmo tentar e, muitas vezes, sem perceber.

Você não é tão invisível quanto pensa

Em 12 de setembro de 2017, Ty Cobb, advogado que na época estava encarregado de coordenar a resposta da Casa Branca à investigação de Mueller sobre os supostos envolvimentos do ex-presidente Donald Trump com a Rússia, sentou-se para almoçar com John Dowd, principal advogado externo de Trump nessa mesma investigação. Eles estavam no pátio externo de um restaurante popular em Washington, ao lado de uma calçada movimentada. Restaurante popular. Ao ar livre. Calçada movimentada. Não dá para ser mais público do que isso. Mesmo assim, os dois advogados continuaram a discutir por mais de 45 minutos informações confidenciais sobre a investigação que estava em andamento, incluindo detalhes sobre aquela "reunião da Trump Tower", a posição precária de Jared Kushner no grupo e quão agressivos deveriam ser ao invocar privilégios executivos – detalhes que o mundo agora conhece porque um repórter do *The New York Times* estava sentado à mesa ao lado.

Esse repórter, Ken Vogel, postou no Twitter uma foto dos dois advogados conversando, com a frase: "Aqui está uma foto de Ty Cobb e John Dowd discutindo casualmente e em voz alta detalhes da investigação da Rússia no @BLTSteakDC enquanto eu estava sentado na mesa ao lado".[1]

Esse furo acidental se tornou uma notícia sobre confrontos internos entre os advogados de Trump a respeito de quanto deveriam cooperar com o inquérito envolvendo a Rússia. Mas rapidamente se transformou em sensação na mídia, muito menos por causa do conteúdo do furo em si e mais pela maneira como aconteceu. Conforme observado pelo repórter do *The Washington Post* Fred Barbash, "é o sonho de todo repórter de Washington sentar em um restaurante, ouvir coisas secretas e conseguir um furo".[2] No entanto, a maneira como esses dois indivíduos – e Cobb em particular, que fora trazido para "profissionalizar" a resposta de Trump ao inquérito sobre a Rússia – puderam ter sido tão descuidados a ponto de serem ouvidos falando sobre informações tão sensíveis se mostrou um mistério fascinante. Chamando atenção para a proximidade do restaurante com o posto avançado em Washington do *The New York Times* em uma entrevista à MSNBC, Vogel disse: "Talvez seja duplamente surpreendente que eles tenham tido essa conversa naquele restaurante onde várias figuras poderosas costumam almoçar, mas os repórteres também costumam almoçar, especialmente os repórteres do *Times*". Ou, como colocado de forma mais sucinta pela colunista do *The Washington Post*, Dana Milbank: "Onde diabos Cobb estava com a cabeça?".[3]

Erica Boothby, juntamente com os pesquisadores de Yale Margaret, Clark e John Bargh, pode ter uma resposta para o mistério a respeito do que Cobb tinha na cabeça, capaz de esclarecer não apenas o mistério desse furo, mas também o mistério do motivo de muitas vezes falharmos em reconhecer o impacto que exercemos sobre outras pessoas. De acordo com eles, Cobb podia simplesmente estar exibindo nossa tendência a subestimar o quanto somos observados. Tendemos a acreditar que os demais estão nos observando menos, nos ouvindo menos e geralmente prestando menos atenção em nós do que realmente estão. Boothby e seus colegas cunharam o termo "ilusão da capa da invisibilidade"[4] para descrever a invisibilidade que muitas vezes sentimos em nossas vidas diárias – sentados no trem com nossos fones ou andando pelo parque usando nossos óculos de sol,[5] enquanto vemos as pessoas ao redor ainda se sentindo despercebidas, como se estivéssemos vestindo uma capa da invisibilidade. Mas, como os advogados Cobb e Dowd descobriram, para desgosto deles, os indivíduos nos observam – mais do que imaginamos.

Em um dos primeiros estudos a demonstrar esse fenômeno, Boothby e seus coautores pesquisaram alunos que jantavam em um refeitório movimentado do campus. Os profissionais queriam ver se os estudantes se sentiam mais invisíveis – em outras palavras, menos observados – do que de fato eram pelas outras pessoas enquanto faziam uma refeição em um local público.

Para testar essa hipótese, eles escolheram aleatoriamente alunos que saíam do refeitório em diferentes condições. Em uma condição, os estudantes foram questionados sobre o quanto tinham percebido ou observado as pessoas ao seu redor no refeitório (ou seja, seu comportamento, gestos, postura e aparência), quão curiosos tinham ficado sobre elas, e até que ponto se perguntavam o que estava acontecendo dentro da cabeça delas. Os alunos atribuídos a outra condição foram questionados sobre o quanto achavam que as demais pessoas no refeitório estavam olhando para eles ou os observando (seu comportamento, gestos, postura e aparência), e se estavam curiosas sobre *eles*, se perguntando o que acontecia na cabeça *deles*. As avaliações dos participantes sobre o quanto se viram observando os demais foram mais de 67% mais altas do que as avaliações dos participantes sobre o quanto eles achavam que outras pessoas *os* observavam. Apesar do fato de todos estarem ocupados observando uns aos outros, tendemos a pensar que somos de alguma forma mais invisíveis do que as demais pessoas ao redor.

Por que pensaríamos dessa forma? Permita-me perguntar: você já chamou a atenção de alguém, se sentiu envergonhado por essa pessoa ter visto você olhando e, em seguida, rapidamente desviou o olhar ou fingiu estar olhando para outra coisa? Acho que a resposta é "sim", porque é isso que as pessoas fazem. Os cientistas da visão têm até um nome para isso: "deflexão do olhar".[6] Quando estamos olhando para alguém, tentamos esconder esse fato. Mas isso significa que as pessoas que estão olhando para você também estão tentando esconder esse fato. Por causa disso, raramente somos confrontados com evidências de que somos observados. À medida que examinamos o mundo, simplesmente vemos um monte de gente olhando para o teto ou para as mãos e não percebemos que, assim que nos viramos, seus olhos estão em nós. De fato, em outro estudo, Boothby e seus colaboradores perguntaram aos participantes: "Quando você faz contato visual com alguém que não conhece, tende a pensar que é porque você estava olhando para ele, ou porque ele estava olhando para você?". A grande maioria dos colaboradores desse estudo (76%) achava que o contato visual era o resultado de *eles* olharem para o estranho, o que simplesmente não pode estar certo.

E não são apenas os demais que estão mais curiosos sobre nós do que imaginamos. Os pesquisadores descobriram a mesma coisa quando usaram um contexto similar ao do refeitório, mas perguntaram aos participantes quanta atenção eles prestavam e quão curiosos ficavam sobre seus próprios companheiros de jantar. Até mesmo nossos amigos nos notam e se perguntam, mais do que percebemos, no que estamos pensando.

Tudo isso é importante para nossos propósitos, porque, se nem percebemos até que ponto as outras pessoas nos notam, como podemos avaliar quão intensamente impactamos os demais? O que eu disse anteriormente continua sendo verdade – você é uma pessoa, não um anúncio –, mas um insight útil da propaganda é o fato de a atenção ser o primeiro passo para a influência. Então, a primeira parte de subestimar nosso poder de persuasão é subestimar também o quanto as outras pessoas prestam atenção em nós.

Não precisa ficar paranoico

Se, ao ler sobre a ilusão da capa da invisibilidade, você pensou consigo mesmo: "Bem, *eu* sabia que todo mundo estava olhando para minha [inserir insegurança pessoal embaraçosa aqui]", vou fazer uma advertência antes de passar para a próxima seção: Os outros não estão prestando atenção no que você acha que eles estão prestando atenção. Sendo mais específica, eles não estão olhando para a sua [aquela insegurança pessoal constrangedora].

A maioria de nós pode ter a sensação mortificante de que foi pega olhando para alguém (quando, na verdade, é mais provável que você tenha pego a *pessoa* olhando para *você*), como vimos há pouco. Ao mesmo tempo, porém, a maioria de nós pode se relacionar com a sensação igualmente mortificante de que todos estão olhando para seu topete estranho, percebendo que você tropeçou ou olhando para aquela mancha esquisita em suas calças. Tenha certeza: isso foi estudado cientificamente, e eles não estão. Em um experimento clássico, os psicólogos sociais Tom Gilovich, Vicky Medvec e Ken Savitsky testaram se nossas preocupações de que todos estão olhando para as coisas que achamos mais embaraçosas são exageradas.[7] Eles fizeram grupos de alunos participantes entrarem no laboratório e escolheram aleatoriamente um estudante por sessão para vestir algo que havia sido considerado suficientemente embaraçoso nas entrevistas dos alunos realizadas antes do estudo: uma camiseta do show do Barry Manilow.[*]

O experimentador então levou o participante que havia sido designado para usar a camiseta embaraçosa para outra sala onde o resto do experimento supostamente aconteceria. Quando ele entrou na sala, encontrou um grupo já sentado ao redor de uma mesa. Assim que o escolhido estava prestes a se sentar e se juntar ao grupo, um dos experimentadores interrompeu, dizendo que, pensando bem, os demais já estavam muito à frente no experimento, então seria

---

[*] Esse estudo foi realizado alguns anos antes do surgimento da cultura hipster, que, ironicamente, talvez adotasse tal camiseta.

melhor o participante com a camiseta do Barry Manilow esperar lá fora. Nesse momento, enquanto o participante esperava do lado de fora da sala, os experimentadores coletaram duas informações-chave: um pesquisador pediu ao participante que estava vestindo a camiseta para estimar quantos notaram quem estava estampado nela; o outro experimentador perguntou a cada um dos demais se eles notaram quem estava na camiseta daquele participante. Dessa forma, os pesquisadores conseguiram comparar a porcentagem de pessoas que os usuários da camiseta pensaram ter notado a imagem embaraçosa estampada na peça com a porcentagem de pessoas que realmente notou a imagem embaraçosa.

Aqui está a boa notícia: apesar de os usuários da camiseta pensarem que quase metade das pessoas na sala tinha notado a foto embaraçosa, apenas cerca de um quarto delas realmente notou. Em outras palavras, os usuários da camiseta pensaram que duas vezes mais pessoas estavam prestando atenção a esse aspecto embaraçoso de sua aparência. Os pesquisadores chamaram essa descoberta de "efeito holofote", porque, como eles dizem, "as pessoas tendem a acreditar que os holofotes sociais brilham mais sobre elas do que de fato acontece".

Nesse estudo, as pessoas superestimaram o quanto os outros estavam prestando atenção nelas, mas, como vimos na seção anterior, também parecem às vezes subestimar o quanto os demais prestam atenção nelas. E como esses dois efeitos – a ilusão da capa da invisibilidade e o efeito holofote – coexistem? Na discussão sobre as descobertas originais do efeito holofote, Gilovich e seus coautores de fato anteciparam as circunstâncias em que seu efeito provavelmente seria revertido – algo que eles chamaram de "efeito holofote reverso" e que, em última análise, nas mãos de outros pesquisadores, tornou-se a ilusão da capa da invisibilidade. Enquanto tendemos a superestimar a extensão da atenção dos outros sobre nós quando estamos nitidamente inseguros a respeito de algo, em quase todas as demais situações de nossas vidas – quando levamos nossas rotinas diárias, usamos nossas roupas habituais, fazemos coisas sem pensar e por hábito – tendemos a subestimar a extensão com que a atenção de outras pessoas está em nós.

Para demonstrar essa distinção, Boothby e seus colegas (os pesquisadores da capa da invisibilidade) realizaram outro estudo e, dessa vez, pegaram uma página do manual da equipe de Gilovich.[8] Em vez de pesquisar os alunos em um refeitório, eles recrutaram participantes para o laboratório, os quais, após chegarem, foram designados para uma de duas condições. Em uma, eles receberam uma camiseta para vestir por cima da roupa. Como nos estudos de efeito holofote, a camiseta tinha um rosto em destaque, mas, como as camisetas de Barry Manilow são mais difíceis de encontrar agora do que na década de 1990, o rosto era o do famigerado traficante Pablo Escobar. O efeito, no entanto, foi o mesmo: os participantes se sentiram constrangidos em usar a camiseta. Na outra condição, eles simplesmente usavam as roupas com as quais tinham ido para o experimento – não receberam motivo algum para se sentir especialmente constrangidos com sua aparência.

Os participantes (vestindo a camiseta fornecida ou suas próprias roupas) foram então conduzidos a uma sala de espera onde outro participante já estava sentado, aguardaram cinco minutos e foram levados para uma sala diferente para preencher alguns questionários. Durante esse tempo, os experimentadores coletaram o mesmo tipo de informação dos estudos do efeito holofote. Eles perguntaram aos participantes que estavam com a "camiseta fornecida" e com a "própria camiseta" até que ponto eles achavam que a outra pessoa na sala de espera estava notando ou pensando em sua camiseta, e perguntaram à outra pessoa da sala de espera o quanto ela realmente estava notando ou pensando na camiseta do outro.

Quando os participantes receberam a camiseta de Pablo Escobar, Boothby e seus colegas replicaram o efeito holofote. Eles pensaram que o outro participante estava percebendo sua camiseta e pensando nela mais do que realmente estava. No entanto, quando eles simplesmente usavam suas próprias roupas e não tinham nenhuma razão específica para se preocupar com a camiseta, achavam que o outro estava percebendo sua camiseta e pensando nela menos do que realmente estava. Em outras palavras, quando estamos nos sentindo particularmente inseguros sobre alguma coisa, ficamos tão focados nisso que presumimos que todos também estejam. Nos sentimos o centro das atenções e achamos que todos estão olhando para o nosso atributo mais embaraçoso. Mas eles não estão. Ninguém mais está tão focado nas coisas sobre as quais estamos inseguros quanto nós. No entanto, quando não há razão para estarmos particularmente preocupados com o que estamos fazendo ou vestindo, na verdade achamos que os demais estão *menos* focados nisso do que realmente ocorre. Podemos ter aquela roupa há anos, mas, para alguém, ela é nova e muito bacana.

O importante, claro, não é a tendência da moda que podemos inadvertidamente inspirar porque as pessoas prestam mais atenção em nossas camisetas velhas do que pensávamos. São todas as outras maneiras pelas quais nossa presença pode mudar a forma como os demais pensam e sentem, sem que nós saibamos. Em última análise, os psicólogos descobriram que existem meios invisíveis pelos quais nossa presença pode influenciar a maneira como os outros veem ou experimentam algo, fazendo-os pensar, sentir ou agir de forma diferente como resultado.

Sua presença na experiência de outras pessoas

Quando meu marido e eu começamos a namorar, ele estava determinado a me fazer gostar de sua banda favorita. Ele me enviou uma playlist com argumentos detalhados sobre a importância musical de cada composição e insistiu que eu ouvisse essas músicas em uma ordem meticulosamente selecionada. Então eu obedeci. Certa noite, sozinha em meu apartamento, coloquei meus fones de ouvido, recostei-me e a escutei inteira exatamente como instruído. Era... legal. Por mais tato que eu tenha tido, quando relatei minha reação morna, admito, ele ficou chateado. Mas ele acabou superando, e não falamos mais sobre a banda depois disso. Até que um dia, muitos meses depois, estávamos em uma viagem e ele colocou a mesma playlist. Ele não fez nenhum comentário, apenas a colocou casualmente depois que perdemos a conexão da estação de rádio local, mas eu rapidamente reconheci a banda. Enquanto viajávamos lado a lado, olhando pela janela, ouvimos a playlist inteira juntos em silêncio. E sabe de uma coisa? Foi *muito melhor*. Comecei a curtir a banda.

Pensei nessa experiência quando soube de outro conjunto de estudos conduzidos por Erica Boothby nos quais ela e seus colegas examinaram o fato de que compartilhar uma experiência com alguém tem impacto em nossa própria experiência com essa coisa. Simplesmente sentar e ouvir música com outra pessoa ou ficar ao lado dela enquanto observa uma pintura – sem falar, gesticular ou se envolver em qualquer tipo de tentativa aberta de influenciar a outra pessoa – pode, ainda assim, ter um impacto na experiência de alguém.

Boothby e seus colegas demonstraram esse efeito recrutando participantes para o laboratório sob o pretexto de que realizariam um teste de sabor. Eles foram informados de que classificariam os sabores de dois pedaços de chocolate, um após o outro. O que eles não sabiam era que os dois pedaços tinham sido retirados exatamente da mesma barra de chocolate e, portanto, deveriam ter o mesmo sabor. Apesar disso, os pesquisadores esperavam que os participantes classificassem esses chocolates de sabor idêntico de maneira diferente quando fossem os únicos a provar o chocolate e no momento em que acreditassem que outra pessoa estava provando o chocolate ao mesmo tempo. O que esses cientistas acabaram encontrando é uma boa desculpa para pedir sobremesa em um encontro: quando provaram o chocolate ao mesmo tempo que outro suposto participante do estudo, eles disseram que gostaram mais e o classificaram como mais saboroso do que quando foram os únicos a comê-lo.[9]

Antes de assumirmos que a maneira de fazer alguém gostar de qualquer coisa é simplesmente compartilhar a experiência com ele, devo observar que Boothby e seus colegas não descobriram apenas que compartilhar experiências com outras pessoas as torna mais agradáveis. Em vez disso, eles descobriram que compartilhar experiências as amplifica. Nesse caso, a experiência prazerosa de comer um chocolate doce foi amplificada. Mas em outro estudo eles descobriram que experiências desagradáveis podem ser amplificadas da mesma forma. Em uma pesquisa de acompanhamento, Boothby e seus colegas usaram a mesma configuração experimental, mas fizeram os participantes provarem um chocolate extremamente amargo que eles confirmaram por pré-testes que seria considerado altamente desagradável. Descobriu-se que provar esse chocolate desagradável com outra pessoa não tornou a experiência mais agradável – ao contrário, tornou-a ainda mais desagradável. Compartilhar a experiência simplesmente a deixou mais intensa.

É importante ressaltar que os pesquisadores desses estudos se esforçaram para garantir que não houvesse comunicação entre os dois indivíduos. Eles estavam cientes da presença um do outro, mas não havia comparação de notas, nenhum contato visual ou gesto. Então, como é que sua experiência de comer um pedaço de chocolate pode mudar tão drasticamente – em um caso, de uma média de 5,5 para 7 numa escala de gosto de 0 a 10 – só porque você a está compartilhando com alguém?

Uma teoria particularmente intrigante oferecida pelos pesquisadores é o fato de isso ocorrer por meio de um processo chamado de mentalização. Se sabemos que outra pessoa está fazendo a mesma coisa que nós (por exemplo, comendo chocolate), enquanto experimentamos a delícia do chocolate, também imaginamos simultaneamente como o companheiro está experimentando a delícia do chocolate. É uma delícia ao quadrado.

Outra pesquisa, conduzida pelo psicólogo Garriy Shteynberg e colegas, descobriu que nossas mentes de fato parecem ficar sobrecarregadas quando acreditamos avaliar algo que outros também estão avaliando simultaneamente. Se você sabe que alguns membros do seu grupo social estão lendo o mesmo livro ou assistindo ao mesmo programa que você, tende a prestar mais atenção, lembrar melhor de certos aspectos e avaliar com mais cuidado o tal livro ou programa enquanto tenta descobrir a opinião do seu grupo sobre ele (ou seja, o que "nós" achamos dele?). A energia mental extra que você gasta ao fazer isso pode, por sua vez, influenciar sua própria atitude sobre o que quer que esteja avaliando, mesmo sem qualquer discussão explícita ou conhecimento sobre as opiniões de outras pessoas.

Em uma série de estudos, quando os participantes foram levados a acreditar que estavam avaliando um conjunto de pinturas ao mesmo tempo que outros com os quais compartilhavam algumas características, eles escreveram descrições mais complexas das obras. Além disso, suas análises das pinturas tornaram-se mais extremas do que quando eles acreditavam que eram os únicos a examiná-las, ou que outros estavam olhando para um conjunto diferente de pinturas.[10] A atenção extra e a importância que os participantes deram a objetos que eles acreditavam que outros como eles também estavam avaliando intensificaram as atitudes deles em relação a esses objetos, assim como mentalizar sobre a experiência de outra pessoa com um pedaço de chocolate acentua a experiência de comer aquele doce.

Mentalizar é algo que fazemos instintivamente quando estamos perto de alguém. Somos naturalmente curiosos sobre outras pessoas e tentamos descobrir o que está acontecendo em suas cabeças – como estão pensando e reagindo a algo. O que devemos ter em mente para os propósitos deste livro é que elas também estão fazendo isso conosco. Quando estamos perto de outras pessoas, elas também estão ocupadas tentando descobrir o que está acontecendo em *nossas* cabeças. E, como vimos anteriormente neste capítulo, elas fazem isso em um grau maior do que percebemos. Isso significa que não apenas as pessoas notam nossa presença mais do que percebemos, mas também veem o que estamos fazendo e se perguntam por que o estamos fazendo e o que estamos pensando; esse processo de tentar entender o que estamos fazendo pode levá-las a pensar e sentir de forma diferente em nossa presença. Isso não apenas afeta o modo como os demais experimentam o mundo quando estamos por perto como pode mudar suas mentes.

O poder de estar na plateia

Quando estava tentando entrar na pós-graduação, um dos lugares em que me inscrevi foi o Departamento de Psicologia da minha *alma mater* de graduação, a Brown University (agora Departamento de Ciências Cognitivas, Linguísticas e Psicológicas). Tive a sorte de ser aceita lá, e mais tarde recebi um e-mail muito gentil de uma de minhas ex-professoras dizendo que se lembrava de mim de uma aula que eu havia feito anos antes. Ela estava se referindo a uma palestra, o que significa que me sentei em algum lugar nas fileiras de assentos preenchidos por mais de cinquenta outros alunos, provavelmente em algum lugar mais atrás do que na frente. Tenho certeza de que escutei atentamente e acenei com a cabeça enquanto ela falava, mas também tenho convicção de que não falei nada, já que ficava nervosa demais para me manifestar na aula naquela época. Mesmo assim ela se lembrou de mim.

Agora que dou meu próprio curso na forma de palestras para duzentos alunos, considero o fato de ela se lembrar do meu rosto em meio a um mar de outros rostos muito menos surpreendente do que achava naquela época. Quando você está sentado no meio de uma multidão, é fácil se sentir invisível – assumir que, mesmo quando você olha fixamente para a pessoa na frente da sala, ela não está olhando para você. Mas ela está. Acredite: eu vejo meus alunos fazendo todo tipo de coisas que, tenho certeza, eles acham que eu não vejo.

Os artistas também têm muitas histórias irritantes sobre o comportamento de membros da plateia que simplesmente presumem que a pessoa no palco não estava prestando atenção neles. Minha prima Erika Rauer foi cantora de ópera por muitos anos. Ela me contou que era difícil evitar se distrair durante as audições na frente de membros da plateia que faziam coisas como, digamos, almoçar fazendo barulho, amassar um saco de papel e jogá-lo em uma lixeira do outro lado da sala. (Apesar de estar no meio de uma apresentação, ela estava tão ciente desse comportamento que lembra até que essa pessoa não acertou a lata de lixo – o que, claramente, foi merecido.) A estrela da Broadway e vencedora do Tony Patti LuPone ganhou as manchetes alguns anos atrás por ter perdido a paciência com um membro da plateia que não parava de olhar para o celular durante toda a apresentação; em certo momento, ela se abaixou e arrancou o telefone das mãos do espectador.[11]

Será que isso significa que seu membro favorito daquela boy band está cantando só para você enquanto você olha para cima com adoração, no meio da multidão? Provavelmente não. (Sinto muito!) Mas é uma ilustração valiosa de um aspecto subestimado da influência: uma via de mão dupla. Tendemos a pensar na pessoa na frente da sala, aquela que fala mais, como a que tem todo o poder e influência. Mas, como a comediante excepcionalmente perspicaz Hannah Gadsby, do aclamado especial da Netflix *Nanette* (e sua hilária continuação, *Douglas*) afirma, nem sempre quem segura "o microfone mágico tem sua voz amplificada... todos devemos ouvir".[12]

Na verdade, a pessoa que está na frente da sala tem as mesmas preocupações que qualquer outra – ela quer saber o que os outros pensam dela, quer ser valorizada e se sentir eficiente. Como consegue tudo isso? Faz isso prestando atenção ao seu público, ouvindo o seu público e, em grande parte, dizendo ao seu público o que ele quer ouvir.

Os comediantes, como Gadsby, são conhecidos por adaptar seus cenários ao gosto do seu público. Marina Franklin, que criou o especial de comédia *Single Black Female* [Mulher negra solteira], explicou como faz para descobrir quais de suas piadas são engraçadas: "Eu só fico sabendo quando estou na frente de uma plateia".[13] Jerry Seinfeld, no documentário *Bastidores da comédia*, conta para a plateia que está testando um novo material: "Vocês acreditam se eu disser que vocês são os responsáveis por decidir se nossas ideias brilhantes são boas ou não?".[14]

Desejar a aprovação do público não é privilégio de comediantes ou, como vamos discutir a seguir, de políticos. É da natureza humana. Isso, por sua vez, dá ao público muito poder. Simplesmente ouvindo atentamente o que alguém diz – sendo um público engajado – podemos ter um impacto sobre como um orador decide falar sobre um assunto. E, em última análise, isso pode mudar aquilo em que o orador acaba acreditando sobre o assunto.

Pense na retórica extrema que tantos influenciadores supostamente poderosos usam na frente de um público receptivo – retórica que eles são rápidos em atenuar em contextos menos simpáticos. Quantas manchetes foram feitas por políticos que favorecem sua base fazendo declarações que outras plateias podem achar condenáveis? Em uma festa que angariava fundos para a comunidade LGBTQIA+ realizada por Hillary Clinton em 2016, Hillary mencionou que metade dos apoiadores de Trump era um "bando de deploráveis".[15] Em 2012, em um jantar que pretendia arrecadar 50 mil dólares, organizado por um gestor de fundos, Mitt Romney fez comentários desdenhando de 47% da população americana por "acreditar que era vítima".[16] Algum deles teria usado essa mesma retórica diante de um público mais amplo? Improvável. De fato, ambos foram rápidos em reformular seus comentários assim que a mídia os pegou – e transmitiu suas palavras para um público maior.

Assim como acontece com os comediantes, é fácil repudiar esse tipo de bajulação dos políticos. Afinal, eles têm incentivos concretos – estão tentando angariar apoio e votos de quem está nas proximidades. No entanto, esses são apenas exemplos extremos de um comportamento humano comum. Todo mundo expressa as coisas de uma maneira que acha que vai atrair seu público, seja se dirigindo a uma sala cheia de estranhos ou conversando cara a cara com um amigo próximo. Expressamos nossa opinião de forma um pouco mais extrema a um amigo que sabemos que concorda conosco, e um pouco menos a um estranho cuja opinião ainda não conhecemos. Os psicólogos chamam isso de "ajuste do público".[17] As pessoas naturalmente ajustam as mensagens para seu interlocutor por todo tipo de razão, desde o pragmatismo até a associação para satisfazer interesses próprios.

Mesmo quando não temos segundas intenções, nos engajamos em estar em sintonia com o público. Para dar um exemplo clássico, desconhecidos aleatórios que foram abordados com perguntas sobre direções nas ruas de Boston deram instruções mais longas e detalhadas para alguém com sotaque rural do Missouri do que para alguém com sotaque local de Boston.[18] À primeira vista, isso pode parecer óbvio. É claro que as pessoas dariam instruções mais detalhadas para alguém de fora da cidade. Mas vamos refletir um pouco sobre a complexidade desse comportamento. Como aponta Bob Krauss, psicolinguista e psicólogo social emérito da Universidade Columbia, esse comportamento requer três ações distintas: primeiro, atribuir à pessoa que pede orientação uma categoria social relevante ("morador local" *versus* "fora da cidade") com base em uma única informação (seu sotaque), e então inferir o conjunto de conhecimentos e crenças que alguém dessa categoria social provavelmente possui (ele conhece a "Avenida Mass"?), e, finalmente, chegar a uma mensagem que faria sentido para essa pessoa com base nessas suposições ("Você vai ver a Massachusetts Avenue à sua direita").[19] No entanto, fazemos isso regularmente e sem pensar duas vezes – simplesmente para garantir que nosso público entenda o que estamos dizendo.

É claro que também ajustamos as mensagens ao nosso público por outras razões, sendo a principal delas o fato de querermos que as pessoas gostem de nós (ou riam de nossas piadas, ou votem em nós). Não é exatamente a descoberta mais surpreendente da psicologia social – embora seja uma de suas descobertas mais confiáveis – que as pessoas tendem a gostar de outras com visões semelhantes.[20] Em algum nível, todos nós parecemos saber que isso é verdade. Por essa razão, ajustamos nossas mensagens para refletir não apenas o conhecimento presumido de nosso público, mas também as opiniões presumidas de nosso público. Se eu sei que o restaurante em que jantei ontem à noite é o seu favorito, é mais provável que eu fale sobre os aspectos positivos da refeição do que falaria se soubesse que você não gostou tanto. Afinal, todos queremos ser amados, e estabelecer interesses comuns é uma forma de atingir esse objetivo.

Em um estudo clássico que ilustra esse efeito, os participantes resumiram um discurso sobre os prós e contras da legalização da maconha para um indivíduo que eles sabiam que era a favor ou contra a legalização. O discurso que ouviram foi decididamente neutro. No entanto, os participantes que resumiram o discurso para alguém que era contra a legalização disseram que o discurso apresentara um argumento mais forte contra a legalização do que aqueles que resumiram o discurso para alguém que era pró-legalização.[21] Foi possível perceber que todos no estudo presumivelmente sabiam que os participantes não estavam dando suas próprias opiniões. Eles estavam apenas resumindo a opinião de outra pessoa. No entanto, apesar de não haver implicação de que a opinião que eles ofereciam era deles mesmos, os participantes ainda ajustavam suas mensagens de maneiras que achavam que agradariam a seu público. É fácil ver com base nesse estudo que as informações – por exemplo, dados de pesquisas ou os resultados de uma investigação – podem ser distorcidas com o objetivo de se tornarem mais palatáveis para qualquer público que as esteja recebendo.

"Um pouco apelativo"

Agora sabemos que parte do poder invisível de um público é o fato de ele poder moldar as próprias mensagens que recebe por meio de seu suposto conhecimento, crenças e opiniões. Mas o poder do público vai além disso. O público não influencia apenas as mensagens às quais é exposto, mas também as crenças dos mensageiros que as transmitem. Você pode pensar que, quando as pessoas se engajam em um ajuste de público desse tipo, é simplesmente bajulação – não é que elas realmente acreditem no que estão dizendo. Embora seja verdade que elas podem não acreditar no que dizem, acontece que, uma vez que dizem, elas meio que começam a acreditar.

Quando Trevor Noah, apresentador do *The Daily Show*, foi um dos convidados do *Late Night with Seth Meyers* em 2017, os dois comediantes brincaram sobre o fato de que a retórica de Donald Trump tinha começado como um meio de satisfazer sua base, mas posteriormente se transformou em algumas de suas plataformas obstinadas: "'Construir o muro' foi um pouco apelativo, e agora ele percebeu que precisa, de fato, construir um muro".[22] Por mais absurdo que possa parecer, é uma versão extrema do que de fato acontece. Um orador diz uma coisa para atrair seu público, o público reage com entusiasmo e o orador vai embora tendo convencido a si mesmo do que disse tanto quanto qualquer outra pessoa.

Minha orientadora de doutorado, Tory Higgins, psicóloga social na Universidade Columbia, conduziu alguns dos estudos mais conhecidos desse fenômeno, apropriadamente chamados de "efeito dizer é acreditar". Em um estudo, designado em nosso laboratório como o "estudo do Donald",* os participantes receberam a descrição de uma pessoa fictícia chamada Donald, cujos traços podiam ser descritos positiva ou negativamente – era completamente ambíguo.[23] Donald, por exemplo, foi descrito como um sujeito que não precisava depender de ninguém. Com base nessa descrição, você poderia chamar Donald de independente (uma interpretação mais positiva). Ou você poderia chamá-lo de indiferente (uma interpretação mais negativa). Donald também foi descrito como alguém que raramente muda de ideia depois de tomar uma decisão. Com base nessa descrição, você poderia chamar Donald de persistente. Ou poderia chamá-lo de teimoso. Dito isso, seria igualmente justificável descrever Donald como independente, persistente, confiante e confiável – ou como indiferente, teimoso, pretensioso e ingênuo.

Depois de ler essas descrições ambíguas, os participantes foram solicitados a resumir as características da personalidade de Donald para alguém que gostasse ou não dele. Considerando

---

* A escolha do nome foi mera coincidência. Esse estudo foi realizado na década de 1970, muitos anos antes de sua relevância em relação a Donald Trump se tornar aparente.

o trabalho de ajuste de público descrito anteriormente, não deveria surpreender que, ao resumir os traços de personalidade de Donald para alguém que os participantes achavam que gostava dele, eles usavam descrições mais positivas do que ao resumir as mesmas informações para alguém que achavam que não gostava dele.

A peça interessante que esse estudo acrescenta a esse quebra-cabeças é o fato de que os pesquisadores perguntaram aos participantes o que eles achavam de Donald depois de comunicar essa informação. Apesar de todos terem lido exatamente a mesma descrição ambígua, os que descreveram Donald para alguém que gostava dele o classificaram como mais simpático do que os participantes que o descreveram para alguém que não gostava dele. E esse efeito persistiu duas semanas depois, quando os pesquisadores trouxeram os participantes de volta ao laboratório e mais uma vez perguntaram o que achavam de Donald.

Pense nisso por um momento. Esses participantes receberam informações completamente neutras. No entanto, eles deixaram o laboratório com uma opinião clara – que persistiu por semanas. Além disso, não foi porque alguém tentou convencê-los de que Donald era um idiota – afinal, eram eles que faziam toda a comunicação. Foi simplesmente porque eles tinham uma ideia do que seu público queria ouvir, moldaram sua mensagem para se adequar a esse público e depois se apaixonaram por sua própria mensagem.

Pense no que isso significa para as ideias tradicionais sobre poder e influência. As pessoas costumam falar sobre "ter a atenção de alguém" como uma forma de influência. Mas vamos inverter essa questão e perguntar: Quem tem a sua atenção? Quem está adaptando suas mensagens para o que você gosta? Porque isso pode ser tão importante quanto.

Aproveitar o poder de ser parte do público pode ser uma estratégia de influência eficaz – e subestimada. Ao convidar as pessoas para falar com você, você adquire o poder de ser o público *delas* – de fazê-las conquistar você e potencialmente se convencer ao longo do caminho.

Os ricos e poderosos já usam essa estratégia. Hillary Clinton pode ter sido criticada pelos comentários que fez durante sua corrida presidencial, mas são os bancos de Wall Street e os poderosos empreiteiros do governo, que pagaram seus cachês de 200 mil a 600 mil dólares por palestra, que realmente sabem como aproveitar o poder de fazer parte do público. Transcrições vazadas de discursos que Clinton fez para organizações como Goldman Sachs mostram que ela ajustou a mensagem para atrair seu público, usando "linguagem muito mais suave do que Clinton usa na campanha" para fazer referência a uma reforma na legislação que era impopular em Wall Street.[24] As críticas que Clinton enfrentou por esses discursos durante sua subsequente candidatura à Casa Branca enfatizaram as grandes quantias que ela recebeu por suas aparições – o pensamento era o de que aceitar pagamentos tão altos a tornaria em dívida com os interesses dessas organizações. No entanto, com base em tudo o que dissemos, a estratégia de pagar para falar com você alguém que está, ou pode um dia estar, em posição de poder vai além do mero olho por olho. É uma maneira de levá-los a considerar sua perspectiva, repetir o que você diz e ajustar sua posição declarada para ficar um pouco mais próxima da sua. E, ao fazê-lo, também é uma maneira de levá-los a mudar de opinião para que se aproxime um pouco mais da sua.

Copiamos o que vemos

Um dos livros favoritos da minha filha é *O jardim curioso*, de Peter Brown. É a história de um menino chamado Liam, que encontra um jardim abandonado em uma cidade cinzenta e sombria e começa a cuidar dele de forma discreta e silenciosa. Na maior parte do livro, o único personagem que vemos é ele: Liam descobrindo o jardim; Liam podando as plantas; Liam caminhando para o jardim para cuidar dele dia após dia. A história se desenrola de tal maneira que nunca paramos para imaginar o que os outros pensam das idas e vindas do personagem – por mais que não pensemos muito se os demais estão prestando atenção nas nossas atividades.

Com o tempo, o jardim de Liam cresce e se espalha. Suas plantas começam a aparecer em lugares inesperados – pequenos oásis de cor e vida. De um jeito minúsculo, os esforços de Liam começaram a transformar a cidade. A história poderia facilmente terminar aí. Seria o suficiente para celebrar os esforços de Liam e o pequeno impacto que tiveram em quebrar a paisagem sombria. Mas ela continua, e, perto do fim do livro, percebemos que não somos os únicos que assistem ao trabalho de amor de Liam. À medida que nos afastamos do nosso estudo de Liam, vemos uma fila de crianças andando atrás dele, carregando regadores e ferramentas de jardinagem enquanto se aventuram em cuidar de seus próprios jardins. Não só o jardim de Liam se espalhou além do que ele poderia ter imaginado como o próprio hábito de jardinar também. Como Brown escreve, "as coisas mais surpreendentes que surgiram foram os novos jardineiros".[25]

A última página do livro mostra a mesma visão aérea da cidade de Liam com a qual o livro começa, mas agora completamente transformada de uma imagem cinzenta, industrial e sem vida para uma cidade cheia de espaços verdes exuberantes. O jardim de Liam é apenas um pedacinho dessa nova paisagem. Em um contexto mais amplo, o impacto direto de seus esforços na cidade foi realmente muito pequeno. O impacto indireto de seu comportamento, porém – a maneira como seu comportamento se espalhou para os outros e o esforço coletivo resultante –, foi exponencialmente maior.

Esse fenômeno de um comportamento se espalhando de uma pessoa para outra como uma doença infecciosa é conhecido como "contágio comportamental". É um conceito sobre o qual se escreve há séculos, pois os estudiosos observaram "surtos" de hábitos alimentares, estilos e até mesmo suicídios em várias populações e atribuíram esses surtos à tendência humana de imitar o que vemos. Embora uma metáfora de doença seja útil para fins ilustrativos, a maneira como os comportamentos realmente se espalham de um para outro tende a ser mais complexa.[26] As doenças podem se disseminar a partir de uma única exposição a alguém infectado que você não conhece – um processo conhecido como "simples contágio". No entanto, é improvável que você "pegue" um comportamento potencialmente arriscado ou caro, como o de instalar painéis solares em sua casa, de um estranho no ônibus. Esse tipo de comportamento geralmente leva a múltiplas exposições, especialmente para pessoas que fazem parte de sua rede social próxima. É por isso que, embora seja improvável que você pegue o desejo de instalar um painel solar de um estranho no ônibus, você pode realmente sentir esse desejo por causa do seu vizinho.

Robert Frank, economista da Universidade de Cornell e autor de *Under the Influence: Putting Peer Pressure to Work* [Sob influência: fazendo uso da pressão dos pares], entre outros livros, escreveu extensivamente sobre a importância de explorar essa forma de contágio comportamental para lidar com problemas sociais como as mudanças climáticas. De acordo com Frank, certos comportamentos favoráveis ao clima são "particularmente contagiosos", e um de seus exemplos favoritos disso é a instalação de painéis solares. Como Frank aponta, "cada nova instalação em um bairro pode, com o tempo, levar a várias outras adicionais".[27] As imagens aéreas oferecem até uma demonstração visual do caráter contagioso dos painéis solares, mostrando que as casas com painéis solares tendem a ser agrupadas próximas umas das outras.

O que o fenômeno do contágio comportamental significa para você e a influência que você tem é que cada ação que você realiza – seja instalando um painel solar ou organizando um *destination wedding* – na verdade tem dois efeitos. Um deles é direto. Quando você instala um painel solar, ele tem o efeito objetivo de reduzir sua pegada de carbono; por outro lado, quando você convida uma centena de pessoas para voar para o Havaí para seu casamento, também é diretamente responsável pelas emissões de carbono necessárias para levá-las até lá. Mas os efeitos diretos dessas ações são de fato muito pequenos. Qualquer painel solar ou qualquer casamento é realmente apenas uma gota no balde. Esse fato pode parecer frustrante quando você está tentando fazer uma mudança definitiva. Ou pode fazer você pensar "Por que não?" ao considerar o potencial impacto negativo de uma escolha individual em um contexto mais abrangente.

No entanto, talvez seja mais importante considerar o segundo e, exponencialmente, maior efeito *indireto* de suas ações. Quando você instala um painel solar, sim, você reduz sua própria pegada de carbono individual. Porém, mais do que isso, você também aumenta a probabilidade de que outras pessoas no seu bairro sigam o exemplo e instalem seus próprios painéis solares.[28] Quando você organiza um *destination wedding*, essa decisão é uma indulgência relativamente trivial em termos de carbono. Mas, quando você considera que sua decisão de fazer isso aumenta a probabilidade de que outros em seu círculo social escolham ter esse tipo de casamento, o que, por sua vez, aumenta a probabilidade de os convidados desses eventos terem *destination weddings* e assim por diante, essa decisão começa a parecer menos trivial. Ao levar em consideração o potencial surto de comportamentos que nossas ações individuais têm o potencial de desencadear, nossas escolhas aparentemente inconsequentes começam a parecer mais importantes, para melhor e para pior.

São, porém, precisamente esses efeitos indiretos e mais consequentes de nossas próprias ações que provavelmente ignoramos. Como vimos ao longo deste capítulo, tendemos a subestimar até que ponto as pessoas percebem, prestam atenção e ficam genuinamente curiosas sobre nossos pensamentos e comportamentos. Isso significa que provavelmente subestimamos até que ponto nossos vizinhos vão, por exemplo, notar o painel solar que acabou de aparecer em nosso quintal como uma das plantas de Liam, imaginar como chegamos à decisão de colocá-lo, mentalmente simular a tomada de decisão por conta própria e começar a considerar essa decisão por si mesmos. Em outras palavras, podemos subestimar a maior parte de nossa influência – o impacto indireto de nossas ações, mediante a tendência de outras pessoas de vê-las e copiá-las.

Vale a pena comparecer

Estamos instintivamente sintonizados com outras pessoas – nós as notamos, lembramos delas, imaginamos o que está acontecendo em suas mentes, ajustamos nossos pensamentos e mensagens para elas e copiamos seu comportamento. Mas isso significa que outras pessoas também estão sintonizadas conosco e exibem os mesmos comportamentos em relação a nós. Quando pensamos em quanta influência temos, o primeiro erro que cometemos é subestimar o quanto os outros prestam atenção em nós. Ao mostrar algumas maneiras pelas quais sua mera presença muda o jeito como as pessoas ao seu redor pensam, sentem e agem sem que você saiba, espero tê-lo convencido de que não é bem assim.

Em última análise, o que isso sugere é que apenas por estar presente – por se mostrar disponível para falar se for preciso, por assim dizer – você pode exercer um grande impacto sobre outras pessoas, mesmo que nunca diga uma palavra. Por exemplo, na minha universidade, passamos por várias revisões acadêmicas para nos mantermos atualizados e identificar mudanças que valham a pena em nossos programas e que possam beneficiar alunos e professores. Como parte dessas revisões, temos inúmeras reuniões, e os professores são convidados a oferecer suas sugestões e participar da discussão. Não surpreende o fato de que o grupo que tende a ser mais representado – e mais dominante – nessas reuniões é o corpo docente mais antigo e estabelecido. Afinal, são eles que sentem que têm algo a contribuir. E, sendo sincera, eles têm. Estão lá há muito tempo e muitas vezes ocuparam cargos de liderança na universidade. Eles já viram o que funcionou e o que não funcionou, entendem o cenário geral e podem antecipar as consequências não intencionais de sugestões bem-intencionadas.

Mas há uma questão: as recomendações que saem dessas reuniões não afetam apenas o corpo docente estabelecido e titular. Elas também afetam o corpo docente júnior e não titular – aqueles que se perguntam se vale a pena vir a essas reuniões porque acham que não terão nada para contribuir. E, muitas vezes, eles realmente não têm nada a dizer. Quase sempre eles ainda estão aprendendo sobre os problemas que precisam ser resolvidos, então certamente não se espera que tenham todas as soluções. Então, realmente faz diferença quando professores juniores aparecem se eles acabam não contribuindo muito?

Sim! Como vimos, simplesmente estar presente na sala pode fazer uma enorme diferença, porque sua presença – tanto como orador *quanto* como público – pode afetar os outros. Eles veem você, ajustam suas mensagens para você e pensam em como você está reagindo ao que está sendo dito. E tudo isso pode, em última análise, mudar a forma como eles pensam e sentem sobre os problemas. Quando tem ideias e pensamentos, você deve expressá-los (veremos mais sobre isso no próximo capítulo). No entanto, quando você não faz isso, ainda pode fazer a diferença simplesmente sendo parte do público. Então, da próxima vez que não tiver certeza se deve participar de algo, lembre-se do que aprendemos neste capítulo e compareça. Você pode acabar influenciando as discussões que as pessoas têm e as decisões que elas tomam para melhor, mesmo sem dizer nada.

2

Seu poder de persuasão

Quem você acha que vai a mais festas, você ou outras pessoas? Quem tem mais amigos? Quem tem uma rede social mais ampla? Quem vê e interage mais com a família? Quem está mais próximo do "círculo interno" do seu grupo social?

Sebastian Deri, psicólogo social da Universidade de Cornell, em colaboração com os colegas psicólogos Shai Davidai e Tom Gilovich, fez essas mesmas perguntas a mais de três mil participantes de onze estudos.[1] Eles eram frequentadores de um shopping, estudantes universitários no campus e participantes de uma pesquisa on-line. Em alguns estudos, o participante médio tinha 19 anos; em outros, tinha 37 anos. Em cada uma dessas amostras demograficamente diversas, as pessoas relataram acreditar, em média, que iam a menos festas, tinham menos amigos, jantavam menos, viam menos a família e eram mais afastadas do "círculo íntimo" ou "do grupo" do que seus pares. Em outras palavras, estudantes universitários que viviam no campus longe dos pais, cercados por colegas e fraternidades, acreditavam ser menos ativos socialmente do que seus colegas. Ao mesmo tempo, adultos na faixa dos trinta e tantos anos, fazendo malabarismos com o trabalho e a família, também acreditavam que *eles* eram menos ativos socialmente do que *seus* pares.

Por muito tempo, parecia que os pesquisadores estavam constantemente descobrindo novas maneiras pelas quais as pessoas eram excessivamente confiantes. Agora sabemos que a pessoa média pensa que é mais atlética,[2] ética,[3] criativa[4] e um motorista melhor[5] do que a pessoa média (o que, devo salientar, não é possível por definição). No entanto, em contraste com a longa lista de contextos em que as pessoas demonstram excesso de confiança, nos últimos anos a pesquisa tem convergido em torno de uma conclusão muito diferente quando se trata de nossas crenças sobre nossa proficiência para coisas como, digamos, ganhar amigos e influenciar pessoas.

Ao interpretar as descobertas de Deri, uma coisa de que podemos ter certeza é que a pessoa média *não* tem uma vida social abaixo da média. Essa seria uma conclusão tão ilógica quanto a alcançada por todos aqueles motoristas "acima da média" na estrada – mas na direção oposta. Claramente, elas estão cometendo algum tipo de erro ao avaliar suas próprias proezas sociais. Mas, se as pessoas pensam que são mais inteligentes, éticas, criativas e melhores motoristas do que a média – ou seja, se tendemos a ser *excessivamente confiantes* em todos esses outros contextos –, por que estaríamos *inseguros* neste?

Deri e seus colegas explicam isso descrevendo quem e o que fica mais saliente quando refletimos sobre onde nos encaixamos em uma distribuição normal dessas categorias de comportamento.

Se, por exemplo, eu perguntar se você é um bom motorista, você provavelmente vai olhar para dentro, para suas próprias experiências ao dirigir. Você vai pensar em sua última vez ao volante e se lembrar de que navegou com coragem e firmeza na [inserir aqui aquela avenida com todos os motoristas imprudentes em sua região]. E você se daria um tapinha nas costas, confiante em sua condução acima da média.

De fato, quando Deri e seus colegas perguntaram aos participantes como responderiam a uma série de perguntas não sociais, como determinar se o tamanho de seu vocabulário (em vez de sua rede social) era menor ou maior do que o dos outros, e se cozinhavam (em vez de jantar fora) mais ou menos do que os demais, eles disseram que, para responder a essas perguntas, estariam mais propensos a olhar para si mesmos, para suas próprias características, habilidades e comportamentos. E acontece que os participantes dos estudos de Deri também mostraram o típico efeito do excesso de confiança para essas questões não sociais – por exemplo, eles achavam que tinham vocabulário maior que a média e cozinhavam com mais frequência que os demais.

Por outro lado, se eu lhe perguntar sobre sua vida social, sua atenção provavelmente será direcionada para a vida social de alguém. Afinal, outras pessoas são uma parte crítica de todo o conceito de ser sociável. De fato, foi assim que os participantes de Deri disseram que responderiam às perguntas especificamente sociais no início desta seção. Para determinar o tamanho relativo de sua rede social e a frequência com que jantam fora, por exemplo, os participantes disseram que estariam mais propensos a olhar para os traços, comportamentos e habilidades de outras pessoas.

É importante ressaltar, no entanto, que as pessoas com as quais nos comparamos quando nos envolvemos em tal exercício não são qualquer um. São as pessoas que vêm à mente mais facilmente quando consideramos o que significa ser sociável. Em outras palavras, ao avaliar nossas próprias vidas sociais, tendemos a evocar e nos comparar a *exemplos* de sociabilidade que, por definição, são excepcionalmente sociais. Pensamos nas pessoas que estavam festejando durante a faculdade enquanto estávamos estudando sozinhos no quarto, ou nas pessoas cujas fotos de shows e festas vemos quando deslizamos o dedo na tela do celular, jogados no sofá. Ao mesmo tempo, não pensamos em tantos outros alunos que também estavam tentando estudar em seus quartos naquela mesma noite de festa, ou em todas as outras pessoas que também estão em casa conectadas nas redes sociais. Portanto, achamos que somos menos sociáveis do que a pessoa comum porque na verdade não nos comparamos com a pessoa comum – nos comparamos com pessoas extremamente sociáveis.

Tudo isso é importante para nossos propósitos, porque essas mesmas comparações influenciam nossas avaliações de nosso próprio poder de persuasão. Quando tentamos avaliar a quantidade de influência que exercemos, tendemos a pensar em influenciadores de mídias sociais, lançadores de tendências, gurus, formadores de opinião – exemplos do que significa ter influência. E, quando inevitavelmente fracassamos em nos igualar a esses influenciadores prototípicos, concluímos que estamos abaixo da média. Porém, assim como não receber um convite para o Met Gala não significa que você tenha uma vida social inferior, não ter um tuíte que viralize ou não ter cem mil seguidores no Instagram não significa que você seja um influenciador inferior. Porque a maioria *não foi* convidada para o Met Gala. A maioria dos tuítes *não* viraliza. E a maioria *não* tem cem mil seguidores no Instagram.

Isso também sugere que outra maneira de compreender que temos mais influência do que percebemos é o fato de estarmos mais conectados socialmente do que percebemos. Em outras palavras, você tem mais alcance, em termos de marketing, do que pensa. Isso é verdade não apenas na "vida real", mas também nas mídias sociais. Um gráfico de 2013 intitulado "Você é mais importante no Twitter do que pensa" descreve uma análise do número de seguidores por conta do Twitter e descobre que o perfil mediano tem 61 seguidores (após eliminar quaisquer perfis que não tenham tuitado no mês anterior, e que, quando incluídos, reduzem a média para um seguidor).[6] Há, de fato, um número substancial de perfis com dezenas ou centenas de milhares de seguidores, ou mais. Se um usuário do Twitter com, digamos, mil seguidores respeitáveis se comparasse a esses perfis, é claro que sua influência seria irrelevante. Mas, na verdade, em 2013, quando a análise foi feita, uma conta com mil seguidores estaria entre os 4% de usuários mais relevantes do Twitter com base em seguidores.* No entanto, essas análises não chegam à experiência psicológica dos

---

* Como 2013 pode parecer uma data antiga na história do Twitter, vale a pena observar que o exame de um fato mais recente conta uma história semelhante, embora decomponha os dados de maneira diferente: uma análise de dados dessa rede social conduzida por Stefan Wojcik e Adam Hughes, do Pew Research Center, em 2019, descobriu que os perfis que compõem os 10% mais atuantes do Twitter tinham uma média de apenas 386 seguidores ("Sizing Up Twitter Users", 24 de abril de 2019. Disponível em: https://www.pewresearch.org/internet/2019/04/24/sizing-up-twitter-users/).

usuários de mídia social sobre sua própria influência, então meu aluno de pós-graduação Sangah Bae e eu fizemos alguns estudos para avaliar exatamente isso. Com base nos métodos de Deri, perguntamos a uma amostra de estudantes universitários e, mais tarde, a uma amostra de adultos que trabalham: "Quem tem mais influência, amigos/seguidores e engajamento: você ou outras pessoas que participam desta pesquisa?" para um grupo oriundo de diferentes redes sociais: Facebook, Instagram, Twitter, Snapchat, LinkedIn e TikTok. O que encontramos refletiu as descobertas de Deri e seus colegas: a pessoa média em nossos estudos achava que tinha menos influência nas mídias sociais do que a pessoa média.

Pesquisas recentes começaram a convergir para a ideia de que, na verdade, somos pouco confiantes ao avaliar qualidades pessoais, como nossa conexão social e, como veremos a seguir, nossa simpatia. Esse viés não apenas ajuda a manter uma próspera indústria de autoaperfeiçoamento como sugere que podemos subestimar regularmente nosso próprio poder de persuasão. Um tanto ironicamente, como veremos mais à frente neste capítulo, isso pode nos levar a usar táticas excessivamente agressivas para ganhar a influência que não percebemos que já temos.

Eles gostam de você. Eles gostam mesmo de você

A academia tem algumas práticas que são quase torturantes para os introvertidos, o que muitos acadêmicos, inclusive eu, tendem a ser. Uma dessas práticas é a conversa acadêmica. Você pode estar pensando: é claro que dar uma palestra na frente de uma sala cheia de colegas e respeitados colegas seniores deixaria qualquer um nervoso. No entanto, falar em público é muitas vezes a parte menos estressante. A palestra é tipicamente bem ensaiada, as normas do que se espera do orador e do público são bem estabelecidas e você geralmente tem slides de apresentação para se apoiar.

O que sempre foi mais intimidante – pelo menos para mim – é o que acontece antes e depois da palestra. A ideia por trás de convidar um colega pesquisador para uma visita ao campus é conhecê-lo e conhecer sua pesquisa – mas também é que *ele* conheça todas as pessoas do departamento anfitrião e *suas* pesquisas. Assim, para dar a todos a chance de se conhecerem, os palestrantes geralmente passam o dia todo antes e depois das palestras em reuniões individuais e consecutivas com os membros individuais do corpo docente de determinado departamento. Você é escoltado até um escritório, cumprimenta, senta e conversa por trinta minutos; depois você é escoltado até o próximo escritório, cumprimenta, senta, conversa por mais trinta minutos; e repete. É basicamente um *speed-dating* acadêmico, o dia todo.

Ao contrário da palestra, as normas dessas conversas individuais – na maioria das vezes com pessoas que você não conhece muito bem – não são tão bem definidas. Já falei de tudo nas reuniões, de pesquisa a família, fofocas profissionais, religião e David Bowie. É o pior pesadelo de uma pessoa tímida: conversa forçada com alguém que você não conhece em um contexto avaliativo com quase nenhuma orientação sobre o que conta como um tópico de conversa apropriado. E fazendo isso de novo, e de novo, e de novo.

Não é de surpreender que essas conversas no estilo *speed--dating* possam parecer meio estranhas no começo. Mas é mais surpreendente saber que elas acabam sendo bastante agradáveis. O que percebemos quando passamos por esse tipo de conversa rápida e forçada é que não importa o quanto você pense que falou demais, ou não foi espirituoso o suficiente, ou disse algo estranho ou errado ou estúpido: no geral, as pessoas encerram essas conversas sentindo-se bem com a interação e com uma impressão positiva em relação a você.

E não se trata de uma peculiaridade das visitas acadêmicas ao campus ou das interações forçadas em geral. Sempre que você encerra uma conversa e começa uma análise *post mortem* de tudo o que disse de errado ou de quão estranho você foi, provavelmente está sendo desnecessariamente duro consigo mesmo. Quase sempre causamos impressões melhores e menos constrangedoras em outras pessoas do que pensamos. No entanto, como raramente temos uma visão do que pensam de nós quando nos afastamos depois de uma conversa, raramente temos a oportunidade de aliviar nossas preocupações sobre as impressões negativas que *achamos* que provocamos. Felizmente, podemos mais uma vez agradecer a Erica Boothby, e aos seus colaboradores Gus Cooney, Gillian Sandstrom e Margaret Clark, por essa percepção, obtida pela descoberta de um fenômeno que eles chamam de "lacuna de afinidade".[7]

Esses pesquisadores usaram um método simples: eles convidaram pares de participantes que não se conheciam para o laboratório e os instruíram a ter uma conversa de cinco minutos. Para facilitar, eles não deixaram os participantes "se virarem" sozinhos. Estes receberam uma folha de perguntas para quebrar o gelo, por exemplo, "de onde você é?" e "quais são seus hobbies?". Foi solicitado que se revezassem fazendo essas perguntas uns aos outros. Isso deveria ter armado o jogo contra as previsões dos pesquisadores, já que os participantes não precisariam fazer muitas das coisas que podem tornar as conversas do mundo real esquisitas, como achar um tópico sobre o qual falar ou lidar com silêncios constrangedores. Então, no geral, os participantes deveriam ter se sentido muito bem com suas habilidades de conversação.

No entanto, não foi isso que a equipe de pesquisa descobriu quando cada participante foi para uma sala separada para completar uma pesquisa após a conversa, com perguntas sobre o quanto eles gostaram da outra pessoa (por exemplo, "eu gostaria de interagir com o outro participante novamente"; "posso me ver me tornando amigo do outro participante") e o quanto achavam que a outra pessoa tinha gostado deles (por exemplo, "o outro participante gostaria de interagir comigo novamente"; "a outra pessoa podia se ver se tornando minha amiga"). Acontece que, para o participante médio do estudo, a pessoa com quem você acabou de interagir gostou mais de você do que você pensava. As avaliações que os participantes forneceram de quanto eles gostaram de seu parceiro de conversa foram significativamente mais altas – 12,5% mais altas – do que as avaliações que eles forneceram do quanto eles acharam que seu parceiro de conversa havia gostado deles.

Em estudos de acompanhamento, os pesquisadores permitiram que os participantes conversassem por até 45 minutos (e alguns conversaram por todo esse tempo), para ver se a lacuna de afinidade persistia mesmo para conversas mais longas. Acontece que sim. Esteja você conversando com alguém na fila do caixa do supermercado por apenas alguns minutos ou tentando preencher meia hora de brincadeiras profissionais com um colega, a outra pessoa geralmente sai da conversa gostando mais de você do que você pensa.

Esses pesquisadores também descobriram alguns detalhes adicionais interessantes sobre o efeito. Primeiro, eles descobriram, não surpreendentemente, que as pessoas que são mais tímidas apresentam uma lacuna de afinidade maior. Então, se você está particularmente ansioso para socializar, está se saindo *muito* melhor do que pensa.

Em segundo lugar, eles descobriram que observadores externos que assistiam a vídeos das duplas de participantes interagindo podiam realmente dizer o quanto os dois indivíduos gostavam um do outro. Acontece que os observadores neutros são capazes de captar sinais sutis que duas pessoas enviam uma para a outra indicando que elas se gostam mutuamente, algo que os próprios participantes parecem não perceber. Como explicam os pesquisadores, as conversas são emocional e cognitivamente exigentes. Quando você é uma parte ativa da conversa, está concentrado em como está se saindo e fica ocupado planejando o que vai dizer a seguir. O resultado é que você pode perder os sinais que seu parceiro está enviando, afirmando que você é ótimo. Só que, para alguém que está sentado apenas observando isso acontecer, todos esses sinais positivos são inconfundíveis.

Isso é importante para entender a influência que exercemos, porque uma das principais conclusões da pesquisa sobre influência e persuasão é que as pessoas são mais persuadidas por aqueles de quem gostam. Na verdade, Robert Cialdini, autor do livro *Influence* [Influência], fez desse um de seus seis princípios de persuasão: O Princípio da Afinidade.[8] Se alguém que achamos muito legal e interessante diz que devemos conhecer um novo podcast que está ouvindo, é mais provável que façamos isso do que se alguém de quem não gostamos dissesse a mesma coisa. É um princípio importante, se não especialmente surpreendente. Mas isso significa que parte de determinar quanta influência você tem sobre os demais é determinar o quanto as outras pessoas gostam de você. E, como acabamos de ver, isso é algo em que não somos tão bons. As pessoas gostam de você mais do que você imagina, o que, por sua vez, significa que você tem mais influência do que imagina.

Uma consequência de subestimar o quanto as pessoas gostam de nós é que achamos que elas vão ser mais resistentes a ouvir o que temos a dizer do que realmente são. Nós nos preparamos para uma briga, ficamos obcecados pensando exatamente no que dizer, acumulamos os fatos e gritamos a plenos pulmões, quando na realidade, como veremos nas próximas seções, provavelmente poderíamos baixar um pouco o tom.

Por que você está tão preocupado em dizer a coisa errada

Nesta era de constante indignação moral, é difícil não nos sentirmos cautelosos ao expressar nossas opiniões. Assumimos que todos ao nosso redor estão dissecando cada palavra nossa, prontos para atacar e pegar em armas contra o que quer que tenhamos a dizer. Embora seja inegável que isso vem acontecendo com frequência cada vez maior, em grande parte como resultado do que acontece nas mídias sociais – que, como a professora de psicologia de Yale Molly Crockett apontou, incentivam sistematicamente a indignação moral[9] –, simplesmente não é o caso no dia a dia. As pessoas geralmente não ficam dissecando cada palavra sua, prontas para atacar. Na verdade, pesquisas mostram que elas tendem a concordar com o que você tem a dizer – e não a discordar.

A primeira coisa a saber é que as pessoas simplesmente não estão ouvindo ou lembrando da maior parte do que você diz. Elas são, como os psicólogos gostam de chamar, "avarentos cognitivos". Fazemos o mínimo necessário para poder navegar pelo mundo de forma eficaz e só pensamos nas coisas com cuidado se for absolutamente necessário ou se estivermos particularmente motivados para isso. Pelos cálculos de alguns pesquisadores, as pessoas na verdade só se lembram de cerca de 10% do que você diz a elas, mesmo nos momentos imediatamente após uma conversa,[10] e o que elas lembram tende a ser a essência, ou ideia geral, do que você disse, não o que você realmente disse.[11] No entanto, em vez de tomar isso como uma indicação de que você precisa trabalhar mais do que pensava para influenciar alguém, em muitos casos isso significa, na verdade, que você pode parar de se preocupar tanto em dizer exatamente a coisa certa – sem deixar de ter influência.

Por exemplo, assim como um adolescente que descobre que é mais efetivo pedir aos pais para voltar depois do horário combinado enquanto eles estão distraídos ao telefone, as pessoas geralmente processam – e concordam com – o que dizemos sem pensar. Veja este estudo clássico da psicóloga de Harvard Ellen Langer e seus colegas: esses pesquisadores pediram às pessoas para furar a fila de quem estava esperando para usar a copiadora na biblioteca da universidade.¹² Em uma condição, elas ofereceram às pessoas na fila uma razão lógica para passar na frente: "Com licença. Eu tenho cinco páginas. Posso usar a máquina de Xerox, porque estou com pressa?". Até que seria justo. Essa pessoa está com pressa, por que não deixar que ela passe na frente? E, de fato, 94% dos que estavam na fila concordaram em deixar o indivíduo passar na frente delas. A propósito, se você acha que esse é um número alto (e é!), voltaremos a isso no próximo capítulo.

Em outra condição, no entanto, a pessoa pediu para furar a fila porque "precisava fazer algumas cópias" – um argumento que não fazia sentido. Todos na fila estavam lá porque precisavam fazer cópias. No entanto, praticamente a mesma proporção de pessoas – 93% – concordou com esse pedido sem sentido. (Aceitei algo semelhante uma vez quando estava sentada em um bar lotado em Manhattan e um jovem casal veio até mim. O rapaz disse: "Minha namorada pode sentar no seu lugar? Ela pode estar grávida". Eu me levantei e dei a ela meu assento antes de processar completamente o pedido. *Pode* estar grávida. Espere, o quê? Isso nem faz sentido.)

Langer e seus colegas chamaram isso de "a inconsciência da ação ostensivamente pensativa";¹³ Robert Cialdini chamou de resposta "clique, zum…".¹⁴ Ambos chegam à ideia fundamental de que as pessoas não processam as informações substantivas em seu ambiente com tanto cuidado quanto poderíamos pensar, e muita influência acontece sem que elas considerem cuidadosamente os fatos.

Mesmo quando explicitamente instruídas a lembrar dos detalhes precisos de uma discussão, as pessoas não são os céticos experientes esperando para gritar "te peguei!" que às vezes imaginamos que sejam. Por exemplo, em outro estudo, Anne Britt, psicóloga cognitiva da Northern Illinois University, e seus colegas apresentaram aos participantes argumentos diferentes, como "a reciclagem deve ser obrigatória pelo governo federal porque ajuda a proteger o meio ambiente" ou "a reciclagem é muito benéfica porque ajuda a proteger o meio ambiente", e pediu a eles que se lembrassem da *alegação precisa* que estava sendo feita.[15] Agora, a diferença substantiva entre alegar que algo é benéfico e alegar que deveria ser obrigatório pelo governo é enorme. No entanto, muitos participantes não conseguiram diferenciar essas duas alegações. Eles conseguiam lembrar que a essência do argumento era que a reciclagem era boa (quase todos acertaram essa parte), mas muitos não conseguiam dizer qual foi a afirmação exata.

Não apenas isso, mas, em outro estudo de Britt e outro colega,[16] participantes que foram explicitamente instruídos a fazê-lo não conseguiam diferenciar entre argumentos que faziam sentido lógico e aqueles que eram de fato sem sentido – por exemplo, a premissa de que a pena de morte é *imoral* porque muitos dos condenados à morte foram considerados inocentes depois de um exame de DNA *versus* o argumento de que a pena de morte é *ineficaz* porque muitos condenados à morte foram considerados inocentes depois de feito o exame de DNA* –, uma vez que estavam processando esses

---

*   O primeiro argumento é logicamente coerente (quer você concorde ou não). Se eu afirmei que a pena de morte é imoral e justifiquei essa afirmação dizendo que muitos dos condenados à morte foram considerados inocentes, a conexão lógica entre essas duas coisas (o que os linguistas chamam de "autorização") é que algo que leva à morte de pessoas inocentes é imoral. Mas o segundo argumento não tem essa conexão lógica. Se eu afirmei que a pena de morte é ineficaz e justifiquei essa afirmação

pretextos em um nível essencial. Eles estavam pensando no argumento como relativo simplesmente ao motivo de a pena de morte ser ruim, não ao tipo preciso de mal que estava sendo reivindicado (imoral *versus* ineficaz).

Britt e seus colegas atribuem suas descobertas a uma teoria conhecida como a "teoria do traço difuso",[17] que foi desenvolvida pela neurocientista de Cornell Valerie Reyna. A ideia é que, quando encontramos uma informação, nós a processamos de duas maneiras: em uma área do cérebro, processamos e lembramos o que foi dito literalmente; no entanto, em uma parte diferente do nosso cérebro, simultaneamente processamos e lembramos de outra coisa – da essência do que foi dito. Para fazer jus ao nome da teoria, codificamos um "rastro difuso" da mensagem real. A coisa importante a notar, entretanto, é que, enquanto nós inicialmente codificamos tanto os detalhes quanto a essência do que foi dito, a lembrança da informação literal se desvanece rapidamente, enquanto a lembrança da essência – o rastro difuso da mensagem – dura muito mais tempo.

Assim, por exemplo, se você fizer um discurso apaixonado de improviso – mas desconexo e possivelmente logicamente inconsistente – sobre por que *Buffy, a Caça-Vampiros* é a melhor série de todos os tempos (e, de fato, é), as pessoas que ouvirem esse discurso acabarão esquecendo as inconsistências lógicas dessa fala e lembrarão apenas que você ofereceu muitos motivos para

---

dizendo que muitos condenados à morte foram considerados inocentes, qual é a justificativa? Que algo que leva à morte de pessoas inocentes é ineficaz? Ineficaz em quê? Em provocar a morte? Em combater o crime? Quem pode saber? Realmente, não faz muito sentido.

gostar de *Buffy* – mesmo que não se recordem de nenhum deles. Adicione isso ao fato de que você é mais legal e mais simpático do que imagina, e acabou de ganhar alguns fãs de *Buffy*.

Tudo isso leva à seguinte conclusão: se você se encontra em uma situação em que acha que deveria dizer alguma coisa, mas está preocupado em falar a coisa *certa*, não fique. Diga algo. Se for genuíno, e não – perdoe meu francês – um monte de besteiras (falaremos mais sobre isso depois), você tem uma oportunidade real de exercer influência, mesmo que sinta que está tropeçando nas palavras. Em vez de se fixar em um deslize momentâneo da língua ou em uma frase estranha, é mais provável que seu público vá embora pensando na essência de sua mensagem. Mais do que isso, é mais provável que todos concordem com o que você disse, que é o que vamos analisar a seguir.

Propenso a concordar

Em 1975, um filósofo da linguagem britânico chamado Paul Grice expôs sua altamente influente teoria das normas conversacionais – uma teoria que continua a ter um impacto duradouro na ciência da comunicação até hoje.[18] Central para a teoria de Grice é a ideia de que a comunicação é um esforço *cooperativo*. Para nos entendermos, precisamos trabalhar juntos. E, para fazer isso, devemos seguir algumas regras básicas, que Grice chamou de máximas. De acordo com ele, a primeira máxima da comunicação é que as pessoas devem dizer apenas o que é verdade, o que significa que não devemos afirmar algo que sabemos ser falso ou sobre o que não temos conhecimento. O interessante sobre essa máxima (e todas as máximas de Grice) é que ela se aplica a ambas as partes. O que significa que não apenas se espera que ambas as pessoas digam a verdade, mas também que devem ser capazes de assumir que a outra está dizendo a verdade. Como resultado, não deve haver razão para *não* aceitar o que a outra pessoa está dizendo como verdadeiro.

Em uma era de "veracidade" e "notícias falsas", você pode pensar que isso é absurdo. Mas vamos pensar sobre isso por um momento. Embora haja momentos em que podemos duvidar da veracidade do que alguém diz, a suposição padrão é a de que as pessoas estão dizendo a verdade. Caso contrário, a comunicação seria quase impossível. Se eu o questionasse se você leu ou não todos os livros que afirma ter lido, e se o salmão que você comeu na noite passada estava realmente cozido demais, nunca chegaríamos a lugar algum. O que isso significa é que estamos propensos a acreditar no que nos dizem. O que significa que outras pessoas tendem a acreditar no que *você* diz a elas – especialmente quando você o diz pessoalmente – em vez de desafiá-lo quanto à sinceridade das opiniões que você afirma ter e quanto aos fatos que afirma conhecer.

Ainda mais importante para nossos objetivos é que as pessoas não estão apenas propensas a acreditar na sinceridade do que você diz, mas também a crer nas coisas reais que você exprime. Essa afirmação remonta a uma teoria professada pelo filósofo do Iluminismo Baruch Spinoza em 1677.[19] Segundo Spinoza, para que possamos compreender uma informação, devemos primeiro aceitá-la como verdadeira. Depois de fazermos isso, podemos descartar qualquer coisa que tenhamos decidido que não continua a soar como verdadeira. Podemos "desacreditar". Mas "desacreditar" de alguma coisa é realmente muito difícil. E, como vimos anteriormente, as pessoas não gostam do trabalho cognitivo extra. Então, muitas vezes simplesmente acreditamos no que nos foi dito.[20]

Por incrível que pareça, pesquisadores modernos encontraram evidências experimentais reais para a teoria de Spinoza. Daniel Gilbert, psicólogo de Harvard, e seus colegas conduziram uma série de estudos nos quais apresentaram proposições aos participantes e pediram que indicassem se cada afirmação era verdadeira ou falsa.[21, 22] Eles, então, eram interrompidos quando algumas das asserções eram apresentadas, para que não pudessem processá-las completamente. Isso permitiu que os pesquisadores chegassem à suposição padrão sobre as pessoas – quando em dúvida, adotamos a *crença* ou a *descrença*? Acontece que, mesmo quando os participantes não foram capazes de processar completamente as declarações *verdadeiras*, eles ainda tendiam a assumir que eram verdadeiras. Mais do que isso, quando não conseguiam processar totalmente as declarações *falsas*, também as consideravam verdadeiras. No geral, os participantes optaram pela crença em vez da descrença.

Claro, se você já viu um anúncio e imediatamente ficou cético em relação a alguma afirmação ridícula, sabe que nem sempre é esse o caso. Não acreditamos em tudo que ouvimos. De fato, para fontes suspeitas, como muitos de nós podemos considerar os anúncios, o padrão das pessoas é rejeitar as informações antes de processá-las completamente. É por isso que as marcas precisam trabalhar tanto para ganhar a confiança dos consumidores. E é por isso que os liberais norte-americanos que assistem à emissora Fox News e os conservadores que assistem à rede MSNBC *não* tendem a acreditar em tudo o que é dito (embora, vale a pena notar, o oposto seja verdadeiro quando os *conservadores* assistem à Fox News, e os *liberais,* à MSNBC. Novamente, quando acham a fonte confiável, os espectadores *tendem* a acreditar em tudo o que ouvem).

Aqui, como no capítulo anterior, vale lembrar que você é uma pessoa, não um anúncio, e voltar à afirmação de Grice de que a comunicação humana é fundamentalmente cooperativa. Ao conversar com alguém, o estado padrão é confiar que a outra pessoa está dizendo a verdade e que ela tem evidências das coisas que diz. Como resultado, quando você, e não a rede de notícias não preferida de alguém na TV a cabo, expressa uma opinião, é muito menos provável que cause controvérsias do que você imagina. Claro, todos nós podemos lembrar de casos em que as coisas não terminaram de maneira tão civilizada – e esses casos podem parecer ameaçadores –, mas eles são a exceção, não a regra. Você pode às vezes experimentar uma reação negativa, mas é quase certo que ela é menos intensa – e menos frequente – do que você imagina.

Além disso, é mais provável que uma reação negativa ocorra para questões em que as pessoas já têm opiniões contrárias fortes e um estoque de informações contraditórias. Embora tenhamos a tendência de pensar em exemplos prototípicos de influência, como discutir sobre política ou convencer alguém a fazer algo que na verdade não quer fazer, regularmente expressamos opiniões e atitudes em torno de tópicos sobre os quais outras pessoas não têm uma opinião forte e/ou não têm muito conhecimento prévio – e sobre os quais nossas opiniões provavelmente terão um impacto ainda maior. Na verdade, a maior parte do que se fala é sobre trabalho, relacionamentos, dinheiro, atividades de lazer, outras pessoas e aparências[23] – não política e questões sociais. Antes de descartar aqueles tópicos como superficiais, é importante notar que as conversas sobre trabalho, relacionamentos e dinheiro moldam, confirmam e disseminam normas sociais sobre o que é e o que não é apropriado, e de quem e do que devemos gostar e não gostar. Isso significa que eles têm o potencial de moldar as opiniões e atitudes mais amplas das pessoas, incluindo aquelas relacionadas à política e a questões sociais. Se estou inclinado a acreditar em você quando me diz que alguém foi injustamente preterido para uma promoção, ou que o comportamento ou a roupa de alguém era inadequado, você efetivamente moldou minhas crenças sobre quem é merecedor e por que, e quais comportamentos são aceitáveis e por quê. E isso pode ter um impacto nas decisões que tomo no futuro e até nos políticos e tipos de política que apoio.

Tendemos a pensar que as pessoas fazem coisas e acreditam em coisas com base em seus méritos – isto é, considerando os fatos, julgando e se comportando de acordo. Mas essa é uma percepção equivocada. Na verdade, os fatos são menos eficazes para mudar os comportamentos e as crenças das pessoas do que as normas sociais ou saber o que os outros acreditam e estão fazendo. Significa que, simplesmente declarando o que você pensa – fazendo sua parte para moldar o que os demais percebem como normativo ou apropriado –, você tem um impacto maior do que imagina sobre o que as outras pessoas pensam e fazem.

Antes de continuarmos, você pode estar se perguntando: tudo isso é uma coisa boa? Claro, é bom saber que suas declarações não estão sendo tão atacadas como você pensa, e que as pessoas estão mais inclinadas a acreditar no que você diz do que a rejeitá-lo, mas isso significa que muitas declarações não estão sendo atacadas tanto quanto deveriam ser, e que as pessoas podem, francamente, ser um pouco ingênuas. Bem, sim. Vamos discutir em um capítulo posterior que processar informações no "essencial" nível básico e aceitá-las sem examiná-las completamente pode levar à proliferação de informações erradas e a outras consequências indesejáveis.

Mas por enquanto vamos nos concentrar no lado positivo, que é o fato de que você provavelmente pode relaxar sobre seus medos de se tornar o próximo alvo da máquina de indignação moral. A chance de alguém pular na sua garganta por dizer a coisa errada durante uma conversa é pequena. Na verdade, as pessoas estão mais inclinadas a aceitar e a acreditar nas coisas que você diz do que o contrário. Isto é, desde que você não grite com elas.

Você precisa se acalmar

Embora possamos nos conter em alguns contextos por medo de dizer a coisa errada, se você já viu alguém com quem se importa se envolver em um comportamento prejudicial, imprudente ou autodestrutivo, sabe que existem outros contextos em que o impulso oposto nos atinge. Nesses casos, pode ser difícil não gritar com a pessoa para tentar fazê-la mudar. Pare de fumar! Comece a se exercitar! Fique na escola! Simplesmente faça!

Uma rápida olhada em qualquer plataforma de mídia social sugere que a preocupação com o bem-estar de nossos entes queridos não é o único contexto em que recorremos aos gritos. Quando temos certeza de que estamos certos, ou sabemos o que é melhor para alguém, podemos ser surpreendentemente impetuosos ao afirmar isso. No entanto, em vez de representar confiança, essa ousadia provavelmente é, em parte, o resultado da esmagadora *falta de confiança* que temos em nosso poder de persuasão. As pessoas gritam quando pensam que alguém não está ouvindo. Mas, como vimos, os outros tendem a ouvir e a aceitar o que dizemos mais do que percebemos. Aqui, novamente, verifica-se que as teorias sobre a melhor maneira de influenciar alguém não estão totalmente alinhadas com a realidade.

Em uma série de estudos, Ann Kronrod, Amir Grinstein e Luc Wathieu examinaram se as pessoas superestimam quão assertivas precisam ser para persuadir outra pessoa.[24] Em um estudo, eles descreveram aos participantes uma pessoa hipotética chamada "Kate", que estava passando por alguns problemas de saúde e foi informada de que poderia melhorar se fizesse mudanças na dieta. Os problemas eram sérios (por exemplo, dores de cabeça terríveis e desidratação, que teriam levado à sua hospitalização), indicando que ela realmente precisava de conselhos sobre como cuidar da saúde. Ou não eram tão sérios (por exemplo, dores de cabeça leves e um pouco de fraqueza), sugerindo que ela não precisava de conselhos particularmente urgentes. Além disso, os participantes foram informados de que Kate estava interessada em obter conselhos de fontes da internet, amigos ou profissionais médicos, ou não estava interessada em obter nenhum conselho. Finalmente, os participantes foram questionados sobre qual das duas mensagens prefeririam enviar para Kate. Uma mensagem era bastante suave ("Pela sua saúde – você poderia comer mais vegetais todos os dias"), enquanto a outra era mais imperativa ("Pela sua saúde – coma mais vegetais todos os dias!").

Você pode pensar que, se alguém não quisesse um conselho, mas você fosse em frente e oferecesse algum de qualquer maneira, sua abordagem seria mais gentil. Bem, não foi isso que os participantes fizeram. Eles não deram absolutamente nenhuma atenção se Kate queria ou não conselhos; basearam sua escolha de mensagens inteiramente na gravidade das doenças descritas, ou em que medida sentiam que ela precisava de conselhos. Em outras palavras, quando os participantes ouviram falar dessa pessoa cuja saúde precisava seriamente de uma revisão, que parecia estar realmente sofrendo por motivos que pareciam estar sob seu controle, eles optaram por gritar com ela. E fizeram isso sem levar em conta se ela estava ou não aberta a ouvir seus conselhos.

Isso soa familiar? Talvez você tenha alguém em sua vida que reclame incessantemente de algo cuja mudança parece estar inteiramente sob seu controle. É frustrante. Talvez até mesmo ler sobre Kate sendo hospitalizada por desidratação tenha deixado você fora de si. Quero dizer: vamos, Kate, beba um pouco de água! Mas essa é realmente a melhor maneira de persuadir Kate a mudar de hábitos? Provavelmente não, de acordo com Kronrod.

Em outro estudo, Kronrod e seus colegas enviaram um e-mail a duzentos estudantes universitários escolhidos aleatoriamente com uma de duas mensagens destinadas a promover o exercício. Metade recebeu uma mensagem assertiva, que dizia: "Caro aluno, faça exercícios abdominais cinco minutos por dia. Fortaleça seu corpo. Simplesmente faça!". A outra metade recebeu uma mensagem muito semelhante, mas notavelmente mais suave, que dizia: "Caro aluno, fazer exercícios abdominais durante cinco minutos por dia pode fortalecer seu corpo. Você consegue". Uma semana depois, esses mesmos alunos receberam uma pesquisa que eles poderiam preencher para obter créditos. O formulário perguntava quanto eles haviam se exercitado na última semana e se queriam receber dicas de saúde, junto com algumas informações sobre sua composição corporal (que servia como uma medida de quanto cada um presumivelmente precisava de ajuda com a saúde).

Acontece, não surpreendentemente, que gritar com alguém que claramente precisa mudar seus hábitos de saúde não ajuda muito a mudar: a mensagem assertiva não foi mais eficaz do que a mensagem gentil para convencer as pessoas que realmente precisavam se exercitar mais (conforme determinado por suas medidas físicas). Além disso, também de forma não surpreendente, quem não quer conselhos não é mais propenso a ouvi-los quando se trata de um comando em vez de uma sugestão gentil. Na verdade, os participantes que não queriam conselhos se exercitaram *menos* depois de receber a mensagem assertiva do que depois de receber a mensagem mais suave – mesmo que estivesse claro que eles realmente precisavam começar a se exercitar mais. Em essência, a mensagem assertiva saiu pela culatra.

O único grupo que parece ter se beneficiado da mensagem assertiva foi o dos alunos que disseram que realmente queriam receber os conselhos. Esses participantes se exercitaram mais depois de receber a mensagem assertiva do que a mensagem mais suave. Mas, vamos ser honestos, isso não é realmente tão interessante. Se alguém está pedindo conselhos especificamente, é claro que receber diretrizes claras sobre o que fazer será mais útil do que receber conselhos incertos, por exemplo, "talvez você deva fazer isso...".

A conclusão mais interessante aqui é a de que, embora o que eu disse possa parecer óbvio para você agora, tudo parece voar pela janela quando estamos realmente na posição de tentar persuadir outra pessoa. Todos nós podemos concordar com esses cenários hipotéticos. Mas, da próxima vez que se deparar com alguém com quem você se importa e que claramente precisa mudar sua maneira de viver, essa pesquisa sugere que você também provavelmente tentará dar uma ordem – independentemente de a pessoa estar ou não aberta a ouvir sua opinião –, uma estratégia que provavelmente não vai dar em nada.[25]

Esses estudos abordaram questões ligadas à saúde, mas são um achado importante a ser lembrado em todos os contextos. Quando nos sentimos particularmente ineficientes em persuadir os outros, ou quando sentimos que nossa mensagem não está chegando, tendemos a elevar o tom. Falamos mais alto. Mas é esse excesso de influência que realmente nos torna *menos* eficientes. Nos estudos descritos há pouco, a mensagem mais suave foi mais eficaz em fazer as pessoas que não eram receptivas aos conselhos de saúde se exercitarem mais. No geral, parecemos subestimar o poder de uma influência mais sutil. Não confiamos no fato de que as pessoas gostam de nós e serão receptivas ao que temos a dizer *se* não gritarmos com elas. Assim, se subestimarmos nossa influência, acabamos por superstimar quão agressivos precisamos ser para afirmá-la.

Aqui devo esclarecer que existem certos contextos, como quando pessoas de grupos sistemicamente oprimidos falam sobre sua opressão, em que a sugestão de "acalmar-se" não é apenas insensível, mas bastante prejudicial. Isso é conhecido como "policiamento de tom" e pode atrapalhar conversas importantes sobre opressão ao "mudar o foco da conversa da opressão que está sendo discutida para a *maneira* como ela está sendo discutida", conforme Ijeoma Oluo escreve em seu livro *Então você quer conversar sobre raça*.[26] Como Oluo aponta, "o policiamento do tom impõe pré-requisitos para ser ouvido e ser ajudado". Por exemplo, alguém pode dizer: "Não vou te ouvir se você gritar comigo".

A dor e a raiva da opressão sistêmica são reais e profundas, por isso pode ser traumatizante para os grupos oprimidos falar sobre sua opressão. É absurdo sugerir que alguém o faça em tom mais calmo, ou esperar que alguém priorize a polidez ao apontar o racismo ou o sexismo. O problema é que muitas vezes reagimos a opiniões com as quais simplesmente discordamos ou que nos deixam desconfortáveis *como* se estivéssemos sendo oprimidos, quando na verdade simplesmente temos opiniões bem claras sobre um assunto. Ou gritamos com as pessoas que amamos para tentar fazê-las mudar de atitude por preocupação e frustração genuínas. Nesses casos, a pesquisa sugere que nos sairíamos melhor se nos acalmássemos um pouco.

O problema da falta de confiança

Os psicólogos vêm alertando para os perigos do excesso de confiança há muito tempo. O *excesso de confiança* pode levar as pessoas a correr riscos desnecessários, tomar decisões precipitadas e recorrer a atalhos. Como Don Moore e Paul Healy, dois especialistas no assunto, escreveram em *The Trouble with Overconfidence* [O problema do excesso de confiança], sua muito citada revisão da literatura, o excesso de confiança tem sido usado para explicar "guerras, greves, litígios, fracassos empresariais e bolhas no mercado de ações".[27] Além disso, no conceituado livro *The Psychology of Judgment and Decision Making* [A psicologia do julgamento e da tomada de decisão], de Scott Plous (um dos meus livros favoritos dos tempos de graduação), o autor afirma: "nenhum problema no julgamento e na tomada de decisões é mais prevalente e potencialmente catastrófico do que o excesso de confiança".[28] De fato, os pesquisadores acham que o excesso de confiança é muito ruim.

A falta de confiança, por outro lado, é considerada mais rara e menos problemática. Faz as pessoas se esforçarem mais, conferirem seu trabalho e ouvirem conselhos. Algumas, conhecidas como pessimistas defensivas, passam a vida usando a falta de confiança crônica como uma estratégia motivacional eficaz. Então, existem alguns pontos positivos claros, e, se for para errar em uma direção ou outra, eu provavelmente erraria na direção da falta de confiança.

A falta de confiança é um erro, no entanto. Sim, podemos trabalhar mais e ser mais abertos aos conselhos de outras pessoas, mas, por definição, ser pouco confiante significa que estamos trabalhando *demais* e confiando *demais* nos conselhos alheios. Você já passou uma eternidade criando, editando e reeditando meticulosamente um e-mail, apenas para receber uma resposta de duas palavras trinta segundos depois de clicar em enviar? Atribua isso à falta de confiança. Pode ser ineficiente e autodestrutivo. Também pode ser um meio de passar a responsabilidade para outras pessoas solicitando conselhos sem fim, em vez de assumir a responsabilidade por nossas próprias decisões, como veremos em um capítulo posterior.

No domínio da persuasão e da influência, a falta de confiança pode levar as pessoas a permanecerem em silêncio pelo medo exagerado de não serem valorizadas e de dizerem a coisa errada. Outras vezes, as pessoas podem estar simultaneamente confiantes demais no que acreditam, mas pouco confiantes em sua capacidade de transmitir essa mensagem. Como resultado, elas podem ser excessivamente assertivas ao tentar divulgar sua mensagem, desconsiderando décadas de pesquisa sobre persuasão e influência social ao sugerir que menos é mais.

Enquanto o capítulo anterior se concentrou em tipos passivos de influência, há muitas ocasiões em que pretendemos influenciar as pessoas por meios mais ativos. Quando refletimos sobre nossas próprias habilidades para fazê-lo, no entanto, é comum nos sentirmos abaixo da expectativa – como pode atestar a popularidade duradoura de artigos e livros sobre como influenciar as pessoas. Como vimos neste capítulo, em vez de refletir a realidade, isso pode refletir apenas outro viés cognitivo do qual não temos consciência.

É importante recalibrar. Não importa o tamanho da sua rede social, arredonde para cima. Seja qual for a impressão que você acha que causa em outras pessoas, assuma que é um pouco melhor. Seja quais forem as críticas que você espera ouvir, suponha que serão um pouco menores. E, qualquer que seja o conselho que está prestes a dar, você provavelmente poderia torná-lo um pouco mais gentil.

3

Só porque você pediu

A maioria de nós odeia pedir coisas. Em seu livro *Reinforcements* [Reforços], a psicóloga Heidi Grant dedica três capítulos inteiros a explicar por que pedir é, em suas palavras, "o pior".[1] Eu mesma sou bem versada no constrangimento de pedir. No início de minha carreira de pesquisadora, passava dias inteiros pedindo coisas a estranhos. Quando era estudante de pós-graduação na Columbia, fui encarregada de coletar dados para um estudo que estava realizando com Frank Flynn, agora professor de comportamento organizacional em Stanford. Todos os dias eu pegava o metrô saindo da Columbia, no Upper West Side de Manhattan, até a Penn Station de Nova York. Ali eu começava minha tarefa de abordar desconhecidos, um por um, e pedir que preenchessem uma pesquisa. Eu fazia o mesmo pedido repetidamente, com o estômago embrulhado: "Você pode responder a um questionário?". Foi definitivamente (para citar Grant) *o pior*. A Penn Station ficará para sempre associada em minha mente a esse exercício torturante.

No entanto, também estará para sempre associada à minha descoberta (tanto pessoal quanto científica), junto a Frank Flynn, de que a maneira como imaginamos que alguém vai responder a um pedido é muito diferente de como as pessoas realmente tendem a responder. Naquele momento, antes de me aproximar de cada novo desconhecido, eu respirava fundo e me preparava para o pior: a rejeição iminente, o suspiro de irritação, o insulto murmurado em voz baixa. O problema é que, na maioria das vezes, quando eu realmente me aproximava dessas pessoas, cara a cara, elas olhavam para mim – às vezes confusas, mas quase sempre educadas – e *concordavam*: "Tudo bem, claro", elas diziam. Não gritavam comigo. Nem fugiam. Elas (geralmente) nem me olhavam com raiva por perguntar.

Quando o estudo terminou, ficamos desapontados ao descobrir que nossa hipótese original (cujos detalhes não me lembro mais) não deu certo. Enquanto estávamos refletindo sobre os dados, no entanto, descobrimos algo que acabou sendo muito mais interessante: o número de pessoas que concordaram de cara em preencher a pesquisa. Era incrível quantas haviam dito "sim" ao meu pedido, e nos perguntávamos se os outros ficariam tão surpresos quanto nós ao ver como os desconhecidos estavam dispostos a concordar. Desde então, coloquei milhares de participantes de pesquisa na mesma posição em que estive na Penn Station todos aqueles anos atrás e, depois de quinze anos pesquisando esse tópico, agora estou confiante de que minha experiência não foi única.

Em um estudo típico, digo aos participantes do meu laboratório que eles deixarão o recinto e sairão pelo mundo para interagir com desconhecidos reais. Eles são instruídos a pedir coisas a essas pessoas – preencher questionários, fazer doações para uma instituição de caridade, emprestar seu celular, enviar cartas, dar instruções complicadas e até contar o número de grãos de feijão em um pote (sim, literalmente). Antes de eles saírem, peço aos meus participantes que adivinhem quantos estranhos abordados vão concordar com seu pedido. Na última vez que calculei oficialmente, eles tinham abordado mais de catorze mil pessoas com esse tipo de solicitação. E, em todos esses diferentes tipos de solicitações, algo permanece com uma consistência marcante: repetidamente, as pessoas subestimam o número que vai dizer "sim". Na verdade, as pessoas têm quase duas vezes mais chances de concordar com a variedade de coisas que meus participantes pedem nesses estudos do que eles esperam, o que é um efeito enorme.[2]

A primeira vez que Frank Flynn e eu realizamos um desses estudos, recriamos minha experiência na Penn Station em detalhes. Orientamos os participantes a abordar desconhecidos no campus da Columbia em Nova York e pedir a eles para preencher um questionário. O objetivo era fazer cinco pessoas preencherem um questionário usando o mesmo roteiro que eu havia usado repetidamente – "Você pode responder a um questionário?" – e nada mais. Quando perguntamos aos participantes a quantas pessoas eles precisariam perguntar para atingir sua meta de fazer cinco pessoas concordarem, eles previram que precisariam perguntar a cerca de vinte em média. Quando voltaram ao laboratório para relatar a tarefa, na verdade só tiveram que perguntar a cerca de dez pessoas em média – metade do que haviam previsto.[3]

E, quando digo que esses participantes "voltaram" ao laboratório, provavelmente seria mais correto dizer que eles *correram* de volta para o laboratório. Observei um após o outro retornar completamente surpreso com quão mais fácil do que esperavam sua tarefa havia sido e com como as pessoas eram mais legais do que haviam previsto. Assim como eu ficava, quando distribuía questionários na Penn Station.

Nesse ponto, sentimos que estávamos no caminho certo, mas não sabíamos até onde poderíamos prolongar esse efeito. Tem algo a ver com esse pedido específico? As pessoas adoram responder a pesquisas mais do que jamais se imaginou? Ou elas estariam igualmente mais propensas a concordar em fazer todo tipo de outras tarefas do que poderíamos esperar? Então, discutimos algumas coisas que nossos participantes poderiam pedir. Em um estudo, eles abordaram desconhecidos e pediram emprestado seu celular para fazer uma ligação rápida. Quando alguém concordava, o participante ligava para nós no laboratório e nos dava algumas informações para que pudéssemos verificar se eles estavam de fato conseguindo aparelhos de diferentes pessoas. Eles faziam isso três vezes antes de retornar ao laboratório. Nesse estudo, os participantes pensaram que precisariam perguntar a cerca de dez pessoas antes que três concordassem, mas na verdade tiveram que perguntar apenas a cerca de seis.

Em outro estudo, tivemos participantes pedindo orientações a desconhecidos – com uma reviravolta. Para esse estudo, aproveitamos o fato de que o ginásio da Columbia é meio difícil de encontrar. Fica no subsolo, escondido no canto noroeste do campus principal. Então, seria totalmente crível que alguém passasse por ele e não conseguisse encontrar a entrada, que é a história que os participantes contaram. Eles foram levados para um local designado no campus a cerca de três quarteirões de distância do ginásio e instruídos a abordar desconhecidos, um a um, dizendo que estavam tendo problemas para encontrar a entrada do ginásio. Então vinha a pergunta: "Pode me levar até lá?". Os participantes pediram a estranhos que os levassem até o ginásio para mostrar onde ficava a entrada. Cumprir esse pedido significaria andar com um desconhecido por três quarteirões, possivelmente desviando do próprio caminho. Portanto, não surpreendentemente, os participantes desse estudo pensaram que teriam que perguntar a muitas pessoas – cerca de sete – antes que uma única concordasse com esse pedido. Mas acabou que eles só precisaram pedir a duas – uma em cada duas pessoas abordadas com esse pedido concordava.

Neste ponto, estávamos bastante convencidos do efeito. Encontrávamos o mesmo comportamento toda vez que realizávamos um estudo – no laboratório com estudantes universitários, pelo menos. Repetidamente, pedido após pedido, nossos participantes subestimaram a probabilidade de outras pessoas dizerem "sim" e superestimaram a probabilidade de rejeição. Agora a questão era: encontraríamos os mesmos efeitos fora do laboratório, para solicitações que as pessoas não estivessem fazendo como parte de um experimento? Solicitações nas quais elas realmente tivessem interesse?

Irmão, tem um trocado?

Para nossa sorte, as pessoas fazem pedidos como esse o tempo todo como parte de campanhas organizadas de arrecadação de fundos. Muitas organizações dependem de angariadores de fundos individuais que pedem doações a outras pessoas. Fizemos uma parceria com uma dessas organizações: Team In Training [Time em treinamento], um programa da Leukemia & Lymphoma Society [Sociedade de Leucemia e Linfoma] que arrecada dinheiro para pesquisa clínica, educação e assistência a pacientes com vários tipos de câncer no sangue. Os voluntários do Team In Training participam de um desafio de resistência (por exemplo, uma maratona ou triatlo) e recebem um treinador para ajudá-los a treinar para o evento em troca de seus esforços de arrecadação de fundos. Esse foi um ótimo contexto para testar se nosso efeito se generalizou para o mundo real, porque a tarefa para a qual esses captadores de fundos se inscrevem é basicamente uma replicação natural dos tipos de estudos que já estávamos fazendo no laboratório. E, como bônus, o tamanho da tarefa que os participantes normalmente devem concluir é significativo. Na época de nosso estudo, a quantia mínima de dinheiro para participar era entre 2,1 mil e 5 mil dólares – algo muito mais assustador do que fazer cinco pessoas preencherem uma pesquisa.

Os organizadores do Team In Training gentilmente nos permitiram recrutar participantes em suas sessões de informação na cidade de Nova York, e conseguimos que mais de cem participantes se inscrevessem em nosso estudo. Esses voluntários cumpriram essencialmente a mesma tarefa que os participantes de nossos estudos de laboratório. Primeiro eles preencheram um questionário no qual tinham que adivinhar o número de pessoas a quem precisariam pedir para atingir sua meta de captação de recursos. Então, no final do período de captação (cerca de cinco meses depois), eles informaram quantas pessoas realmente tiveram que abordar para atingir a meta. Felizmente não precisamos confiar apenas na memória dos participantes durante esse período. Outra vantagem de trabalhar com o Team In Training é que a organização fez com que os participantes mantivessem um registro contábil de todos os que pediram doações, para que pudéssemos comparar sua lembrança com esses registros.

O que descobrimos foi notavelmente semelhante ao que havíamos encontrado em nossos estudos de laboratório. No início do período de captação de recursos, os participantes pensaram que precisariam pedir a cerca de 210 pessoas, em média, para atingir sua meta de captação de recursos. Na verdade, eles só precisaram pedir a 122 pessoas – quase cem a menos do que o previsto. Esses voluntários da Team In Training, como nossos participantes do laboratório, subestimaram o número de indivíduos que atenderiam a seus pedidos – e subestimaram muito.[4]

Então, parecia que tínhamos tropeçado em uma descoberta real. Nosso efeito não foi apenas uma peculiaridade do paradigma de laboratório que estávamos usando. Mesmo as pessoas que se ofereceram especificamente para realizar uma tarefa real de arrecadação de fundos superestimaram quão difícil essa tarefa se revelaria.

Vale a pena notar que na ciência isso não está dado de antemão. Muitas vezes, uma descoberta inicial acaba sendo um alarme falso que você persegue ao longo dos anos, sem sucesso. Mas esse efeito continuou aparecendo de novo e de novo. Não só isso: o efeito foi *expressivo*. Eu podia ver o que estava acontecendo antes mesmo de analisar os dados – nas expressões ansiosas dos participantes antes de saírem do laboratório e em seus rostos surpresos e aliviados quando voltavam. Eles não conseguiam acreditar que a tarefa que temiam tinha se tornado tão fácil. Foi tão gratificante ver esse efeito repetidas vezes que meus colegas e eu continuamos a estudá-lo desde então – em Nova York,[5] na Califórnia,[6] no Canadá,[7,8] na Holanda[9] e na China.[10] Embora existam diferenças importantes na forma como o efeito se desenrola em cada uma dessas configurações, o efeito básico está sempre presente.

As pessoas antecipam mais rejeição do que realmente acabam experimentando, e fazê-las atender nossos pedidos é mais fácil do que pensamos. É difícil argumentar com essas conclusões depois de mais de uma década vendo os mesmos resultados repetidamente. E, no entanto, mesmo as pessoas que sabem que isso é verdade (como meu marido) podem esquecer em alguns momentos.

Enquanto escrevia este livro, meu marido e eu estávamos viajando de carro com nossos dois filhos pequenos quando começamos a ouvir um som estranho vindo do pneu. Quando paramos para inspecioná-lo, descobrimos um parafuso enfiado no pneu. Estávamos em uma cidade pequena, no fim de semana antes do 4 de julho, com três horas de viagem e nossas impacientes crianças de 1 e 5 anos no banco de trás. Pesquisamos no celular e vimos que havia uma pequena oficina não muito longe. Mas, pelas informações na internet, parecia que tinha acabado de fechar. Decidimos dirigir até lá mesmo assim. Afinal, só precisávamos de alguém para arrancar o parafuso e tapar o buraco – algo que não deveria levar mais de cinco minutos. Quando entramos no estacionamento, vimos pelos horários afixados na porta que a oficina realmente havia fechado às 14h. Eram 14h45. Mas percebemos que o mecânico ainda estava lá. Meu marido baixou o vidro e perguntou: "Você já fechou?". "Sim", disse ele. Derrotado, meu marido suspirou, subiu o vidro e começou a sair de lá. "Espera!", eu disse. "Por que não dizemos a ele o que precisamos e vemos se está disposto a nos ajudar?"

Meu marido relutantemente baixou o vidro e contou a ele: "Acabamos de achar um parafuso no pneu, deve levar só cinco minutos. Alguma chance de você estar disposto a nos ajudar?". O mecânico saiu, deu uma olhada no pneu e imediatamente fez um sinal afirmativo com a cabeça. Ele voltou para dentro da oficina, pegou algumas ferramentas e disse: "É como o juramento de Hipócrates: tenho que ajudar com coisas assim". Ele rapidamente removeu o parafuso e remendou o pneu – levou apenas cinco minutos. E então nós pudemos seguir viagem.

O que poderia ter sido uma provação de horas (ou pior) se transformou em um desvio de dez minutos porque nós pedimos. E todos saíram felizes. O mecânico se sentiu bem por ser útil (além disso, ele saiu com algum dinheiro extra como forma de agradecimento – vou falar sobre isso mais tarde). Nós nos sentimos bem porque conseguimos o que precisávamos, mas também porque pudemos desfrutar da sensação de surpresa e alívio pelo fato de as pessoas estarem mais dispostas a concordar do que pensamos. (Mesmo que nós, mais do que todas as outras pessoas, não devêssemos mais nos surpreender com essas coisas.)

Há algumas conclusões importantes aqui que unem essa experiência com o estudo Team In Training: primeiro, o pessimismo indevido que temos sobre nossa capacidade de fazer outras pessoas fazerem coisas por nós aparece quando existem riscos reais. Em segundo lugar, é realmente difícil se livrar desse sentimento de pessimismo. Meu marido ouviu falar sobre meus estudos durante todo o nosso relacionamento, e alguns dos voluntários do Team In Training já haviam participado de campanhas de arrecadação de fundos antes. Mas isso não muda o fato de que perguntar ainda parece ser a pior das coisas, e é difícil não deixar esse sentimento contaminar nossas expectativas de toda a interação. Nesses momentos, vale a pena tentar lembrar que você provavelmente é melhor em fazer as pessoas fazerem coisas para você do que imagina – e provavelmente não precisa subornar ninguém, que é o que veremos a seguir.

Por um dólar, você ...?

Uma consequência de subestimar o poder de um simples pedido é que fazemos muitas coisas desnecessárias quando pedimos algo porque achamos que isso vai aumentar nossas chances de obter um "sim" – por exemplo, oferecer dinheiro às pessoas em troca de ajuda. Quando contei a história do pneu furado, deixei um detalhe para depois: meu marido não disse apenas: "Acabamos de achar um parafuso no pneu, deve levar só cinco minutos. Alguma chance de você estar disposto a nos ajudar?". Ele também acrescentou: "*Nós pagamos o dobro do seu preço normal*".

Muitos de nós temos esse impulso de oferecer dinheiro em troca da concordância de alguém quando pedimos algo. Oferecemos dinheiro para ajudar com a gasolina em troca de uma carona ou dinheiro para tomar uma cerveja em troca de ajuda com a mudança. No entanto, embora oferecer dinheiro nos faça *sentir* mais confortáveis e efetivos ao pedir algo, na verdade não faz tanto quanto pensamos para aumentar a probabilidade de você conseguir que alguém diga "sim".

Em uma pesquisa que conduzi com Daniel Newark, da HEC Paris, e Amy Xu, uma ex-aluna minha da pós-graduação, comparamos o quanto os participantes achavam que a conformidade com seus pedidos seria superior se oferecessem dinheiro *versus* quanto dinheiro realmente aumentaria a conformidade.[11] No primeiro estudo, os participantes fizeram a mesma tarefa que Frank Flynn e eu usamos pela primeira vez em nossos estudos originais. Eles foram instruídos a sair do laboratório, abordar desconhecidos um a um e pedir que respondessem a um questionário até que três pessoas concordassem. Mas, para metade de nossos participantes, alteramos um pouco esse procedimento. Enquanto metade foi aleatoriamente designada para completar a tarefa como originalmente projetada, usando o texto "Você me faria um favor? Pode responder a um questionário?", a outra metade recebeu três dólares e teria que oferecer um dólar a cada pessoa que abordasse em troca do preenchimento de um questionário. Eles deveriam mostrar a cada pessoa o dólar e dizer: "Pode me fazer um favor? Se eu te der um dólar, você responde a um questionário?". Assim como em nossos estudos anteriores, os participantes em ambas as condições previram quantas pessoas precisariam abordar para que três pessoas concordassem em preencher o questionário e, em seguida, acompanharam quantas pessoas realmente tiveram que abordar para fazer o pedido.

Reserve um momento para se colocar no lugar desses participantes. Imagine ir até desconhecidos aleatórios e pedir que respondam a uma pesquisa. Agora imagine fazer esse mesmo pedido, mas adoçá-lo com algum dinheiro. Qual forma de perguntar você acha que seria mais eficaz? Intuitivamente, é o pedido que vem com a oferta de um dólar. E, de fato, nossos participantes pensaram em sua maioria que o dinheiro resultaria em maior concordância. Quando não estavam segurando dólares nas mãos, eles imaginavam que teriam que pedir a uma média de cerca de 10,5 pessoas para conseguir que três aceitassem – uma taxa de concordância prevista de cerca de 29%. Porém, quando tinham uma pilha de dólares para oferecer, eles achavam que teriam que pedir apenas a uma média de 6,5 pessoas para conseguir que três cumprissem – uma taxa de concordância prevista de cerca de 46%. Surpreendentemente, no entanto, quando analisamos as taxas de concordância *reais* nas duas condições, elas eram idênticas. Os participantes, na verdade, tiveram que pedir a uma média de 4,25 pessoas sem oferecer dinheiro e a uma média de 4,29 pessoas oferecendo um dólar. A diferença foi de 0,04 pessoa – completamente insignificante.

Portanto, oferecer um dólar não aumentou a conformidade com esse pedido. Você pode estar pensando que talvez um dólar simplesmente não fosse um incentivo grande o suficiente para aumentar a concordância – e pode ser que esteja certo. Mas nossos participantes certamente acharam que era grande o suficiente antes de fazerem seus pedidos. Eles achavam que oferecer um dólar reduziria o número de pessoas a quem teriam de pedir em 38% – uma diminuição bastante significativa quando se fala em fazer aquilo que as pessoas consideram *a pior coisa*. Então, por que nossos participantes pensaram que oferecer dinheiro teria esse efeito?

Em uma série de estudos de acompanhamento projetados para focar na resposta a essa pergunta, fizemos os participantes se imaginarem pedindo às pessoas várias coisas que os participantes dos nossos estudos de laboratório não tiveram condições de pedir: ajudá-los a fazer uma mudança, levá-los de carro até o aeroporto, ajudá-los a limpar a neve da entrada de suas casas (eu moro no norte do estado de Nova York – é algo bem comum). Em uma condição, os participantes imaginavam pedir a diferentes indivíduos que fizessem cada uma dessas coisas como favores, enquanto, em outra condição, os participantes imaginavam oferecer dinheiro às pessoas para fazer cada uma dessas coisas. Em seguida, fizemos uma série de perguntas aos participantes sobre seus sentimentos quando imaginaram fazer esses pedidos e quão grande eles achavam que cada um desses pedidos era.

O que descobrimos é que pagar as pessoas por coisas tem um efeito positivo – na pessoa que pede. Quando os participantes pensavam em oferecer dinheiro às pessoas em troca de cada um desses favores, imaginavam se sentir muito mais confortáveis e menos constrangidos do que quando pensavam em pedir essas coisas como favores. E quando as pessoas se sentiam menos constrangidas e ansiosas em pedir, elas eram capazes de ver as coisas que estavam pedindo de forma mais clara.

Quando você está sobrecarregado com a ansiedade de pedir – digamos, uma carona até o aeroporto –, o que está pedindo parece *enorme*. De fato, como explicou Frank Flynn, a linguagem que usamos ao pedir um favor é temperada com expressões de gratidão que tendem a destacar quão grande é o que estamos pedindo, por exemplo, "Sinto *muito* pelo incômodo"; "Nem tenho *como* agradecer"[12] (isso contrasta fortemente com a linguagem usada pela pessoa que ouve a pergunta, que deve minimizar graciosamente sua ajuda, com, por exemplo, "Não é nada demais"; "Não se preocupe").[13] Se esse favor que estamos pedindo é tão grande em nossas cabeças, faz sentido esperarmos que a maioria diga "não".

Mas tudo isso muda quando você adiciona dinheiro à mistura. De repente, tudo se torna menos emocional, menos pessoal, menos carregado. Toda a troca se torna transacional. Agora estou aqui para lhe oferecer uma troca de dinheiro por serviços, e, se você disser "não", isso não reflete mal em mim; não vou me sentir pessoalmente rejeitado – vai significar simplesmente que você não ficou satisfeito com a troca que propus. Só que, agora que estou com essa outra mentalidade, percebo que não é muito provável que você diga "não", porque o que estou pedindo – uma carona até o aeroporto ou o preenchimento de um questionário – não é realmente tão trabalhoso. Agora que é minha prerrogativa avaliar com precisão e racionalidade o valor do que estou pedindo, posso ver o que estou pedindo com mais clareza.

Então, em última análise, apesar do fato de que pequenas quantias de dinheiro não tornam as pessoas muito mais propensas a dizer "sim", esses valores nos ajudam a nos sentir mais à vontade para pedir algo, o que nos permite avaliar com mais clareza o que exatamente estamos pedindo. E, quando temos essa clareza mental, percebemos que o que estamos pedindo é bastante razoável – e, portanto, provavelmente será concedido. Em outras palavras, o dinheiro não nos torna mais eficientes em pedir, apenas nos torna mais confiantes.

Na história de *Dumbo*,[14] o elefante voador titular recebe uma "pena mágica" à qual ele erroneamente atribui sua habilidade de voar. Apesar do fato de a pena não fazer nada, ela lhe dá confiança para voar, e ele nunca tenta voar sem ela porque não acredita que possa. Regularmente oferecemos dinheiro às pessoas em troca de sua conformidade porque isso nos dá confiança (e porque faremos qualquer coisa que possa nos ajudar a evitar a rejeição). Agarramos nossas notas de dólar como Dumbo segurando sua pena mágica. Mas não precisamos delas. As pessoas costumam ter a mesma disposição – e felicidade – de fazer coisas para nós de graça.

Falando bem francamente, só porque as pessoas fazem coisas para nós de graça não significa que devemos nos aproveitar do tempo delas. Depois de consertar nosso pneu, o mecânico que gentilmente concordou em nos ajudar naquele fim de semana de 4 de julho tentou nos mandar embora com um divertido "Feliz Natal!" e um aceno. Ele claramente não concordou com nosso pedido de ajuda por causa do incentivo monetário. Porém, quando meu marido apertou sua mão, entregou ao mecânico um valor em dinheiro e lhe disse para tomar um uísque por nossa conta, não necessariamente como pagamento pelos seus serviços – continuaríamos a considerar a ajuda que ele nos ofereceu uma gentileza –, mas como uma recompensa amigável pelo favor que ele tinha feito para nós.

Como vimos repetidas vezes ao longo deste livro, temos mais influência do que imaginamos. E, porque não reconhecemos nossa influência, recorremos a táticas desnecessárias para exercê--la. Argumentamos com mais assertividade do que o necessário, como vimos no capítulo anterior. E oferecemos dinheiro quando um simples pedido seria igualmente eficaz, como vimos aqui. No geral, parecemos descartar meios de influência mais sutis – e mais eficazes – em favor de assertividade e de incentivos.

A pergunta de um milhão de dólares

Até agora, mostrei a você que as pessoas são mais propensas do que esperamos a concordar com pedidos relativamente pequenos. Mesmo no estudo Team In Training, a média de doações que as pessoas fizeram em resposta a um pedido de arrecadação de fundos foi de 64 dólares e a mais alta foi de cerca de mil dólares. Sem dúvida, foram doações generosas. No entanto, algumas pessoas pedem coisas legitimamente grandes que fazem até uma doação de mil dólares parecer pequena em comparação. Elas pedem aos outros milhões de dólares, ou um rim, ou para criar seus filhos para elas. A questão é, então: também tendemos a subestimar a probabilidade de as pessoas concordarem com esses pedidos *realmente grandes*? Admito que não designei aleatoriamente meus participantes para pedir milhões de dólares às pessoas. Mas tenho dados que sugerem que damos peso demais ao tamanho de uma solicitação quando consideramos se alguém vai atendê-la.

Nossa intuição tende a ser a de que, quanto maior o pedido, menos provável será que as pessoas concordem com ele. Quando Frank Flynn e eu colocamos alguns participantes em nossos estudos pedindo às pessoas para preencher um questionário muito breve, e outros participantes pedindo às pessoas para preencher um questionário muito mais longo, os participantes esperavam que a adesão fosse muito menor para o questionário mais longo. Porém, quando de fato saíram para fazer essas solicitações, descobriu-se que a conformidade real era a mesma, apesar da diferença de tamanho entre as duas solicitações.[15]

Acontece que, quando nossos participantes pensaram na probabilidade de as pessoas atenderem aos seus pedidos, estavam excessivamente focados nos custos em que alguém incorreria ao concordar – ou seja, na quantidade de tempo que levariam para preencher o questionário. Mas as pessoas concordam com os pedidos por muitas razões que não envolvem um cálculo dos custos e benefícios tangíveis. Acabamos de ver isso quanto a oferecer dinheiro em troca de conformidade: aumentar o benefício monetário da conformidade não aumenta a conformidade tanto quanto as pessoas pensam que aumentará. Da mesma forma, aumentar o tamanho da solicitação não *diminui* a conformidade tanto quanto as pessoas pensam que diminuirá.

No próximo capítulo vamos entrar em mais detalhes sobre o que realmente leva as pessoas a atenderem aos pedidos, mas, por enquanto, basta dizer que elas concordam com as coisas por muitas razões que tendemos a ignorar quando somos nós que estamos pedindo algo. Elas concordam porque se sentem culpadas ou desconfortáveis em dizer "não",[16] porque querem se sentir boas pessoas, porque querem parecer boas pessoas, porque lhes dói ver alguém sofrer,[17] ou por empatia genuína e desejo de fazer algo de bom.[18] No entanto, pesquisas mostram que tendemos a ignorar todas essas razões complicadas que as pessoas podem ter para concordar com o pedido de alguém e, em vez disso, presumimos que as pessoas concordam em fazer coisas por incentivos tangíveis,[19] e se recusam a fazer coisas por causa dos custos tangíveis.[20] Quando fazemos essas suposições incorretas, concluímos que oferecer dinheiro em troca da concordância e pedir menos são os caminhos a seguir.

Diante de tudo isso, faz sentido que as pessoas tenham visões excessivamente pessimistas sobre a probabilidade de os outros atenderem a solicitações muito grandes. Afinal, quanto maior o pedido, maiores os desincentivos tangíveis. Mas o que tendemos a esquecer é que, ao mesmo tempo, quanto maior a pergunta, maior a necessidade (e a correspondente culpa de dizer "não"), maior a oportunidade de parecer e sentir-se uma boa pessoa, e maior a oportunidade de fazer uma diferença real – todas as quais são razões para dizer "sim" que parecemos desconsiderar. Portanto, apesar dos custos inerentes de concordar com um grande pedido, por todos esses motivos, às vezes pode ser especialmente difícil dizer "não" a grandes pedidos.

Para ter certeza, se tudo o que você variasse fosse o tamanho de um pedido, e você variasse muito – por exemplo, digamos que você tenha abordado um desconhecido para pedir um ou cem dólares –, menos pessoas concordariam com o pedido maior (para lhe dar cem dólares) do que com o pedido menor (para lhe dar um dólar). Mas o ponto aqui é que aumentar (ou diminuir) o tamanho de uma solicitação provavelmente não fará tanta diferença quanto você pensa.

Não apenas subestimamos a probabilidade de as pessoas concordarem com nossos pedidos como tendemos a subestimar o tamanho do esforço que elas estão dispostas a colocar na realização dos pedidos com os quais concordam. Na pesquisa que Frank Flynn e eu conduzimos com Daniel Newark, usamos nosso paradigma padrão em que os participantes vão ao campus e pedem coisas a desconhecidos. Dessa vez, porém, não solicitamos aos participantes que simplesmente adivinhassem o número de abordados que concordariam, mas também quanto esforço as pessoas fariam para atender ao pedido.[21] Em um estudo, os participantes pediram a desconhecidos que completassem uma série de perguntas triviais como parte de uma "caça ao tesouro". Os participantes foram solicitados a prever a quantas perguntas triviais as pessoas responderiam. Embora eles previssem que as pessoas que concordassem em ajudá-los responderiam a uma média de 25 perguntas triviais, essas pessoas acabaram respondendo a uma média de 49 perguntas – quase o dobro do que nossos participantes esperavam. Em estudos subsequentes, descobrimos que as pessoas subestimam de maneira semelhante o tamanho do esforço que outras pessoas estavam dispostas a investir para escrever uma carta de recomendação para elas, fazer anotações para elas, dar feedback sobre uma apresentação e explicar um novo programa de computador.

Vimos algo semelhante no estudo Team In Training. Os participantes desse estudo não apenas subestimaram quantas pessoas concordariam em patrociná-los como subestimaram quanto cada pessoa estaria disposta a doar. Eles achavam que as pessoas que concordassem em doar dariam aproximadamente 48 dólares em média, mas a doação média foi na verdade de cerca de 64 dólares – 33% maior do que eles esperavam.[22]

Uma razão pela qual podemos nos surpreender com a disposição dos outros em concordar com grandes pedidos é que tendemos a subestimar o quanto eles estão dispostos a dar aos demais. Mais do que isso, à medida que as solicitações aumentam de tamanho, o contexto da solicitação tende a mudar em outros aspectos. Por um lado, os alvos de solicitações realmente grandes tendem a ser diferentes dos alvos de tipos de solicitações menores e comuns. As pessoas que estão sendo solicitadas a doar medula óssea normalmente já testaram positivo para compatibilidade – elas já adotaram medidas para indicar que podem estar dispostas a concordar com esse pedido. Da mesma forma, as pessoas simplesmente não são solicitadas a doar milhões de dólares do nada. Normalmente esse tipo de pedido vem depois de se cultivar um relacionamento e de aprender sobre os valores e prioridades de alguém durante um período de tempo. Ninguém sai pedindo um milhão de dólares a estudantes universitários aleatórios no campus.

Então, a questão permanece: os mesmos tipos de conclusões que tiramos até agora valem para pedidos legitimamente grandes? Os solicitantes estão igualmente pessimistas sobre a probabilidade de que a pessoa que eles cortejaram o ano todo por aquela grande doação acabará concordando? Essa é a pergunta de um milhão de dólares...

Poderia me dar um milhão de dólares?

Convenientemente, a academia abriga uma amostra perfeita para explorar essa questão: reitores universitários. Reitores universitários são exatamente o tipo de grupo que você gostaria de estudar para determinar se as expectativas das pessoas sobre a probabilidade de os outros concordarem com solicitações realmente grandes estão alinhadas com a realidade. Os reitores normalmente passam de uma longa carreira acadêmica envolvendo pouca ou nenhuma captação de recursos para uma posição em que a captação de recursos é uma de suas funções mais importantes. De repente, ao serem nomeados reitores, eles se encontram diante de ex-alunos e outros doadores pedindo milhões de dólares. E, diferentemente das pessoas que seguiram ativamente carreiras na captação de recursos, os reitores recém-nomeados geralmente não se sentem à vontade para pedir e não têm expectativas claras a priori sobre o que é necessário para que alguém concorde em doar uma quantia como essa. Isso faz desses indivíduos a amostra perfeita para poder comparar expectativas relativamente ingênuas de como será pedir milhões de dólares às pessoas com o que a experiência real acaba sendo.

Veja o caso de Paul Brest, um renomado ex-reitor da Escola de Direito de Stanford. De acordo com um dos colegas de Brest, "esse cara era realmente o epítome de um acadêmico... No entanto, ele se transformou em um arrecadador de fundos".[23] Essa transformação não foi fácil para Brest. Quando ele deixou o cargo de reitor, que ocupou por doze anos, escreveu: "Lembro claramente da primeira vez que pedi uma doação a um ex-aluno: estava tão nervoso que não conseguia parar de falar e negociei meu pedido inicial de mil dólares para a metade desse valor, sem nunca o deixar dizer uma palavra". De acordo com Brest, "arrecadação de fundos não era meu forte, mas tinha de ser feito".[24]

Brest agora é reverenciado pelos sucessos de arrecadação de fundos. Diz-se que uma campanha que ele iniciou em sua reitoria com uma meta inicial de arrecadar cinquenta milhões de dólares "superou todas as expectativas".[25] Em 1999, enquanto Brest se preparava para deixar o cargo de reitor para assumir uma nova posição como presidente da Fundação William e Flora Hewlett, a reitora associada de desenvolvimento que ele havia nomeado para ajudá-lo nessa tarefa, Susan Bell, registrou seus esforços de arrecadação de fundos em 106 milhões de dólares – mais que o dobro de sua meta original.[26] Por fim, de acordo com Brest, ele mesmo se surpreendeu:

"Entre as coisas que aprendi – para minha surpresa e para espanto daqueles que me conheciam antes – está o fato de que eu me tornei um bom arrecadador de fundos".[27]

Como parte de um projeto de pesquisa em andamento para estudar "grandes pedidos", comecei recentemente a entrevistar reitores da minha própria universidade para ver se a surpresa que Brest transmitiu sobre o quanto ele era melhor na arrecadação de fundos do que esperava é única. Até agora, parece que não.

Kevin Hallock, reitor da Escola de Negócios da Cornell e ex--reitor da Escola de Relações Industriais e Trabalhistas (minha escola), reconheceu que, como a maioria dos reitores, não foi atraído para a função devido ao amor pela arrecadação de fundos. Mas agora ele diz que essa é uma de suas partes favoritas do trabalho. Hallock me contou um pouco sobre o que acontece quando ele entra em uma típica reunião de arrecadação de fundos com um provável doador. Os reitores geralmente têm uma equipe de captadores de fundos trabalhando com eles e cultivando relacionamentos com potenciais doadores. Após uma análise cuidadosa dos interesses de um doador e da capacidade esperada de doar, a equipe atribui um valor para o pedido. Esse valor pode ser bastante alto – às vezes surpreendentemente –, mas a preparação necessária para adaptar um pedido a um indivíduo específico significa que, quando chega a hora, eles geralmente ficam mais do que felizes em concordar. E, mesmo quando o pedido é maior do que um indivíduo está disposto ou é capaz de dar, ele não se ofende ao ser solicitada uma grande quantidade de dinheiro. Em vez disso, os potenciais doadores geralmente ficam lisonjeados por alguém pensar que eles podem pagar tanto! Como em meus estudos na

Penn Station, o pior cenário – o medo de que alguém saia da sala com raiva só porque você pediu ou pediu demais – simplesmente não acontece.

Alex Colvin é o atual reitor da Escola de Relações Industriais e Trabalhistas de Cornell. Ele assumiu o cargo enquanto eu estava escrevendo este livro, de modo que as lembranças de seus primeiros esforços de arrecadação de fundos eram bastante recentes quando falei com ele. De acordo com Colvin, no dia em que garantiu sua primeira doação de um milhão de dólares, ele entrou preparado para fazer um pedido de oitocentos mil. Em vez disso, ao longo de uma conversa amigável, a oferta se transformou em um generoso milhão, que Colvin gentilmente aceitou. Assim como nossos participantes da Team In Training, ele (e sua equipe de captação de recursos) subestimou substancialmente a quantidade de dinheiro que aquele doador estava disposto a doar.

Para Colvin, embora receber uma doação maior que o pedido inicial não seja típico, a captação de recursos geralmente tende a ser mais fácil do que parece do lado de fora. "As pessoas muitas vezes pensam que a arrecadação de fundos é uma das partes mais difíceis do trabalho de um reitor", diz ele. No entanto, desde que se tornou reitor, ele aprendeu: "O segredo é que 95% dos doadores que você conhece querem ajudá-lo. As pessoas são geralmente generosas e apoiam o que você está tentando fazer".[28]

Alan Mathios, ex-reitor da Faculdade de Ecologia Humana de Cornell, expressou um sentimento semelhante. Depois de cultivar relacionamentos – amizades, na verdade – com prováveis doadores, ele pensou que as coisas poderiam ficar estranhas quando chegasse a hora de pedir uma grande doação. Mas, na grande maioria dos casos, essas conversas foram mais tranquilas do que ele havia imaginado, e Mathios muitas vezes ficava agradavelmente surpreso com o quanto as pessoas estavam dispostas a doar.

É claro que há muitas diferenças entre o contexto de pedir a um ex-aluno rico que doe milhões de dólares e os estudos de laboratório que descrevi anteriormente. Você simplesmente não iria até um desconhecido e pediria um milhão de dólares, e, se o fizesse, o desconhecido obviamente não concordaria. O contexto é claramente importante. Mas, apesar de todas as diferenças – nos tipos de pessoas envolvidas, na situação, nos motivos –, permanece uma semelhança impressionante: o pessimismo indevido sobre a probabilidade de as pessoas concordarem e com o que elas provavelmente concordarão. Parece que mesmo aqueles em posições de poder, que estão pedindo coisas em uma escala que muitos de nós nunca pensariam em pedir, ainda podem se surpreender com a influência que exercem e com as coisas que as pessoas fazem por eles. Voltaremos a este ponto em um capítulo posterior.

Às vezes você *pode* conseguir o que quer

Vamos ser sinceros: às vezes não queremos apenas que alguém nos perceba ou nos ouça – queremos que essa pessoa faça algo por nós. Queremos que ela doe para nossa causa, assine nossa petição ou nos faça um favor. Mas isso envolve pedir coisas, o que realmente odiamos.

Como resultado, muitas vezes nos convencemos a não pedir coisas que tornariam nossas vidas mais fáceis ou melhores. Nos sentimos estúpidos por pedir. Assumimos que vamos ser rejeitados. Em termos de negociação, cedemos antes mesmo de a negociação começar. Mesmo com oito meses de gravidez, minha primeira inclinação foi empinar a barriga e aguardar, na esperança de que alguém me oferecesse seu assento sem ser solicitado, em vez de simplesmente pedir a alguém para me deixar sentar. O que me impede de ceder a esses impulsos agora é o que aprendi ao pedir a todas aquelas pessoas na Penn Station há muitos anos, e a experiência de ouvir continuamente meus participantes expressarem o mesmo tipo de surpresa pela disposição das pessoas em atender aos seus pedidos.

Quando pedimos algo, tendemos a ser excessivamente pessimistas sobre a probabilidade de rejeição. Esse pessimismo indevido não apenas pode nos impedir de pedir coisas como pode nos levar a usar táticas desnecessárias e autodestrutivas para fazer as pessoas concordarem com coisas que teriam feito de qualquer maneira. Fazemos coisas como pedir menos do que realmente queremos ou oferecer dinheiro quando realmente não precisávamos. Lembre-se de que Paul Brest *cortou ele mesmo* pela metade o valor que originalmente pretendia pedir na primeira vez que solicitou dinheiro de um doador em potencial. E meu marido sentiu a necessidade de oferecer pagamento em dobro ao mecânico pela ajuda que ele estava feliz em dar de graça. Achamos que fazer essas coisas vai aumentar nossa probabilidade de obter um "sim", mas, na verdade, em muitos casos, as pessoas farão mais por nós do que o previsto – e frequentemente sem esperar nada em troca. Como vimos, isso vale tanto para pequenas solicitações, por exemplo, pedir a um desconhecido na rua que responda a uma pesquisa, quanto para grandes solicitações, como pedir a um doador em potencial uma contribuição de um milhão de dólares.

Depois de anos estudando o tópico de pedir, agora sei que as pessoas são muito mais propensas a concordar em fazer coisas para nós – de graça – do que pensamos. Então, sabendo o que sei hoje, peço coisas incessantemente? Não. Mas pedir explicitamente o que quero agora parece uma opção tangível para obtê-lo, então não sinto mais que estou esperando impotente que alguém se apresente e me ofereça seu assento. Também estou mais ciente do poder de meus pedidos, então os uso com sabedoria – um ponto ao qual vamos retornar nos próximos capítulos.

4

Por que é tão difícil dizer "não"

Quando digo aos participantes de meus estudos que eles vão sair do laboratório e pedir coisas reais a desconhecidos, a tensão é palpável. A maioria imediatamente começa a temer essas interações. No entanto, quando eles voltam ao laboratório depois de completar a tarefa, estão praticamente alegres. As interações que acabam tendo são muito mais fáceis e agradáveis do que eles esperavam. Como eu disse no capítulo anterior, alguns literalmente correm de volta para o laboratório.

Mas é aqui que as coisas ficam mais complicadas – e, acho, mais interessantes – do que a história simples que contamos até agora. Embora meus participantes estejam empolgados com seu sucesso, não digo a eles imediatamente que a verdadeira razão pela qual tantas pessoas dizem "sim" é, em grande parte, porque é muito difícil dizer "não". Em algum nível, todos nós sabemos que isso é verdade, porque todos nós sabemos quão difícil é dizer "não" a nós mesmos. Acabamos concordando com coisas – trabalho em comitês, almoços, favores – que gostaríamos de não ter feito. Mas esquecemos disso quando somos nós que estamos pedindo – especialmente quando estamos pedindo a estranhos. Isso não apenas nos leva a superestimar a probabilidade de sermos rejeitados como nos faz pedir coisas de maneiras menos eficazes, como veremos neste capítulo.

O insuportável medo do constrangimento

Por que é tão difícil dizer "não"? Acontece que os sociólogos vêm falando sobre a resposta a essa pergunta há anos, mas, em vez de chamar de "influência", eles chamam de "polidez". Isso mesmo, você acabou de concordar em organizar aquele evento chato por causa de sua profunda fidelidade às boas maneiras. Um dos maiores nomes da sociologia, Erving Goffman, usou um termo mais técnico. Ele chamou isso de "*facework*" (algo como "trabalho de imagem").[1] "*Face*" é como você se apresenta em público: a pessoa que você afirma ser e as coisas que presume ser razoável pedir a outra pessoa. Uma expectativa da sociedade civil é protegermos a imagem de outras pessoas e elas protegerem a nossa. Então, se Sally disser que lamenta não poder ter comparecido ao seu evento porque estava terrivelmente doente e você disser: "Não, não estava! Rebecca disse que viu você no pub ontem à noite", você falhou na tarefa de "facework". É claro que geralmente *não* fazemos coisas assim – desafiar a "imagem" de outra pessoa – porque é incrivelmente desconfortável para todos os envolvidos. Agora Sally está ficando vermelha, Rebecca vai se afastando, e você também não está se sentindo tão bem.

Quando lhe peço algo, os mesmos processos estão em jogo. Se eu for até você e pedir seu celular emprestado, o subtexto dessa pergunta é que sou uma pessoa confiável e que pedir emprestado seu celular é um pedido razoável. Se você, por sua vez, disser "não", acabou de me desafiar nessas suposições. Dizer "não" a alguém que está pedindo seu celular emprestado pode significar que você não confia que ela vai devolvê-lo. Meu termo favorito para esse fenômeno, inventado por Sunita Sah, professora da Escola de Administração de Cornell, é "ansiedade da insinuação".[2] Temos muita ansiedade ao insinuar algo negativo sobre outra pessoa. Então, hesitamos e garantimos à pessoa que está pedindo nosso telefone que em qualquer outro dia realmente adoraríamos – não, ficaríamos honrados – em emprestar o celular, mas hoje só precisamos ter certeza de que temos bateria suficiente etc., para deixar claro que, ao recusar o pedido, não estamos insinuando que quem pediu não é confiável. Quando se trata disso, porém, geralmente não recusamos esse tipo de pedido, porque dizer "não" seria simplesmente muito estranho e constrangedor para todos os envolvidos, e isso é algo que realmente odiamos.

Na verdade, odiamos demais nos envergonhar, fazemos todo tipo de coisa para evitar constrangimento – e a todo custo. Aproximadamente cinco mil pessoas morrem de asfixia todos os anos[3] em parte porque se levantam e saem da mesa[4] – em vez de pedir ajuda a seus companheiros de refeição – por constrangimento.

O falecido e estimado psicólogo John Sabini e seus colegas argumentaram que várias das descobertas mais emblemáticas da psicologia social podem ser atribuídas ao medo esmagador que sentimos do constrangimento.[5] Por exemplo, pense no "efeito espectador", uma descoberta clássica demonstrada pelos psicólogos John Darley e Bibb Latané.⁶ É a descoberta de que as pessoas são menos propensas a agir em uma situação de emergência se houver outros por perto – principalmente se houver muitas pessoas ao redor.

Esse efeito foi demonstrado de várias maneiras engenhosas. Em um experimento memorável, os participantes compareceram a um estudo e se sentaram em uma sala de espera para preencher alguns questionários.⁷ Dependendo da condição a que foram designados, ou se encontravam sozinhos na sala de espera, ou sentados na sala com dois outros participantes, ou sentados na sala com dois assistentes de pesquisa que fingiam ser participantes do estudo. De repente a sala começava a se encher de fumaça. O que os pesquisadores estavam interessados em ver era a porcentagem de participantes que relataram a fumaça a alguém em cada uma dessas condições.

Quando os participantes estavam sozinhos na sala de espera, a grande maioria – 75% – relatou a fumaça ao experimentador. Isso faz sentido – não era apenas um pouco de fumaça que poderia ser facilmente explicada. Como os pesquisadores escreveram: "No final do período experimental, a visão foi obscurecida pela quantidade de fumaça presente". Então, 75% é a porcentagem de pessoas na condição de controle que pensaram que a sala cheia de fumaça era preocupante o suficiente para trazer a informação ao experimentador. Nas outras duas condições, portanto, devemos assumir uma linha de base na qual aproximadamente 75% dos participantes também sentiriam que a fumaça era alarmante o suficiente para que a relatassem ao experimentador.

No entanto, quando os participantes estavam sentados na sala de espera com dois outros participantes, a porcentagem de vezes que qualquer participante desses grupos relatou a fumaça ao experimentador foi de 38%. Pior ainda: quando os participantes estavam sentados em uma sala com dois assistentes de pesquisa posando como participantes do estudo que agiram como não houvesse nada de errado, apenas 10% dos participantes relataram a fumaça ao experimentador. O resto dos participantes "afastou a fumaça do rosto... tossiu, esfregou os olhos e abriu a janela, mas não relatou a fumaça".[8]

Esse é um efeito bastante dramático. Imagine esses participantes sentados no que aparentemente é um prédio em chamas, afastando a fumaça dos olhos e tentando agir com calma na frente dos colegas. O que estava acontecendo? A explicação que você vai ouvir com mais frequência nos cursos introdutórios de psicologia é "difusão de responsabilidade". Em essência, quanto mais pessoas estiverem por perto em uma situação de emergência, menos uma pessoa se sentirá responsável por agir. Eles assumem que outra pessoa o fará, ou já o fez, o que é a coisa responsável a fazer em uma situação de perigo (por exemplo, ligar para o corpo de bombeiros ou relatar o problema a alguém responsável). Embora isso possa explicar por que os participantes que sabiam que outros também estavam cientes da situação não se sentiram compelidos a relatar a fumaça, não explica por que eles permaneceram sentados fingindo que tudo estava normal.

Uma explicação que chega um pouco mais perto de esclarecer essa estranheza particular do comportamento dos participantes é algo chamado "ignorância pluralista".[9,10] Porém, naqueles momentos iniciais de paralisia e dúvida, todo mundo olha ao redor e vê que ninguém mais está se mexendo. Isso os faz duvidar se alguma coisa realmente precisa ser feita, afinal. Coletivamente, a situação resulta no que muitas vezes é uma terrível decisão de grupo de não fazer nada porque os indivíduos envolvidos não percebem que todos estão realmente pensando a mesma coisa: que alguém provavelmente deveria fazer alguma coisa – e rápido. De acordo com essa explicação, os participantes desse estudo estavam sentados ali agindo normalmente porque todos ao seu redor estavam sentados ali agindo normalmente, então eles assumiram que tudo *estava* normal. A ideia de que os participantes realmente acreditavam que engasgar com fumaça em uma sala de espera é normal parece um pouco exagerada para mim. Mas tudo bem... vamos investigar.

Embora tanto a difusão da responsabilidade quanto a ignorância pluralista possam justificar o comportamento desses participantes até certo ponto, ambas as explicações parecem não identificar de modo convincente o que quer que estivesse acontecendo dentro da cabeça dos participantes que era tão poderoso que os manteve impotentes, colados em seus assentos no meio de uma emergência. Somente décadas após a realização dos estudos originais, John Sabini e colegas propuseram sua própria teoria sobre o que estava acontecendo: em última análise, se os participantes não tinham clareza sobre sua responsabilidade de agir ou se achavam que estavam exagerando em comparação com todos os outros, a explicação subjacente para seu comportamento, de acordo com esses pesquisadores, é que intervir – levantar, ir atrás do pesquisador, ligar para os bombeiros, enfatizar a urgência da situação – tinha o potencial de ser *constrangedor*.[11] E se sua interpretação sobre aquela situação estivesse errada? E se outra pessoa já estivesse cuidando das coisas e eles estivessem passando por cima dela (e, assim, ameaçando sua imagem)? E se eles parecessem tolos ao entrar em pânico, quando todos os outros pareciam (na superfície) estar tranquilos e relaxados? Em vez de enfrentar esses possíveis constrangimentos, a esmagadora maioria dos participantes optou por não fazer nada – ficar sentada tossindo na fumaça, tentando aparentar calma.

Com tudo isso em mente, o fato de as pessoas concordarem com tanta frequência com nossos pedidos se torna muito menos surpreendente. Pegue o exemplo do celular novamente e imagine ir até um desconhecido e pedir seu telefone emprestado. Claro, se disser "sim" e entregar o aparelho, ele pode se expor a um risco potencial. E se você for um ladrão? E se você fizer uma ligação internacional? E se você fizer algo com as informações pessoais desse indivíduo? Por outro lado, se o abordado disser "não", pode sugerir que *pensa* que você é um ladrão, ou usaria os dados dele, ou bisbilhotaria o celular. Em outras palavras, se ele disser "não", corre o risco de envergonhar todos os envolvidos. Acabamos de ver que as pessoas preferem ficar sentadas em um prédio em chamas a sofrer a dor do constrangimento. Portanto, não é muito difícil supor que alguém confrontado com essa escolha diria "sim", entregaria o aparelho mais precioso que muitos de nós possuímos* e tentaria agir com calma.

---

* Mesmo quando, potencialmente, pode haver preocupações higiênicas reais ao fazê-lo, por exemplo: Panigrahi et al. Covid-19 and mobile phone hygiene in healthcare settings. *BMJ Global Health* 5, n. 4, 2020: e002505.

Por que é mais fácil dizer "não" por e-mail

Processos semelhantes estão em jogo em uma série de estudos dos quais você certamente já ouviu falar: os infames experimentos de choque de Stanley Milgram.[12] Normalmente referidos como estudos de obediência e muitas vezes lembrados por sua ética questionável, esses experimentos na verdade têm surpreendentemente muito a dizer sobre a influência que exercemos sobre os outros em contextos comuns e cotidianos – por exemplo, se você deve pedir por alguma coisa pessoalmente ou por e-mail.

Nesses experimentos, os participantes foram informados de que eram parte de um estudo sobre aprendizado, e todos souberam que haviam sido designados aleatoriamente para desempenhar o papel de "professor". O "aprendiz" – um ator posando como participante que mais tarde foi sub-repticiamente substituído por uma mensagem pré-gravada – deveria estar memorizando pares de palavras, mas continuou cometendo erros. Cada vez que ele cometesse um erro, o participante (como o "professor") deveria administrar nele um choque doloroso. Esses choques aumentaram de intensidade até o ponto em que o "aluno" implorou ao "professor" para parar, e acabou tendo um ataque cardíaco como resultado dos choques. O tempo todo o experimentador ficou atrás do participante em um jaleco branco dizendo apenas: "por favor, continue" ou "o experimento deve continuar". A estatística alarmante que é frequentemente dada é que, na versão mais

---

Disponível em: https://www.ncbi.nlm.nih.gov/pmc/articles/PMC7204931/. Acesso em: 16 jul. 2022.

famosa desse estudo, 65% dos participantes continuaram a administrar os choques até a voltagem mais alta.

Esse estudo foi – e é – amplamente interpretado como uma demonstração de nossa obediência irracional à autoridade. O experimentador, vestido com seu jaleco e representando o Departamento de Psicologia da Universidade de Yale, exalava certa autoridade, à qual os participantes se submetiam. Havia também um elemento de difusão de responsabilidade. Presumivelmente, qualquer culpa moral ou legal pelo que acontecesse seria atribuída ao experimentador tanto quanto, se não mais, do que aos participantes.

No entanto, essa não é a única variação desse estudo realizado por Milgram. Em outra versão, o experimentador dava ordens de outra sala, por telefone. Surpreendentemente, nessa versão do estudo, apenas cerca de 20% dos participantes deram os choques mais fortes.[13] Por que estar em uma sala diferente da do experimentador faria uma diferença tão grande na adesão dos participantes às solicitações dele? Ele ainda era uma figura de autoridade. Ele ainda usava um jaleco branco e o estudo ainda acontecia em Yale. Ele ainda assumiria a maior parte da responsabilidade pelo que quer que acontecesse.

Isso faz sentido se considerarmos mais uma vez as percepções de Sabini e seus colegas sobre constrangimento. Pense em quão estranho e embaraçoso teria sido para os participantes se recusarem a concordar com o pedido do experimentador no estudo original. Eles poderiam ter dito "não" – e, de fato, se dissessem "não" quatro vezes, o experimentador tinha sido instruído a interromper o estudo –, mas o que dizer "não" teria insinuado sobre o experimentador? Que ele estava moralmente errado. Que o que ele estava pedindo era inaceitável. Que ele não era quem dizia ser (um cientista responsável). Em outras palavras, isso ameaçaria a sua "imagem". É o "você não estava doente coisa nenhuma! Rebecca disse que a viu no pub ontem à noite" de novo, mas para um professor de psicologia de Yale atrás de você com um jaleco branco. No entanto, quando o experimentador estava em outra sala e os participantes não precisavam se virar e olhá-lo no olho no momento em que se recusavam a continuar no estudo (e, por implicação, chamá-lo de moralmente corrupto), se sentiam muito mais confortáveis fazendo isso.

É muito mais fácil (leia-se: menos estranho) dizer "não" a alguém quando você não precisa fazer isso cara a cara. Esse é um ponto crítico ao considerar uma escolha que todos fazemos regularmente: como devo proceder para tentar persuadir alguém? Devo abordá-lo por telefone? Enviar um e-mail? Bater na porta do seu escritório? À primeira vista, o e-mail pode parecer a melhor opção. É fácil. E, se achamos que provavelmente seremos rejeitados de qualquer maneira, é muito menos estranho ser rejeitado por e-mail do que pessoalmente. Podemos até nos convencer de que o e-mail tem vantagens persuasivas reais. Afinal, as pessoas podem usar seu tempo para ler nossos argumentos com atenção. E muitos de nós ainda estamos (erroneamente) preocupados com toda aquela coisa de "acertar as palavras" do Capítulo 2, então o e-mail permite que você crie sua mensagem meticulosamente. Mas as descobertas de Milgram devem nos fazer parar para pensar. O e-mail dá à pessoa que está recebendo uma saída fácil. Ela não precisa dizer "não" na sua cara. Por esse motivo, aparecer pessoalmente pode ser uma das táticas de influência mais eficazes – e possivelmente uma das mais subutilizadas – com que contamos.

Também vi evidências disso em minha pesquisa. Geralmente, quando abordam as pessoas com um pedido pessoalmente, meus participantes descobrem que elas são muito menos propensas a dizer "não" do que esperavam. No entanto, quando meu ex-aluno Mahdi Roghanizad, agora professor assistente da Ryerson University, em Toronto, e eu fizemos os participantes enviarem um e-mail a estranhos com um pedido, encontramos o padrão oposto de resultados. As pessoas para as quais enviaram e-mails recusaram a solicitação com mais frequência do que o esperado. Na verdade, elas nem precisavam recusar. Poderiam evitar todo o incômodo de dizer "não" simplesmente ignorando completamente o e-mail, o que não era possível quando uma pessoa real estava bem na sua frente pedindo ajuda. Como resultado, as pessoas que foram abordadas pessoalmente para preencher uma pesquisa tinham 34 vezes mais chances de concordar do que aquelas que foram convidadas por e-mail.[14]

Imagine se, em vez de falar com todas aquelas pessoas da Penn Station no início da minha carreira de pesquisadora, eu tivesse mandado um e-mail para elas. Eu teria tido uma experiência muito diferente – e uma visão muito diferente sobre o tema da influência!

Essa descoberta, no entanto, tem um pós-escrito: notavelmente, os participantes de nossos estudos não tinham ideia da grande diferença que faria pedir a alguém pessoalmente. Independentemente de terem sido instruídos a fazer seus pedidos pessoalmente ou por e-mail, os participantes imaginaram que cerca de metade das pessoas abordadas concordaria – um palpite que se revelou consideravelmente menor que o número de pessoas que atenderam ao pedido feito cara a cara e consideravelmente maior que o número de pessoas que atenderam ao pedido feito por e-mail. Por que nossos participantes estavam tão alheios à enorme diferença que pedir pessoalmente faz? Essa é a questão para a qual nos voltamos agora.

Achamos que o constrangimento é trivial

O constrangimento – e, especificamente, o ato de evitá-lo – desempenha um grande papel em toda a nossa vida. No entanto, tendemos a desconsiderar o constrangimento como um fator importante tanto do nosso próprio comportamento quanto do comportamento de outras pessoas. Como uma emoção, achamos que o constrangimento é bastante trivial. Raiva? Isso é provavelmente algo que você deve controlar. Tristeza? Talvez dê para tirar o dia de folga para chorar no sofá. Mas vergonha? Você provavelmente deveria superar. Você não pode simplesmente rir e seguir em frente? Como vimos, no entanto, o constrangimento não é trivial. As pessoas tomam decisões terríveis por medo dessa emoção aparentemente trivial, mesmo em contextos tão terríveis quanto asfixia, ver uma sala se encher de fumaça ou ser incitado a administrar choques perigosos em outra pessoa.

Talvez, quando descrevi os estudos acima, você tenha pensado consigo mesmo: *eu* nunca faria isso! *Eu* me recusaria a participar de um experimento em que me pedissem para machucar outra pessoa. *Eu* contaria a alguém se visse fumaça. *Eu* nunca permitiria que algo bobo como o constrangimento me impedisse de fazer a coisa certa. Na verdade, a maioria de nós pensa assim. Achamos que somos bons e responsáveis; queremos ser bons e responsáveis; e, na realidade, a maioria de nós é gente boa e responsável. Mas a pesquisa mostra que, quando confrontada com essas situações, a maioria – mesmo tendo as melhores intenções – não se recusa a participar ou relatar a fumaça quando confrontada com o potencial constrangimento. Em outras palavras, há uma desconexão entre o que a maioria *pensa* que faria nessas situações e o que a maioria *realmente* faz nessas situações – e é o resultado de nossa propensão a subestimar o poder do constrangimento. Essa tendência de descontar o medo de constrangimento das pessoas também é um dos principais contribuintes para a falta de consciência que temos de nossa própria influência.

Para estudar nossa propensão a ignorar o poder do constrangimento, os pesquisadores normalmente comparam o que as pessoas imaginam que fariam se se encontrassem em alguma situação constrangedora com o que elas, ou outras pessoas, realmente acabam fazendo nessa situação. Para começar, quando Milgram perguntou a pessoas não familiarizadas com os resultados de seus experimentos de choque quantos indivíduos eles esperavam que concordariam em dar choques em outro participante que eles ouviam protestando na outra sala, esses terceiros pensaram que menos de 1% dos participantes concordaria com esse pedido (muito longe dos 65% que realmente o atenderam).[15]

Os psicólogos Leaf Van Boven, George Loewenstein e David Dunning abordaram essa questão ainda mais diretamente. Em um estudo, os participantes eram alunos de um grande curso universitário que acontecia em um auditório imenso com um palco na frente. Enquanto os alunos entravam no auditório, a música de Rick James "Super Freak" estava tocando (que, devo esclarecer, não era o que os alunos normalmente ouviam ao entrar na sala).[16] Cada um dos participantes recebeu uma folha de papel com instruções impressas. Alguns leram que tinham a opção de dançar sozinhos no palco em frente à turma ao som da música "Super Freak" em troca de dinheiro, enquanto outros leram que *outros* alunos da turma teriam a opção de dançar sozinhos no palco por dinheiro. Dessa forma, a ideia de subir no palco e dançar na frente de todos era puramente hipotética para alguns participantes, mas era uma possibilidade real para outros.

Todos os participantes responderam a duas perguntas-chave: qual é a quantia mínima de dinheiro que faria *você* aceitar dançar no palco? E qual é a quantia mínima que faria algum *outro* aluno selecionado aleatoriamente aceitar dançar no palco? Quando os participantes pensaram que a possibilidade era apenas hipotética, eles disseram que precisariam receber um mínimo de 21,07 dólares em média para se levantar e dançar no palco. No entanto, quando enfrentaram uma possibilidade *real* de subir no palco, eles disseram que precisariam receber um mínimo de 52,88 dólares – mais que o dobro. E, apesar de os participantes dizerem que *eles* precisariam receber mais de cinquenta dólares para fazer isso, eles pensaram que *outros* alunos estariam dispostos a subir no palco por míseros 19,22 dólares!

Os pesquisadores chamaram esse fenômeno de "a ilusão da coragem", em parte porque exemplifica os equívocos que cometemos sobre a bravura dos outros. Achamos que os outros são mais corajosos – menos preocupados em se envergonhar, nesse contexto – do que nós. Mas é claro que isso não é verdade. Sim, existem algumas pessoas que são mais corajosas do que outras, mas, em geral, todos nós tendemos a estar no mesmo barco. Você acha que eu subiria no palco e dançaria por vinte dólares, mas, na verdade, estou dizendo que custaria cinquenta ou mais – assim como você.

Notavelmente, essa tendência de subestimar o quanto outras pessoas estão preocupadas em se sentirem envergonhadas é o que nos leva a subestimar a probabilidade de outros atenderem aos nossos pedidos – e a ficarmos surpresos com a quantidade de pessoas que concordam. Como vimos na seção anterior, dizer "não" para alguém que está na sua frente pedindo alguma coisa é, francamente, constrangedor. Então, para evitar se sentirem envergonhadas, as pessoas dizem "sim". O que o estudo "Super Freak" acrescenta a essa história é que, quando não somos nós que somos confrontados com a decisão imediata de fazer algo embaraçoso, tendemos a não dimensionar quão difícil é para alguém superar esse medo do constrangimento. Como resultado, assumimos que as pessoas se sentirão mais à vontade dançando na nossa frente do que elas sentem. E, da mesma forma, assumimos que as pessoas se sentirão mais à vontade dizendo "não" na nossa frente do que elas se sentem.

Essa "ilusão de coragem" não apenas nos leva a supor erroneamente que os outros se sentiriam completamente à vontade nos rejeitando como também contribui para algumas ideias erradas que temos sobre as melhores maneiras de pedir as coisas. Vimos anteriormente neste capítulo que as pessoas não percebem o quanto é mais eficaz pedir coisas pessoalmente do que por e-mail. Mas esse não é o único equívoco que cometemos sobre a melhor maneira de pedir as coisas.

Em trabalhos relacionados, Frank Flynn e eu descobrimos que as pessoas acreditam que pedir algo indiretamente é tão eficaz, se não mais eficaz, do que pedir diretamente.[17] Em um estudo, que lembra o exemplo que dei no capítulo anterior de empinar a barriga de grávida na esperança de que alguém me oferecesse um assento, apresentamos aos participantes cenários em que eles imaginavam pedir algo de forma indireta ou direta. Em um cenário, por exemplo, os participantes imaginaram que estavam no topo de uma escada com um carrinho de bebê e precisavam de ajuda para descer. Eles imaginaram que chamariam a atenção de alguém que esperavam que ofereceria ajuda, ou que pediriam a essa pessoa diretamente para ajudá-los a descer a escada. Notavelmente, nossos participantes pensaram que simplesmente chamar a atenção de alguém seria tão eficaz quanto perguntar diretamente. Mas, é claro, não é assim que os ajudantes em potencial viam essa situação. Quando outro grupo de participantes assumiu a perspectiva do potencial ajudante nesse cenário, eles disseram que estariam muito mais propensos a ajudar se alguém pedisse diretamente. Até agora isso não deveria nos surpreender, pois sabemos que é muito mais constrangedor dizer "não" a alguém que está explicitamente pedindo sua ajuda do que simplesmente evitar contato visual com essa pessoa. Mas foi surpreendente para nossos participantes, porque eles não estavam pensando que seria muito mais constrangedor evitar ajudar em uma situação do que em outra. Como resultado, eles não perceberam quão mais eficaz seria pedir diretamente.

Em última análise, nossa incapacidade de avaliar o importante papel do constrangimento na condução do comportamento dos outros nos leva a subestimar nossa capacidade de fazer os outros fazerem o que queremos. Mais do que isso, distorce nossas ideias sobre as táticas de influência mais eficazes. Isso, por sua vez, perpetua nossa tendência a subestimar nossa própria influência. Pedimos coisas de maneiras menos eficazes, as pessoas dizem "não" para nós porque estamos pedindo de maneiras que tornam mais fácil para elas fazerem isso, e então acabamos acreditando – mais uma vez – que temos menos influência do que realmente temos.

Achamos que nossos princípios vão prevalecer

As conclusões do estudo "Super Freak" vão ainda mais longe. É importante ressaltar que esse estudo não apenas revela os equívocos que cometemos sobre a bravura dos outros como mostra que achamos que *nós* seríamos mais corajosos ao nos deparar com uma situação embaraçosa do que realmente seríamos. Quando o pensamento de fazer algo constrangedor é puramente hipotético, achamos que será muito mais fácil – e que seria mais provável que o fizéssemos – do que quando é uma realidade.

Isso é importante porque a questão de levantar e dançar no palco não é a única pergunta embaraçosa que temos de responder por nós mesmos. Muitas vezes temos que tomar decisões sobre dizer ou fazer algo que pode ser potencialmente constrangedor diante de coisas muito mais significativas – por exemplo, quando ficamos sabendo de uma injustiça ou testemunhamos uma e lidamos com a decisão de enfrentá-la ou não, em muitos casos desafiando a "imagem" de alguém. Estudos mostram que, quando consideramos outros tipos de interação hipoteticamente, no caso, como reagiríamos a sermos assediados sexualmente, ou o que faríamos se ouvíssemos alguém fazer um comentário racista ou homofóbico, também deixamos de avaliar completamente quão desconfortáveis nos sentiríamos falando no momento. Como resultado, achamos que seríamos mais ousados e mais conflituosos do que realmente seríamos, e achamos que os outros deveriam ter sido mais ousados do que foram.

Em um estudo das psicólogas Julie Woodzicka e Marianne LaFrance, as mulheres imaginaram como reagiriam se fossem feitas a elas perguntas sexualmente inadequadas em uma entrevista de emprego ou, em outra condição (que, incrivelmente, passou pela revisão de ética da universidade), se realmente tivessem ouvido essas perguntas.[18] Intercaladas com perguntas das entrevistas de emprego mais tradicionais, essas participantes ouviram os seguintes questionamentos de um entrevistador: Você tem namorado? As pessoas acham você desejável? Você acha importante que as mulheres usem sutiã para trabalhar?

Não surpreende que as participantes na condição hipotética em que imaginaram ser questionadas sobre essas coisas tenham se imaginado enfrentando a inadequação das perguntas de várias maneiras: 68% disseram que se recusariam a responder pelo menos uma das perguntas; 62% disseram que diriam ao entrevistador que a pergunta era inadequada; e 28% disseram que desistiriam da entrevista. No entanto, das participantes que realmente foram submetidas a essas perguntas, nenhuma entrevistada se recusou a responder sequer uma pergunta, e quase nenhuma delas abordou explicitamente a natureza inadequada das perguntas do entrevistador.

As participantes que imaginaram essa interação anteciparam que sentiriam raiva, o que, por sua vez, as levaria a confrontar o entrevistador. No entanto, as participantes que *realmente* foram questionadas relataram sentir mais medo, o que as levou a tentar ignorar a inadequação das perguntas e deixar as coisas como estavam. De fato, os pesquisadores descobriram que as entrevistadas assediadas tendiam a ter uma reação estranha à linha de questionamento cada vez mais desconfortável do entrevistador: elas sorriam. Isso pode parecer curioso no começo, mas, após uma inspeção mais próxima, o tipo de sorriso que elas deram é o que chamamos de "sorrisos não Duchenne". São sorrisos que não incorporam todo o rosto. Embora a boca fique voltada para cima, não há enrugamento dos olhos ou movimento das bochechas, que são indicadores de verdadeiros sentimentos positivos. Em vez de serem associados a sentimentos positivos, os sorrisos não Duchenne tendem a ser associados a *apaziguamento*. Assim, enquanto as participantes imaginavam que iriam confrontar com raiva alguém que fizesse essas perguntas inadequadas em uma entrevista, na realidade elas sorriam sem jeito para apaziguar o entrevistador.

Em outro estudo dos psicólogos Jennifer Crosby e Johannes Wilson, os participantes cometeram um erro de cálculo semelhante sobre como provavelmente reagiriam a um episódio de discriminação.[19] Nesse estudo, um assistente de pesquisa se passando por participante do estudo mencionou durante uma rodada de apresentações que era um membro ativo da União de Estudantes Queer, entre outras atividades extracurriculares. Ele então pediu licença para usar o banheiro e, ao sair da sala, esbarrou na perna de outro assistente de pesquisa que se fazia passar por participante. Na deixa, o segundo assistente proferiu um insulto homofóbico. Então, nesse ponto do experimento, o participante real do estudo ficou preso em uma sala sozinho por um minuto com outra pessoa que acabara de dizer algo ofensivo e homofóbico. E, sem que soubessem, eles estavam sendo filmados.

Os pesquisadores queriam ver o que os participantes fariam durante esse minuto, bem como o que outro grupo de participantes que simplesmente imaginava todo esse cenário acreditava que faria. Quando as pessoas simplesmente imaginavam estar nessa situação, quase metade disse que confrontaria o assistente de pesquisa sobre o insulto. No entanto, nenhuma das pessoas que realmente vivenciaram essa situação disse qualquer coisa.

E, se você está se perguntando se essas mesmas forças também podem perpetuar o racismo individual, a resposta é "sim". Também somos menos propensos a condenar comentários racistas do que pensamos que seríamos ao considerar uma situação hipotética. Em outro estudo, liderado pelo psicólogo social Kerry Kawakami, 83% dos participantes que imaginaram uma situação em que alguém fez um comentário racista disseram que rejeitariam essa pessoa recusando-se a trabalhar com ela em uma tarefa posterior. No entanto, apenas 37% dos participantes que realmente testemunharam alguém fazendo um comentário racista na frente deles se recusaram a trabalhar com essa pessoa por causa disso.[20] Isso significa que, embora uma grande onda de apoio possa aparecer nas mídias sociais após um incidente altamente divulgado de brutalidade policial ou racismo, não está claro até que ponto tais demonstrações de apoio se traduzem em pessoas que realmente se levantam contra o racismo quando ele ocorre bem na frente delas.

O que todos esses estudos têm em comum é que eles envolvem desafiar ou ameaçar a "imagem" de outra pessoa. Quando alguém faz um comentário inapropriado, seja sexualmente inapropriado, homofóbico, racista – você escolhe –, está essencialmente dizendo: "eu acho que isso é uma coisa apropriada para eu dizer". Quando você o desafia, está desaprovando a "imagem" que essa pessoa está apresentando ao mundo, e isso seria incrivelmente estranho e desconfortável. Então, assim como achamos que estaríamos mais dispostos a dançar no palco por dinheiro quando a questão é inteiramente hipotética, também achamos que estaríamos mais dispostos a atuar nesses cenários mais consequentes envolvendo falar por nós mesmos e pelos outros diante de um ato de discriminação. Achamos que nossa raiva e nosso compromisso com a justiça social prevalecerão, mas o medo do constrangimento vence, com mais frequência do que imaginamos.

É importante ressaltar que isso também significa que, se *você* dissesse involuntariamente algo racista, inapropriado ou ofensivo, talvez nem percebesse, porque é provável que ninguém lhe diga. Nenhum de nós está imune a dizer coisas erradas, ofensivas ou insensíveis. É inevitável que outras pessoas às vezes se sintam zangadas, chateadas, desconfortáveis ou encurraladas por coisas que dizemos e fazemos. Idealmente, gostaríamos de saber se e quando nossas palavras ou ações têm esses efeitos, para que possamos nos desculpar e mudar nosso comportamento. Mas a pessoa que está magoada ou ofendida pode não expressar esses sentimentos para nós devido à paralisia que vem de seu próprio medo do constrangimento – medo que tendemos a minimizar, ou do qual talvez nem estejamos cientes. Voltaremos a esse ponto nos próximos dois capítulos.

Quando as pessoas erradas descobrem isso

Há, é claro, pessoas que têm plena consciência do poder do constrangimento e de seu papel na condução do comportamento. Um exemplo são os engenheiros sociais. Essas pessoas são hackers que obtêm acesso a informações privilegiadas por meios sociais, e não tecnológicos. Em vez de criar um software sofisticado de quebra de código para descobrir sua senha, eles ligam para você e lhe dão um motivo convincente para fornecer sua senha. Eles aproveitam todos os truques de persuasão para propósitos nefastos, incluindo o constrangimento de dizer "não". Eles dizem que são o cara novo de TI ou o colega de seu chefe, e suas vítimas – em vez de sofrer o constrangimento de desafiar a "imagem" de alguém – erram por confiarem demais e acabam entregando dados confidenciais.

No livro *Ghost in the Wires* [Fantasma nos fios], Kevin Mitnick, um ex-hacker que cumpriu cinco anos de prisão antes de se tornar um consultor de segurança de computadores que aconselha empresas como IBM e FedEx, descreve como usou essas ferramentas em um ataque notório à empresa de telecomunicações Motorola.[21] As táticas usadas por Mitnick eram engenhosas e irritantemente simples. Mitnick simplesmente ligava para os funcionários e conversava com eles, inserindo informações cuidadosamente selecionadas na conversa até que seus alvos estivessem convencidos o suficiente para compartilhar voluntariamente com ele suas senhas, arquivos corporativos confidenciais e outras informações altamente sigilosas. Com certeza, alguns de seus alvos provavelmente tinham suas suspeitas. Eles podem ter se perguntado se realmente deveriam compartilhar informações. Mas Mitnick sabia que podia contar com uma coisa que a pesquisa descrita neste capítulo demonstrou repetidas vezes: as pessoas preferem concordar com uma história questionável ou um pedido duvidoso a chamar o blefe de alguém e correr o risco de estarem erradas e constranger todos os envolvidos.²²

Em uma fase de seu ataque à Motorola, Mitnick conta que ligou para um funcionário conhecido como "Steve" e inventou a história de que um erro de TI resultara em perda de dados, o que significava que os arquivos de Steve não seriam restaurados por dias. Quando Steve, previsivelmente, fica chateado com esse imprevisto, Mitnick diz que pode fazer um favor a ele e restaurar seus arquivos mais cedo, *se* ele estiver disposto a fornecer sua senha. A princípio Steve se recusa a fazer isso e pede a Mitnick para verificar sua identidade. Mas Mitnick faz teatro, batendo gavetas e digitando em um teclado enquanto finge estar procurando em seus próprios arquivos a senha de Steve, a que ele supostamente deveria ter acesso em algum lugar. Dado o compromisso de Mitnick com essa farsa, seria incrivelmente constrangedor para Steve continuar a pressioná-lo a fornecer sua sua identidade. Steve não iria dizer: "Você não está digitando nada!" ou "Você está inventando tudo isso!". Ele soaria ridículo e se sentiria humilhado se estivesse errado. Além disso, ele quer seus arquivos. Então, Steve cede e passa sua senha.

Em outra fase do ataque, Mitnick conta que identificou a assistente administrativa de um gerente de projetos que ele havia confirmado a priori estar fora da cidade (por meio de uma resposta automática de férias). Mitnick liga diretamente para a assistente administrativa ("Alisa")²³ e diz que está trabalhando com o chefe dela, que teria se esquecido de enviar para Mitnick um conjunto de arquivos antes de sair de férias. Alisa jamais contesta a história inventada e, de fato, faz um grande esforço para enviar a Mitnick vários arquivos confidenciais. Em um ponto durante a troca, ela teve problemas para enviar os arquivos para ele porque eles estavam sendo transferidos para um endereço IP fora do campus da Motorola e ela continua a receber um alerta de erro de segurança. Isso deveria ter sido uma bandeira vermelha. No entanto, em vez de questionar Mitnick sobre se seria apropriado ou não enviar os arquivos para fora da Motorola, Alisa envolve um oficial de segurança. Não para falar com Mitnick, lembre-se, mas para permitir que ela use o nome de usuário e a senha do *oficial de segurança*, possibilitando assim que a transferência de arquivos contorne as verificações de segurança que existem para impedir que informações confidenciais cheguem a pessoas como Mitnick.

Antes de considerarmos os indivíduos dessas histórias ingênuos e nos assegurarmos de que nunca faríamos essas coisas, vamos pensar um pouco nos estudos descritos anteriormente. Como vimos, as pessoas acreditam que terão muito mais coragem para dizer algo diante de assédio ou intolerância do que realmente têm quando se encontram em tal cenário. Essa situação não é diferente. Achamos que seríamos mais inteligentes, menos ingênuos e mais assertivos com nosso questionamento do que Steve e Alisa. Mas a verdade é que provavelmente não. Nosso padrão é confiar nas pessoas, não duvidar de quem elas dizem que são. E, se tivermos dúvidas, como Steve e Alisa poderiam ter, raramente estaremos dispostos a levantá-las.

Podemos aprender muitas lições com esses exemplos. No entanto, o que quero enfatizar aqui é que nossa preocupação exagerada com o constrangimento é um mecanismo de influência simples, mas incrivelmente poderoso. O problema é que relutamos em usá-lo dessa maneira, então ele é deixado para os Kevin Mitnicks do mundo explorarem. Só que poderia ser usado para muito mais.

Deixa pra lá; talvez eu não queira pedir coisas às pessoas

Já deve estar claro que o medo do constrangimento é forte o suficiente para levar as pessoas a concordarem em fazer uma grande variedade de coisas. Também deve ficar claro que subestimamos se os outros concordarão com nossos pedidos porque não reconhecemos o medo do constrangimento que outras pessoas têm. É por isso que nós, não hackers, ficamos tão surpresos com todas as coisas que as pessoas concordam em fazer por nós.

Diante de tudo isso, você pode estar se perguntando se, afinal, deseja pedir coisas às pessoas. Ninguém quer sentir que os outros estão fazendo coisas por obrigação, porque é muito difícil dizer "não". E é verdade: quando você pede algo a alguém, está de certa forma pressionando essa pessoa. O que ela vai fazer? Recusar e tornar toda a interação superconstrangedora? Provavelmente não.

Mas é essa a questão: por mais que as pessoas sintam que não podem dizer "não", elas também querem genuinamente dizer "sim". Talvez não para passar a senha a um desconhecido, mas provavelmente para muitas outras coisas que você pode hesitar em pedir. Claro, Alisa não queria ser enganada pelo esquema de Kevin Mitnick, mas queria ser útil, tanto que se dispôs a burlar o protocolo de segurança para ajudar alguém.

As pessoas querem fazer coisas boas para os outros. Elas querem ter a sensação calorosa de ajudar e se sentir pessoas boas. Então, quando você pede algo a alguém, você o está pressionando, mas também está lhe dando a oportunidade de se sentir bem consigo mesmo. Porque depois essa pessoa não vai estar pensando que se sentiu obrigada a dizer "sim". Ela estará pensando que é boa por ter ajudado alguém em uma situação difícil.

Temos inúmeros mecanismos de defesa psicológica cuja principal função é nos fazer sentir bem com nós mesmos. Nós reimaginamos as coisas que fizemos a fim de nos pintar da maneira mais positiva. Reinterpretamos nossas ações de maneira que faça sentido e lhes dê significado – em muitos casos, um significado que surge somente após o fato.

Tendemos a pensar que o que as pessoas fazem é o resultado de quem elas são e no que acreditam. Por exemplo, se você doa para a caridade, é porque é uma boa pessoa que acredita que as boas pessoas devem doar para caridade. Em outras palavras, nossas crenças pessoais parecem direcionar nossas ações. Mas os psicólogos sabem há muito tempo que a mente humana nem sempre funciona assim. Um psicólogo em particular, Daryl Bem, propôs uma teoria chamada teoria da autopercepção, na qual argumentava que a relação causal muitas vezes vai na direção oposta.[24] Primeiro nos comportamos e depois usamos esse comportamento para avaliar aquilo em que acreditamos. Dessa forma, nossas ações realmente determinam nossas crenças. Então, eu poderia doar para a caridade por algum *outro* motivo – talvez alguém tenha me pressionado com o pedido, e eu senti que não poderia dizer "não" –, mas, como resultado, acabo acreditando que não sou uma boa pessoa e que as pessoas devem doar para caridade. Não comecei meu dia pensando desse modo sobre caridade ou sobre mim mesmo. No entanto, depois que me vi doando para caridade, pensei: "Olhe para mim! Sou uma boa pessoa que doa para a caridade! Doar para a caridade é uma grande coisa!".

Vou lembrá-lo de como os participantes de meus estudos se sentem toda vez que voltam ao laboratório depois que as pessoas concordam em fazer as coisas por eles. Eles se sentem alegres, aliviados, felizes. Não é porque eles simplesmente convenceram as pessoas a fazer coisas que elas realmente *não queriam* fazer; é porque outras pessoas ficaram mais do que felizes em serem pressionadas quando isso significava ter a oportunidade de se sentirem úteis, eficientes e bem consigo mesmas.

Saber que é difícil para as pessoas dizerem "não" não deve desencorajar você a pedir ajuda. Pequenos favores, ou mesmo grandes favores, muitas vezes têm a vantagem de fazer os outros se sentirem realmente bem consigo mesmos. Claro, existem algumas ressalvas. Fazer pedidos de forma descuidada – sobrecarregar alguém ou pedir coisas inapropriadas, como vamos discutir no próximo capítulo – deve, obviamente, fazer você parar para refletir Mas simplesmente saber por que as pessoas dizem "sim" aos nossos pedidos de ajuda com mais frequência do que esperamos não deve impedir você de perguntar – afinal, essas perguntas em relação aos motivos normalmente serão reinterpretadas da melhor maneira possível após o ocorrido.

Com tudo isso em mente, vá em frente e peça às pessoas todas as coisas que você *deveria* pedir. Peça favores a seus amigos. Peça conselhos aos seus colegas de trabalho. Deixe claro para seu cônjuge quem está responsável por tirar o lixo. No entanto, se você quer que essas pessoas digam "sim", lembre-se das coisas que tendemos a fazer que tornam muito fácil para elas dizerem "não" para nós. Abrace a influência que tem: peça diretamente e faça isso pessoalmente.

5

Desinformação, perguntas inadequadas e o movimento Me Too

Depois de anos observando participantes em nossos estudos pedindo a desconhecidos tipos de ajuda cada vez maiores e mais estranhos e sendo surpreendidos repetidas vezes com o que as pessoas estavam dispostas a fazer, meus alunos e eu começamos a nos perguntar até onde poderíamos levar esse efeito. Com o que *mais* as pessoas estariam dispostas a concordar que surpreenderia nossos participantes – e a nós?

Era 2011, logo após a crise das hipotecas de alto risco nos Estados Unidos que desencadeou uma grande recessão. Vários detalhes sobre a crise habitacional surgiram em seguida, e um, em particular, me impressionou. Um fator crítico de precipitação para a crise foi que as agências de classificação de crédito, os cães de guarda que deveriam nos proteger de investir em ações e títulos de má qualidade – ou pelo menos nos informar sobre o nível de risco em que estamos nos metendo –, não fizeram seu trabalho. Essas agências deram classificações de crédito enganosamente altas para o que, agora sabemos, eram pacotes de hipotecas extremamente arriscadas. Uma agência que foi criticada por fazer isso foi a Moody's. Na época, a Moody's era uma das agências de classificação de crédito mais antigas e prestigiadas do mercado, o que me fez pensar: como isso pode ter acontecido? Foi incompetência? Fraude?

Em um artigo para o *The New York Times*, a jornalista de negócios Gretchen Morgenson ofereceu outra explicação para a maneira como a Moody's poderia ter feito tanta bagunça – uma explicação que despertou minha curiosidade e acabou inspirando um dos meus estudos favoritos. De acordo com Morgenson, a Moody's havia inicialmente dado a esses pacotes de hipotecas de alto risco notas apropriadamente baixas. Isso significa que eles eram competentes e reconheceram os riscos subjacentes. Mas então – de repente – a Moody's mudou suas classificações. Por quê?

Acontece que eles mudaram suas classificações simplesmente porque alguém pediu. Depois que a Moody's terminou de classificar um conjunto de títulos subscritos pela Countrywide Financial, um grande credor hipotecário na época, alguém da Countrywide entrou em contato com a Moody's para reclamar da avaliação. De acordo com Morgenson, "no dia seguinte, a Moody's mudou sua classificação, mesmo que nenhuma informação nova e significativa tenha surgido".[1]

Fiquei intrigada com essa possibilidade. O que a Countrywide supostamente pediu que a Moody's fizesse era claramente antiético, e a Moody's simplesmente… concordou? Talvez eu tenha sido ingênua por ter ficado surpresa, mesmo assim fiquei. E isso me fez pensar que os outros também podem se surpreender com a facilidade com que as pessoas fazem coisas antiéticas simplesmente porque alguém pede. Eu me perguntava: e se, em vez de os participantes de nossos estudos fazerem os tipos de pedidos inócuos que normalmente pedimos, nós os fizéssemos pedir às pessoas que fizessem coisas claramente antiéticas? Será que nossos participantes subestimariam o quanto desconhecidos estariam dispostos a cometer erros quando solicitados, assim como fizeram ao adivinhar se as pessoas concordariam com seus pedidos de ajuda?

Para testar essa teoria, começamos pequeno. Pedimos aos participantes que se aproximassem de desconhecidos e pedissem que se comprometessem com uma mentira inofensiva.[2] Nossos participantes iam até as pessoas e diziam que deveriam estar dando um discurso de marketing sobre uma nova oferta de curso, mas na verdade não queriam dá-lo. O problema, de acordo com a história que os participantes receberam, era que eles precisavam obter assinaturas de pessoas para checar se elas haviam ouvido o discurso. Esse estranho estaria disposto a assinar um formulário dizendo que ouvira o discurso – mesmo que não tivesse ouvido? Basicamente, estranhos mentiriam para nossos participantes em um documento assinado?

Quando perguntamos aos participantes se eles achavam que as pessoas concordariam em falsificar esse documento, eles previram que 35% das pessoas que abordassem o fariam. Porém, quando eles realmente saíram e fizeram o pedido, 68% – quase o dobro – concordaram.[3] Assim como os participantes de nossos estudos anteriores subestimaram a facilidade com que conseguiriam alguém para ajudá-los, os participantes desse estudo subestimaram a facilidade com que conseguiriam que alguém mentisse por eles.

Como eu disse, começamos pequeno. Pode haver muitas razões pelas quais as pessoas concordaram em assinar esse documento. Elas podem ter pensado que não era grande coisa; "sem prejuízo, sem problemas". Elas podem até ter reclassificado o que estavam fazendo como uma coisa boa – afinal, estavam ajudando alguém a sair de uma situação difícil. Então, como próximo passo, tentamos criar algo que nossos participantes pudessem pedir às pessoas e que era *claramente* errado. O que decidimos foi fazer os participantes pedirem a desconhecidos para vandalizar um livro da biblioteca.

É claro que não queríamos vandalizar livros de biblioteca reais, então fizemos os nossos. Pegamos uma pilha de livros da minha estante e gravamos números de telefone neles para que ficassem parecidos com os livros da biblioteca da universidade. Sabíamos que tínhamos que inventar uma boa história. Os participantes não podiam simplesmente se aproximar de desconhecidos e dizer: "Ei, você pode vandalizar isso para mim?". Decidimos que os participantes abordariam desconhecidos em diferentes bibliotecas do campus e lhes diriam que estavam pregando uma peça em alguém. Segundo os participantes, esse amigo em quem eles estavam pregando uma peça conhecia sua letra, então eles precisavam desse desconhecido para escrever algo a caneta em uma página do livro da biblioteca que os participantes estavam segurando.

Passamos muito tempo pensando no que os participantes pediriam aos outros para escrever. Por fim, decidimos por uma palavra: picles. "Picles" soava como uma brincadeira. No final, os participantes diziam: "Você pode escrever rapidinho a palavra 'picles' nesta página deste livro da biblioteca?".

Quando dissemos aos nossos participantes o que eles pediriam ao desconhecido para fazer, eles tinham certeza de que a maioria recusaria. E, a julgar pelas coisas que as pessoas disseram aos nossos participantes em resposta a esse pedido, muitas delas gostariam de recusar. Algumas hesitaram. Nossos participantes gravaram um número de respostas como "Tem certeza?" e "Hmm..." em suas folhas de registro. Outros indicaram um claro desconforto diante da ideia de vandalizar o livro e a consciência de que estavam sendo solicitados a fazer algo errado, por exemplo, "Não tenho certeza se devo... é um livro da biblioteca?", "Então, isso é tipo vandalismo?" e "Espero que você não se meta em confusão por isso!".[4]

No entanto, a maioria das pessoas que nossos participantes abordaram concordou em vandalizar o livro. Os participantes achavam que apenas 28% de seus alvos concordariam em escrever no livro, mas impressionantes 64% concordaram, na realidade.[5] Embora muitos dos abordados tenham expressado seu choque e desconforto com o que estavam sendo solicitados a fazer, a maioria foi em frente e fez – muito mais pessoas do que os participantes (e eu!) esperávamos.

Novamente, o que descobrimos é que as pessoas concordam com as coisas – mesmo as que se sentem desconfortáveis em fazer – porque é ainda mais desconfortável dizer "não". E, embora a maioria de nós não saia por aí pedindo às pessoas que vandalizem livros da biblioteca – ou façam coisas flagrantemente antiéticas –, muitos de nós fizemos pedidos ou perguntas que podem ter passado dos limites, supondo que, se alguém se sentisse desconfortável com isso, se recusaria a responder ou simplesmente diria "não". Talvez você tenha convidado um colega de trabalho para sair, supondo que ele ou ela simplesmente diria "não" se não estivesse interessado. Ou talvez você tenha perguntado a um candidato a emprego se ele era casado, apesar das regras que proíbem pedir esse tipo de informação, porque você assumiu que o candidato poderia escolher responder ou não. Esses pedidos podem parecer inócuos à primeira vista, mas na verdade têm sérias implicações para combater o assédio sexual e aumentar a diversidade no local de trabalho. Esses são os tipos de solicitações aos quais nos voltaremos a seguir.

Por que os homens não devem "simplesmente ir em frente"

Um ano de acerto de contas para muitos homens foi 2017. Foi o ano em que o movimento Me Too contra o assédio e a agressão sexual, iniciado por Tarana Burke onze anos antes, de repente se tornou um nome familiar.[6] A magnitude impressionante das alegações de assédio e agressão sexual contra o magnata da mídia Harvey Weinstein veio à tona.[7] Aprendemos sobre aquele botão assustador que o ex--apresentador do *Today Show*, Matt Lauer, tinha debaixo de sua mesa, que ele usava para trancar mulheres em seu escritório.[8] Até o comediante aparentemente esclarecido Louis C. K. admitiu ter se exposto e se masturbado na frente de aspirantes a aprendizes.[9]

Nesse turbilhão de acusações, confissões e negações de comportamento que iam do profundamente perturbador ao verdadeiramente monstruoso, havia uma série de acusações e confissões que pareciam mais comuns.[10] Histórias em que a linha parecia mais tênue, em que o comportamento em questão parecia menos predatório, mais equivocado. Parecia plausível que alguns desses homens realmente não percebessem como seu comportamento afetava suas acusadoras.

Uma alegação especialmente debatida foi dirigida ao comediante Aziz Ansari. Em um artigo publicado no site *Babe*, uma mulher usando o pseudônimo "Grace" detalhou um encontro que teve com Ansari, que, segundo ela, "se transformou na pior noite da minha vida".[11] De acordo com Grace, ela estava inicialmente "animada" com o encontro, mas, quando voltaram ao apartamento de Ansari depois do jantar, ele a pressionou persistentemente a fazer sexo, apesar de seu desinteresse expresso. Grace relata que estava "emitindo sinais físicos de que não estava interessada" e depois disse a ele: "Não quero me sentir forçada". Mas, de acordo com Grace, embora Ansari inicialmente parecesse responder graciosamente à sua hesitação, afirmando "só é divertido se nós dois estivermos nos divertindo", ele continuou a pressioná-la a noite toda, beijando-a agressivamente e a empurrando, até que ela saiu chorando. Por fim, ela disse ao *Babe*: "Eu me senti violentada".

Ansari, por sua vez, divulgou um comunicado dizendo que ele e Grace se envolveram em atividade sexual, mas que, a seu ver, tinha sido, "por todas as indicações, completamente consensual". Ele afirmou que recebeu uma mensagem de texto de Grace indicando seu desconforto na manhã seguinte ao encontro e que, embora tudo parecesse bem para ele na ocasião, "quando soube que não tinha sido assim para ela, fiquei surpreso e preocupado".[12] Em sua resposta ao texto de Grace, Ansari se desculpou, dizendo que havia "interpretado mal a situação no momento".[13]

A acusação de Grace contra Ansari explodiu – não apesar de sua aparente banalidade, mas por causa disso. Algumas pessoas ficaram aborrecidas com a decisão de Grace de ir a público com sua história, descartando a situação como apenas um encontro ruim,[14] algo que a maioria das mulheres já experimentou; elas argumentaram que juntar histórias como a de Grace com os crimes de Weinstein diluía o movimento Me Too [Eu Também]. Outros achavam que esse tipo de encontro sexual menos notório, mas ainda assim problemático, era exatamente o tipo de coisa sobre o qual o movimento deveria estar falando, precisamente porque era muito comum.[15] O fato de a experiência de Grace ter ressoado tão amplamente proporcionou uma oportunidade de falar abertamente sobre alguns dos aspectos mais espinhosos da dinâmica sexual cotidiana.

A história de Ansari foi divulgada apenas alguns meses depois que uma história notavelmente semelhante, mas fictícia, se tornou viral. A história, "Cat Person",[16] que foi publicada na revista *New Yorker*, retrata "um encontro sexual que é tecnicamente consensual, mas que Margot [a personagem principal] ainda considera ter sido 'a pior decisão que ela já tomou na vida'".[17] Sobre a decisão de Margot de dormir com o homem com quem foi para casa, a história deixa claro: "não que ela estivesse com medo de que ele tentasse forçá-la a fazer algo contra sua vontade". No entanto, "Insistir para que eles parassem agora, depois de tudo o que ela havia feito para levar a relação adiante, a faria parecer mimada e caprichosa, como se ela tivesse pedido algo em um restaurante e, assim que a comida chegasse, tivesse mudado de ideia e devolvido".[18]

Duas coisas ficaram bastante claras diante do volume de reações tanto à história real de Grace quanto a essa história fictícia: primeiro, as mulheres frequentemente concordam com coisas – encontros, até mesmo sexo – que não querem fazer. E, segundo, os homens muitas vezes são completamente alheios a esse fato.

Vamos começar abordando a primeira questão – por que uma mulher concordaria em ir a um encontro e possivelmente até dormir com alguém se ela não quisesse. Existem, é claro, muitas razões, mas uma das principais é a mesma razão pela qual as pessoas concordam com pedidos para entregar seus celulares, doar para a caridade ou vandalizar livros da biblioteca mais prontamente do que esperamos: elas se sentem mal dizendo "não".

Pode parecer um exagero sugerir que alguém realmente faria sexo com alguém porque se sentiu constrangido, desconfortável ou culpado dizendo "não", mas, como Megan Garber argumenta em seu artigo da *Atlantic* chamado "The Weaponization of Awkwardness" [O uso do constrangimento como arma], as mesmas forças sociais que exigem que as mulheres sejam complacentes e "capitulem aos sentimentos dos outros" podem fazer a recusa romântica parecer absolutamente perigosa.[19] Às vezes é simplesmente "mais fácil seguir em frente do que tentar se livrar daquela situação", escreveu Ella Dawson em seu blog *"Bad Sex", or The Sex We Don't Want But Have Anyway* [Sexo ruim ou o sexo que não queremos, mas que mesmo assim fazemos], que se tornou viral junto com "Cat Person". O post de Dawson enumera as perguntas que passam pela cabeça de muitas mulheres: "Você quer mesmo iniciar uma conversa constrangedora sobre por que você quer parar? E se isso ferir os sentimentos dele? E se isso arruinar o relacionamento? E se você parecer uma megera?".[20]

Tanto Garber quanto Dawson são rápidas em apontar que o sexo que resulta de tal capitulação – o que os pesquisadores às vezes chamam de complacência sexual[21] – não é estupro. No entanto, cada autor acredita que vale a pena ter essas discussões no contexto do movimento Me Too porque, como Garber aponta, embora esses encontros possam não ser "negativos no sentido criminal", certamente são "ruins no sentido emocional".[22] E, como veremos mais adiante, apenas o custo emocional desses encontros pode ser suficiente para resultar em sérias repercussões, como expulsar as mulheres dos campos tradicionalmente masculinos.

A pesquisa justifica essa ideia de que nós – homens e mulheres – aceitamos regularmente avanços românticos de pretendentes nos quais não estamos realmente interessados porque nos sentimos mal dizendo "não". Em um estudo, Samantha Joel, pesquisadora de relacionamentos, e seus colegas pediram a participantes heterossexuais solteiros que selecionassem seu perfil de namoro favorito de um conjunto que lhes foi apresentado.[23] Um grupo de participantes foi informado de que os perfis de namoro eram fictícios, enquanto outro foi informado de que tinham sido preenchidos por participantes reais do mesmo estudo. Os participantes receberam então uma foto da pessoa cujo perfil haviam escolhido e perguntados se estariam dispostos a trocar informações de contato com essa pessoa para marcar um encontro. Mas havia uma reviravolta: sem o conhecimento dos participantes, a foto havia sido pré-selecionada pelos pesquisadores para ser de um membro claramente pouco atraente do sexo oposto – alguém com quem eles presumivelmente não gostariam de sair.

Quando os participantes pensaram que os perfis de namoro eram puramente hipotéticos, apenas 16% disseram que concordariam. Os pesquisadores estavam certos; esmagadoramente, os participantes não estavam interessados em namorar essa pessoa cuja foto pouco atraente eles tinham acabado de ver. No entanto, quando pensaram que se tratava de uma pessoa real participando do mesmo estudo, 37% dos participantes – mais que o dobro – concordaram em trocar informações de contato com o pretendente pouco atraente. Quando os pesquisadores analisaram as razões dessa diferença, descobriram que as pessoas estavam muito mais preocupadas em ferir os sentimentos da outra pessoa quando pensavam que a pessoa era real do que quando pensavam que era uma decisão hipotética.

Assim, parece que, mesmo desinteressadas, as pessoas ainda vão concordar com pedidos românticos por medo de ferir os sentimentos de alguém. Porém, tendemos a não reconhecer o quanto nossa preocupação com os outros provavelmente vai influenciar nossas decisões românticas até nos encontrarmos na posição embaraçosa de realmente ter que rejeitar alguém.

Aqui faz sentido retornar à segunda percepção que emerge dos relatos reais e fictícios de pressão sexual descritos anteriormente – apercepção de que muitos homens parecem alheios a quão difícil as mulheres acham dizer "não" a seus avanços românticos. Como se vê, essa percepção também é justificada por pesquisas, embora valha a pena notar aqui também que esse esquecimento pode não se limitar aos homens.

Assim como as pessoas parecem se esforçar para reconhecer o quanto acharão difícil rejeitar alguém, elas têm dificuldade em reconhecer o quanto os outros acharão difícil rejeitá-*las*. No último caso, no entanto, em vez de poupar os sentimentos de alguém que hipoteticamente teríamos machucado, esse descuido pode nos levar a colocar essa pessoa em uma posição mais embaraçosa do que pretendíamos. Ao "simplesmente ir em frente" e convidar um colega de trabalho para um encontro, por exemplo, podemos não dimensionar totalmente a posição desconfortável em que estamos colocando a outra pessoa.

Essas são as dinâmicas que minha estudante de pós-graduação Lauren DeVincent e eu observamos em nosso estudo sobre romance não correspondido no local de trabalho. Pesquisamos quase mil estudantes e pós-doutorandos de ciência, tecnologia, engenharia e matemática (STEM), pedindo que se lembrassem de uma ocasião em que abordaram romanticamente um colega que acabou não se interessando por eles, ou foram abordados por um colega em que não estavam interessados.[24] Cerca de um quarto de nossa amostra relatou ter tido pelo menos uma dessas experiências. Em seguida, pedimos aos indivíduos que relataram terem sido abordados por alguém em quem não estavam interessados que indicassem quão difícil era dizer "não" e quão mal e desconfortáveis se sentiam ao fazê-lo. Ao mesmo tempo, perguntamos àqueles que abordaram um colega e foram posteriormente rejeitados o que imaginavam que seus alvos românticos sentiram – ou seja, quão difícil eles imaginavam que a outra pessoa achava que era dizer "não" e quão mal e desconfortável essa pessoa provavelmente teria se sentido.

O que descobrimos foi que os pretendentes não conseguiam avaliar a difícil posição em que colocavam seus alvos ao agir de acordo com seus interesses românticos. Iniciadores de avanços românticos achavam que seus alvos se sentiam mais livres e mais confortáveis em dizer "não" a seus avanços indesejados do que os alvos relataram ter se sentido.

Mais do que isso, as pessoas que se lembravam de abordar romanticamente alguém que acabou não se interessando por elas também não reconheceram quão difícil era para seus alvos se concentrarem no trabalho e continuarem a trabalhar junto com um pretendente depois de rejeitá-lo. Embora os alvos de convites indesejados relatassem todo tipo de comportamento de evitação e busca de apoio, esses mesmos comportamentos pareciam ter passado despercebidos pelos pretendentes. Por exemplo, apenas 7% dos participantes que se lembraram de ter abordado alguém que não estava interessado neles pensaram que essa pessoa os evitou depois, mas mais da metade (52%) dos participantes que se lembraram de terem sido abordados disse que tentou evitar o pretendente depois do fato. Da mesma forma, apenas 13% dos pretendentes pensaram que a pessoa que estavam abordando procurou apoio social conversando com outra pessoa sobre a situação, enquanto 54% das pessoas que se lembravam de terem sido abordadas disseram que fizeram exatamente isso. E, embora nem um único pretendente tenha pensado que a pessoa que eles estavam abordando havia considerado mudar de emprego, seis de nossa amostra de 176 pessoas que se lembravam de terem sido abordadas por alguém em quem não estavam interessadas relataram que de fato consideraram mudar de emprego como resultado da posição incômoda em que foram colocadas.

Observei anteriormente que essa tendência não se limitava aos homens. De fato, acontece que as pretendentes femininas em nosso estudo também subestimaram quão desconfortáveis seus avanços românticos não correspondidos fizeram seus alvos se sentirem. No entanto, há uma ressalva importante para essa descoberta: só era verdade quando levamos em conta se os pretendentes já estiveram na posição da outra pessoa – ou seja, se também tivessem sido alvo de um avanço indesejado. Pessoas que já haviam sido alvos de avanços indesejados estavam mais atentas aos sentimentos da outra pessoa, mesmo quando lembravam de uma época em que *elas* eram quem abordava. A razão pela qual isso importa para interpretar nossas descobertas de gênero é que as mulheres eram muito mais propensas a serem alvos de avanços indesejados do que os homens, um fato já documentado muitas vezes antes.[25,26] Enquanto apenas um em cada sete homens disse ter sido alvo de uma investida indesejada de uma colega, uma em cada três mulheres disse já ter se encontrado nessa posição desconfortável. Portanto, as mulheres *estavam* mais sintonizadas com o desconforto que seus avanços indesejados faziam seus alvos sentirem – mas por causa de sua experiência, não de seu gênero.

Hope Jahren, autora de *Lab Girl* [Garota de laboratório], descreve no *The New York Times* as maneiras como essas dinâmicas podem, em última análise, empurrar as mulheres para fora dos campos STEM.[27] Jahren narra uma série "previsível" de eventos que começa com um e-mail tarde da noite em que um cientista confessa seus sentimentos a uma cientista desinteressada. À medida que o caso de amor que está acontecendo em sua cabeça progride, ele se envolve inteiramente em seus próprios sentimentos: ele "não consegue dormir"; ele "poderia ser demitido por isso". Enquanto isso, ela tenta ignorar as anotações deixadas em sua mesa e rejeitar delicadamente os convites dele para se encontrarem fora do horário de trabalho. Até que, um dia, ela decide que a saída mais fácil é abandonar a ciência.

O mundo diz regularmente aos homens apaixonados para "simplesmente ir em frente". O que mais um cara, ansiando e torturado por uma garota, deveria fazer? "Basta convidá-la para sair!", rugiriam os amigos exasperados em qualquer filme sobre amizade entre homens. "O que você tem a perder?" Como argumentei em outro lugar,[28] o problema com esse conselho é que ele se baseia na premissa de que a única pessoa que tem algo a perder nesse cenário é o indivíduo com a paixão. Talvez fosse melhor ele confessar seus sentimentos e descobrir que ela não está interessada do que ficar definhando. Mas isso seria melhor para *ela*?

Estou dizendo que os homens nunca devem convidar mulheres para sair se não têm 100% de certeza de que elas estão interessadas neles? Não. A incerteza é parte do que torna o namoro divertido; é de onde vêm as borboletas. Mas acho que o limiar de incerteza em que muitos homens se sentem à vontade para dar em cima de mulheres precisa ser recalibrado. Uma mensagem que diz "Posso levá-la a um encontro?" para alguém no Tinder é muito diferente de enviar a mesma coisa para alguém que você não conhece no Twitter que posta principalmente sobre questões acadêmicas – uma experiência que muitas das minhas colegas tiveram. Todos nós, homens e mulheres, podemos investir mais tempo e esforço para ter *mais* certeza de que alguém está interessado – ou pelo menos não está completamente desinteressado – antes de confessar nossos sentimentos ou de tentar nos aproximar fisicamente.

Aqui eu gostaria de observar que é animador ver que, graças aos esforços do movimento Me Too, muitos homens parecem estar fazendo exatamente isso – pensando com mais cuidado sobre como seus avanços podem ter sido recebidos por elas do outro lado.

Em resposta a uma acusação de assédio sexual, Richard Dreyfuss declarou: "Estou horrorizado e perplexo ao descobrir que não foi consensual. Eu não tinha entendido. Isso me faz reavaliar todos os relacionamentos que eu já tive e que pensei que tivessem sido divertidos e mútuos".[29] E, em um especial da Netflix um ano após o lançamento da história de Grace, Aziz Ansari falou sobre uma conversa que teve com um amigo que disse que a experiência de Ansari "o fez pensar em todos os encontros em que já estive".[30]

Todos sabemos que é ruim ser rejeitado. No entanto, tendemos a não saber completamente quão ruim é ser aquele que está rejeitando. Como vimos em outros pedidos – desde emprestar o celular até vandalizar um livro da biblioteca –, é mais difícil para alguém dizer "não" para nós do que imaginamos. Isso significa que, quando convidamos uma pessoa para um encontro, ou sugerimos que ela vá para a cama conosco, podemos subestimar quão difícil ou desconfortável é para essa pessoa dizer "não" para nós, no caso de não estar interessada.

Em um mundo que diz aos homens para "simplesmente ir em frente", mas diz às mulheres para "não fazerem drama", isso pode ter consequências interpessoais importantes. Mais do que isso, pode impactar objetivos sociais mais amplos relacionados à igualdade de gênero em campos tradicionalmente dominados por homens.

Isso no seu dedo é uma aliança?

Tive mais conversas do que jamais imaginei com minhas colegas juniores sobre se elas deveriam usar alianças de casamento em entrevistas. Muitas foram aconselhadas ou leram em alguma coluna de conselhos para entrevistas que "não deveriam usar aliança ou qualquer outra coisa que possa indicar sua situação pessoal".[31] Na minha experiência, a maioria das minhas colegas acabou decidindo não usar. Elas não querem perguntas sobre seu parceiro que poderiam fazer potenciais empregadores duvidarem de sua seriedade sobre o cargo ou a probabilidade de recolocação. Claramente, a decisão de divulgar seu status pessoal – como esposa, mãe ou minoria racial ou sexual – é profundamente pessoal.

Também é uma decisão altamente consequente, pois pesquisas mostram que divulgar essas informações em uma entrevista pode afetar a forma como os empregadores em potencial veem a seriedade de uma candidata sobre o cargo oferecido, a disponibilidade para trabalhar horas extras e, em última análise, a probabilidade de conseguir o emprego. Em um estudo sobre contratação acadêmica, a socióloga Lauren Rivera, professora da Kellogg School of Management e autora de *Pedigree*,[32] concluiu a partir de suas observações de campo de reuniões de contratação que os comitês de contratação acadêmica "consideravam ativamente o status de relacionamento das mulheres – mas não o dos homens – ao selecionar candidatos" de maneiras que, em última análise, desfavoreceram as mulheres.[33] Em outro estudo, dos psicólogos Alexander Jordan e Emily Zitek, os participantes que descobriram que as candidatas a um emprego eram solteiras ou casadas com base em páginas fictícias do Facebook classificaram as candidatas casadas como menos trabalhadoras e menos adequadas para uma vaga exigente do que as candidatas solteiras.[34]

Acho que podemos concordar que o estado civil de uma pessoa não deve determinar se ela será ou não contratada para um emprego. E, no entanto, explícita ou implicitamente, parece desempenhar um papel relevante nas decisões de contratação. É por isso que temos proteção legal para candidatas a emprego que permitem que elas mantenham essa e outras informações sob sigilo, se assim o desejarem. Perguntas sobre estado civil, gravidez, religião e saúde mental, para citar algumas, não devem ser feitas – não necessariamente porque são ilegais, mas porque abrem a possibilidade de que a resposta de uma candidata seja usada contra ela no processo de contratação.[35] Em última análise, é melhor não saber que uma candidata está grávida, por exemplo, para que não haja chance de isso afetar sua decisão de contratá-la.

Se é melhor não saber, isso provavelmente significa que é melhor não perguntar. E, no entanto, este é um lugar onde muitos de nós, inclusive eu, escorregamos. Muitas vezes esquecemos como é difícil para as pessoas recusar um pedido ou evitar responder a uma pergunta, principalmente quando essa pergunta vem de um empregador em potencial.

Em um estudo de candidatos a programas de residência médica, os pesquisadores descobriram que 66% – mais de 7 mil dos cerca de 11 mil entrevistados – relataram ter sido questionados sobre algo potencialmente ilegal.[36] Cinquenta e três por cento, ou mais de 5,7 mil, dos entrevistados relataram terem sido questionados sobre seu estado civil e 24%, ou mais de 2,5 mil entrevistados, relataram ter sido questionados sobre se tinham filhos ou planejavam ter filhos. Não surpreendentemente, essas perguntas eram mais propensas a serem dirigidas a mulheres do que a homens. Os candidatos também relataram terem sido questionados sobre sua idade, religião e orientação sexual – todas as quais são informações protegidas, o que significa que os empregadores não podem usá-las legalmente para tomar decisões de contratação. E, no entanto, como vimos acima, uma vez que você tenha essas informações, é difícil não deixar que elas influenciem seu julgamento de um candidato – para melhor ou para pior.

De acordo com os inúmeros artigos de aconselhamento sobre entrevistas direcionados aos entrevistados, se você for um candidato a emprego e ouvir uma dessas perguntas, deve "educadamente se recusar a responder".[37] É um bom conselho – na teoria. Mas a esta altura você provavelmente não ficará surpreso ao saber que a pesquisa mostra que é muito mais difícil se recusar a responder a essas perguntas do que imaginamos. Já vimos no capítulo anterior que as mulheres confrontadas com um entrevistador fazendo perguntas de cunho sexual obviamente inadequadas se sentiam muito desconfortáveis e com medo de se recusar a responder. E é igualmente difícil "educadamente se recusar a responder" perguntas pessoalmente sensíveis sobre se você é casado ou planeja ter filhos, mas por motivos diferentes.

Antes, porém, de falar sobre o lado negativo, vou falar sobre o lado positivo do fato de que as pessoas são mais propensas do que imaginamos a responder às nossas perguntas, mesmo que sejam pessoais ou delicadas. Acontece que seus colegas de trabalho, vizinhos e outros conhecidos do dia a dia seriam mais propensos do que você imagina a responder a todas as perguntas sobre as quais você tem ponderado secretamente a respeito de suas vidas e crenças pessoais. E, se você fizesse essas perguntas, eles o julgariam com menos severidade do que você imagina. Essas perguntas poderiam até aproximar vocês.

Em uma série de estudos, um grupo de pesquisadores liderados por Einav Hart fez os participantes escolherem perguntar a outros participantes com quem não tinham tido nenhum relacionamento anterior perguntas não delicadas, como: "Qual a sua opinião sobre música pop?" e "Quantas horas você trabalha por dia?" ou perguntas delicadas, como "Qual a sua opinião sobre o aborto?" e "Quanto você ganha?". Os participantes preferiram muito mais fazer as perguntas não delicadas porque achavam que as pessoas seriam altamente avessas a responder às perguntas delicadas e os julgariam mais severamente por fazê-las. No entanto, verifica-se que as pessoas estavam menos relutantes em responder às perguntas delicadas do que os participantes esperavam que estivessem, e julgaram os participantes muito menos duramente por escolher fazer perguntas delicadas do que os participantes haviam imaginado.[38]

Essa é uma boa notícia, porque a maioria de nós quer saber mais sobre a vida pessoal de nossos colegas de trabalho e conhecidos. E pesquisas de longa data sobre autorrevelação e proximidade de relacionamento sugerem que fazer perguntas pessoais levará a outra pessoa a fazer perguntas pessoais em troca, levando a um ciclo de divulgação mútua, que, em última análise, aproxima as pessoas e leva a relacionamentos mais ricos e satisfatórios.[39]

Essa pesquisa parece sugerir que devemos fazer às pessoas perguntas *mais* pessoais, não menos. E, de fato, isso pode ser verdade se nosso objetivo for construir uma comunidade mais próxima com as pessoas ao redor. No entanto, quando nosso objetivo é ser um árbitro imparcial de um resultado consequente, a conclusão é um pouco mais complicada do que essa. Assim como acontece com muitas das descobertas deste livro, o poder subestimado que temos para obter uma resposta específica de outra pessoa deve ser usado mais em alguns contextos, e menos em outros.

Voltemos ao contexto das entrevistas de emprego. Como forma de conversar, muitos de nós – principalmente aqueles que são colocados na posição de conduzir uma entrevista de emprego sem treinamento formal de recursos humanos – escorregamos e perguntamos sobre os filhos de alguém ou o que seu cônjuge faz. E os candidatos ao emprego, na maioria das vezes, responderão a essas perguntas com franqueza. Em parte, como acabamos de ver, isso ocorre porque as pessoas geralmente ficam muito felizes em conversar sobre sua vida pessoal. A revelação pessoal é um meio de estabelecer conexão e proximidade, e uma parte não negligenciável da entrevista. Mas a pesquisa mostra que os entrevistados também podem responder a perguntas pessoais mesmo quando não se sentem à vontade para fazê-lo pelas mesmas razões que discutimos anteriormente. Somos relutantes em ofender os outros – particularmente alguém que controla um resultado tão importante quanto uma oferta de emprego em potencial – e recusar-se a responder a uma pergunta parece uma maneira infalível de insinuar a insensibilidade de um entrevistador por sequer perguntar. Não é exatamente o tipo de relacionamento que a maioria dos entrevistados espera estabelecer com um entrevistador.

Assim, a maioria das pessoas de fato concorda em responder a perguntas pessoais em entrevistas, mesmo que isso signifique divulgar informações sobre sua vida pessoal que, de outra forma, gostariam de manter em sigilo. Em um estudo dos pesquisadores de comportamento organizacional Catherine Shea, Sunita Sah e Ashley Martin, elas descobriram que 83% dos entrevistados se sentiam obrigados a responder a perguntas pessoais.[40] E, ao conhecer um candidato, os entrevistados eram mais propensos a vê-los como discriminatórios. Em última análise, Shea e seus colegas descobriram que isso tem consequências negativas tanto para os entrevistados *quanto para* os empregadores. Não surpreendentemente, com base na pesquisa revisada anteriormente, os entrevistados que foram questionados sobre seu estado civil e familiar eram menos propensos a conseguir o emprego. E quanto aos candidatos a quem *foi* oferecida a vaga? Acontece que eles eram menos propensos a aceitar o emprego. Da mesma forma, na pesquisa de candidatos à residência médica descrita anteriormente, uma porcentagem considerável de candidatos que receberam esse tipo de pergunta pessoal em uma entrevista relatou rebaixar o programa infrator em sua lista de classificação. Portanto, não são apenas os entrevistados que perdem, mas os entrevistadores também.

Como Dolly Chugh aponta em seu livro *The Person You Mean to Be* [A pessoa que você quer ser], a maioria de nós quer ser uma boa pessoa.[41] Não queremos discriminar candidatos a emprego e tentamos cumprir as regras em vigor para proteger as pessoas da discriminação no emprego. Mas também queremos nos conectar com elas, e sabemos que falar de amenidades pode ser constrangedor. Podemos tentar fazer uma média com uma pergunta pessoal, enquanto asseguramos ao candidato que ele não precisa responder. "Então, você tem filhos? – Eu realmente não deveria te perguntar isso, então não se sinta obrigado a responder". Mas, é claro, os entrevistados sentem que não podem se recusar a responder a esse tipo de pergunta. Então, eles respondem, desconfortavelmente. E a falha em reconhecer a pressão que nossas perguntas colocam em outras pessoas pode ter consequências reais para candidatos *e* empregadores, bem como para a diversidade e representatividade no local de trabalho de forma mais ampla.

Às vezes conversamos em entrevistas ou reuniões perguntando sobre a vida familiar das pessoas – mesmo que, como acabamos de ver, em muitas ocasiões provavelmente não devêssemos. Outras vezes, preenchemos as pausas entre os tópicos da conversa e outros silêncios constrangedores "tagarelando". Basicamente, dizemos tudo o que vem à mente – independentemente da veracidade – só porque sentimos que temos que dizer *alguma coisa*. Correndo o risco de complicar demais qualquer forma de conversa fiada, isso provavelmente é outra coisa com a qual devemos ser um pouco mais cautelosos, um ponto ao qual vamos nos voltar a seguir.

Papo-furado

"*Bullshitting*" ou "falar merda", como definido pelo filósofo de Princeton Harry Frankfurt, é se comunicar sem levar em conta a verdade. Não é o mesmo que mentir, já que os mentirosos tentam ativamente desacreditar ou desviar a verdade. Em vez disso, os mentirosos não têm ideia se o que estão dizendo é verdade ou não, nem se importam – eles simplesmente dizem coisas.

E todos nós fazemos isso. De acordo com Frankfurt, "uma das características mais salientes da nossa cultura é que se fala muita merda. Todo mundo sabe disso. Cada um de nós contribui com sua parte. Mas tendemos a tomar a situação como certa".[42] Vou pontuar que Frankfurt fez essa observação em 1986.

Falamos merda para parecermos espertos, para preencher silêncios e porque achamos que somos obrigados a ter uma opinião sobre tudo. Para demonstrar este último ponto, o psicólogo social John Petrocelli examinou o que acontece quando as pessoas são explicitamente informadas de que *não* precisam ter uma opinião sobre determinado tópico. Em um estudo,[43] participantes foram informados sobre uma pessoa fictícia chamada Jim. Ele estava concorrendo a uma cadeira no conselho municipal e tinha uma forte vantagem em algumas pesquisas, mas, um mês antes da eleição, desistiu da corrida. Por que, perguntaram aos participantes, eles achavam que Jim tinha desistido da eleição?

Os participantes tinham pouca ou nenhuma informação sobre Jim. Alguns receberam os supostos resultados de Jim em um teste de personalidade, enquanto outros não receberam nada além do cenário que você acabou de ler. Com informações tão limitadas, fornecer uma explicação do motivo de Jim ter desistido da corrida seria puramente especulativo. Os participantes não tinham como saber a verdade, então qualquer coisa que inventassem seria em grande parte falar merda.

No entanto, Petrocelli deu aos participantes em uma condição uma saída. Nessa condição, eles receberam a seguinte instrução adicional: "É importante frisar, no entanto, que você não é obrigado a compartilhar seus pensamentos". Os participantes na outra condição não receberam tal ressalva. Em seguida, os participantes em todas as condições tiveram a oportunidade de oferecer suas opiniões sobre o motivo de Jim ter desistido da corrida.

Observe que *nenhum* dos participantes desse estudo foi informado de que era obrigado a compartilhar seus pensamentos. Mesmo assim, eles assumiram que eram obrigados a compartilhar.

Quando o experimentador perguntou aos participantes o quanto estavam preocupados com evidências genuínas e/ou fatos estabelecidos ao oferecer suas explicações sobre a decisão de Jim, os participantes que não receberam a instrução adicional de que não eram obrigados a compartilhar seus pensamentos relataram ter oferecido substancialmente mais pensamentos sem consideração pela verdade do que aqueles que foram informados de que não eram obrigados a compartilhar seus pensamentos. Os participantes que não receberam essa advertência relataram que 44% – quase metade – das declarações que fizeram eram merda, enquanto os que receberam essa instrução adicional disseram isso em apenas 24% de suas declarações.

Isso é importante porque sugere que nosso padrão é dizer algo – qualquer coisa –, independentemente de termos alguma ideia sobre a veracidade do que estamos dizendo. Em vez de admitir que não sabemos o suficiente para ter uma opinião sobre algo e ficarmos calados, temos a tendência de deixar escapar alguma coisa, de especular. E, como vimos no Capítulo 2, algo que deixamos escapar sem pensar duas vezes pode de fato soar sincero aos ouvidos dos outros. As pessoas não examinam as coisas que dizemos tanto quanto pensamos. Elas estão mais inclinadas a acreditar nelas do que a desacreditá-las, e "descrer" de algo é um trabalho árduo. E, assim, bobagens e informações falsas se espalham.

Tudo isso é exacerbado nas redes sociais. Na internet, como na vida "real", somos consumidores e propagadores de bobagens. Em ambos os papéis, cometemos erros que, em última análise, contribuem para a disseminação de desinformação, como descobriram o psicólogo Gordon Pennycook e colegas. Como consumidores de

DESINFORMAÇÃO, PERGUNTAS INADEQUADAS E O MOVIMENTO ME TOO

informações, confiamos demais em nossa capacidade de detectar papo-furado quando o encontramos.⁴⁴ Como vimos, nosso padrão é acreditar nas coisas que vemos e ouvimos, desde que não venham de uma fonte não confiável ou desafiem descaradamente nossas crenças preexistentes. Portanto, embora possamos não acreditar em tudo o que vemos na internet, no geral, somos mais propensos a sermos convencidos de informações falsas do que a ser céticos em relação a informações verdadeiras.⁴⁵

É aqui que nós, como propagadores de besteira e desinformação, cometemos nosso segundo grande erro. Embora tendamos a ser muito ruins em diferenciar informações verdadeiras de falsas no mundo virtual, ainda assim parecemos nos envolver com os dois tipos de informações de maneira diferente. Como se vê, somos substancialmente mais propensos a compartilhar, retuitar, curtir e, assim, perpetuar informações falsas do que informações verdadeiras. Como resultado, as informações falsas se espalham muito mais e mais rápido nas plataformas de mídia social. Em um estudo sobre boatos espalhados no Twitter entre 2006 e 2017, os pesquisadores do MIT Soroush Vosoughi, Deb Roy e Sinan Aral descobriram que certos tipos de informações falsas se espalham regularmente para entre mil e cem mil pessoas, enquanto informações verdadeiras raramente chegam a mil. Quando esses pesquisadores rastrearam a rapidez com que os dois tipos de informação se espalharam para 1,5 mil pessoas, descobriram que as informações falsas se espalhavam seis vezes mais rápido que as verdadeiras.⁴⁶

O que há nas notícias falsas que as faz se espalharem como fogo, especialmente se as pessoas não conseguem nem mesmo dizer a diferença entre informações verdadeiras e falsas, para começar?

Quando esses mesmos pesquisadores analisaram os atributos das informações falsas que pareciam contribuir para sua disseminação, descobriram que eram mais novas e emocionalmente excitantes, provocando mais surpresa, medo e repulsa do que as informações verdadeiras. Em outras palavras, a característica que pode levar um leitor mais cético a questionar a veracidade de alguma informação – seu fator surpresa ou choque – é a mesma que torna tão irresistível compartilhá-la.

Considerando que existem diferenças observáveis entre informações falsas e verdadeiras, parece que as pessoas deveriam ser capazes de usá-las como pistas para julgar a veracidade de determinada informação. De fato, pesquisas mostram que, quando reservam um tempo para desacelerar e considerar essas informações analiticamente, as pessoas são capazes de reconhecer informações falsas pelo que são.[47] Porém, dada a quantidade de informações a que somos expostos em apenas alguns minutos nas mídias sociais, é impossível alguém verificar tudo com cuidado.

Em vez disso, nos vemos retuitando, compartilhando e gostando de informações que achamos particularmente surpreendentes, chocantes e emocionalmente excitantes. E, sem que saibamos, a informação que achamos irresistível compartilhar é aquela que tem maior probabilidade de ser falsa. Isso torna todos nós responsáveis pela disseminação de desinformação em algum grau. Mas, você pode estar se perguntando, quão responsável eu poderia ser? Quem está realmente prestando atenção na minha atividade nas redes sociais? Como se vê, há mais pessoas do que você pensa.

Vimos no Capítulo 1 que tendemos a subestimar o número de pessoas que prestam atenção em nós quando estamos no metrô ou almoçando, como se estivéssemos andando com uma capa da invisibilidade. Bem, acontece que existe um "público invisível" que também não conhecemos em nossas redes sociais. Em um estudo, pesquisadores de Stanford se uniram a pesquisadores do Facebook para ver como eram as percepções dos usuários dessa rede social sobre o tamanho de suas audiências virtuais em comparação com a realidade. Esses pesquisadores, liderados pelo professor de ciência da computação Michael Bernstein, entrevistaram 589 usuários ativos do Facebook e perguntaram quantas pessoas eles achavam que haviam visto sua postagem mais recente. Eles então usaram uma amostra de 222 mil usuários dessa rede para quantificar o número de pessoas que realmente teriam visto determinada postagem. O que eles descobriram foi que os usuários do Facebook subestimaram substancialmente o número de pessoas que viram suas postagens, estimando seu público geral em apenas 27% do tamanho real.[48] Enquanto os usuários baseiam suas suposições sobre o tamanho do público em suas contagens de amigos e no número de curtidas e comentários que suas postagens recebem, oferecendo teorias como: "Achei que cerca de metade das pessoas que veem iria curtir ou comentar" ou "suponho que o número de pessoas que me veem é o mesmo das pessoas que aparecem no meu feed de notícias", esses sinais não são de fato muito indicativos do número real de pessoas que veem suas postagens. Em última análise, os participantes pensaram que seu post mais recente havia alcançado cerca de vinte amigos; na verdade, porém, o "público invisível" de amigos que teriam visto a postagem, mas se engajaram com ela, era de 78 – mais de três vezes maior.

O que tudo isso significa é que, quando postamos, compartilhamos ou repostamos informações nas mídias sociais, o público que vê essas informações é muito maior do que pensamos. Assim, se essa informação é falsa, muito mais pessoas do que imaginamos podem ser enganadas.

A maioria de nós realmente não quer propagar informações erradas. No entanto, podemos fazê-lo involuntariamente por causa da pressão para dizer algo – qualquer coisa – sem levar em conta se é realmente verdade, e porque tendemos a compartilhar coisas que lemos que nos chocam e nos causam repugnância, em vez de coisas que são mais factíveis, embora menos empolgantes.

Aqui eu quero reiterar a lição do Capítulo 3: se você tem uma opinião forte sobre algum assunto, deve divulgá-la sem se preocupar em redigi-la perfeitamente. Ainda é verdade que as pessoas são menos propensas a julgá-lo e mais propensas a acreditar em você do que você pensa. No entanto, essa mesma dinâmica interpessoal, que pode ser tão tranquilizadora e fortalecedora, também pode levar à proliferação de informações falsas se não formos cuidadosos. Então, vou adicionar uma ressalva: se você não tem nada a dizer, não há problema em ficar em silêncio. Você não precisa ter uma opinião sobre tudo, e falar merda pode ter um impacto não intencional.

O lado sombrio de subestimar nossa influência

Este livro fala sobre subestimar nossa influência – para melhor ou para pior. Os exemplos que examinamos neste capítulo representam claramente a parte "para pior". Assim como vimos anteriormente que não percebemos quão difícil é para os outros dizer "não" aos nossos pedidos de ajuda, vimos aqui que podemos não perceber quão difícil é para os outros dizer "não" para outros tipos de pedidos que às vezes fazemos – aqueles que podem ser quase insensíveis, impróprios e até antiéticos. E, assim como vimos anteriormente que subestimamos o número de pessoas que vão ouvir e acreditar em nossos argumentos mais inflamados, agora sabemos que também subestimamos o número de pessoas que vão ouvir e acreditar na merda que a gente fala.

Embora existam, sem dúvida, alguns maus atores, como Harvey Weinstein, muitos de nós simplesmente não compreendemos nosso próprio poder sobre os outros. Por causa disso, podemos colocar outras pessoas em situações desconfortáveis sem nos darmos conta. Podemos apresentar uma ideia eticamente questionável para os outros considerarem (mesmo de brincadeira), pressionar um amigo a deixar um compromisso de lado para sair para beber ou decidir que devemos "simplesmente ir em frente" e convidar um colega de trabalho para sair, mesmo que ele não tenha nos dado nenhuma razão para pensar que está interessado. Fazemos essas coisas porque assumimos que os outros se sentirão à vontade para desconsiderar, contestar ou dizer "não" a qualquer coisa que dissermos que os deixe desconfortáveis. Só que, a esta altura do livro, sabemos que isso não é verdade.

Tudo isso sugere que nossa tendência a subestimar nossa influência sobre os outros tem um lado sombrio. Se acharmos que ninguém está ouvindo, provavelmente lançaremos ideias ruins, faremos pedidos inapropriados e soltaremos desinformação para o mundo, assumindo (incorretamente) que as pessoas vão rejeitar nossas ideias ruins, descartar nossas propostas inadequadas e chamar nossa atenção por causa das informações erradas que propagamos. Ao colocar sobre os outros o fardo de nos dizer que se sentem desconfortáveis ou que não concordam conosco, nos esquivamos de nossa própria responsabilidade pelas coisas que dizemos e pelas situações em que nos encontramos. Isso tem amplas implicações para muitos de nossos males modernos. Para combater a desinformação, o assédio sexual, a discriminação racial, a má conduta organizacional e muito mais, cada um de nós deve reconhecer nosso próprio papel em perpetuar ou tolerar essas coisas e assumir a responsabilidade pela influência que exercemos.

6

O poder e a influência percebida

Quando era aluna da Brown University, eu tinha um emprego de férias um tanto estranho, trabalhando como aprendiz de pesquisa em um laboratório do sono. A principal pesquisadora responsável pelo laboratório, Mary Carskadon, estudava os ritmos circadianos – os relógios biológicos internos das pessoas. Em particular, ela estava estudando como nossos relógios biológicos mudam à medida que envelhecemos.

Como você verá, os métodos que Carskadon usou para estudar essa questão podem parecer bastante estranhos – até mesmo masoquistas. No entanto, essa pesquisa tem feito muito bem. A pesquisa de Carskadon, por exemplo, sugere que a razão pela qual é tão difícil fazer seu filho adolescente ir para a cama em uma hora decente e tirá-lo da cama a tempo de ir para a escola pela manhã é que há uma mudança biológica real em nossos relógios internos, que acontece durante a puberdade, fazendo os adolescentes demorarem mais para se sentirem cansados. E essa mudança biológica caminha em oposição direta à maneira como a rotina dos adolescentes é tipicamente estruturada – por exemplo, com aulas iniciando às 7h30. As descobertas de Carskadon levaram algumas escolas a considerar mudanças nos seus horários, o que pode ser extremamente benéfico para a saúde e o aprendizado dos jovens.[1]

O problema de estudar os ritmos circadianos é que existem várias pistas externas, como a luz do sol e as refeições, que têm impacto nos relógios biológicos internos das pessoas. O simples fato de olhar para o relógio e perceber que é uma da manhã pode fazer você se sentir cansado de repente. Isso significa que, se você realmente deseja estudar os relógios biológicos *internos* das pessoas, deve remover todos esses fatores *externos*. Foi aqui que meu emprego de férias ficou estranho.

Todos os estudos que ajudei a realizar aconteceram no porão do laboratório do sono de Carskadon. Lá, todas as pistas externas que indicassem a uma pessoa que horas eram – ou mesmo que dia da semana era – tinham que ser removidas. Nós, aprendizes, não podíamos usar relógio. Ou, se tivéssemos um relógio, tínhamos que virar o mostrador para dentro para que nossos participantes não pudessem acidentalmente vislumbrar a hora. Não havia luz do sol. Na verdade, não havia muita luz de qualquer tipo. A iluminação do laboratório foi mantida abaixo de 20 lux (uma medida de brilho), o que o tornava escuro o suficiente para que, quando você entrasse, tivesse que parar e esperar alguns minutos até que seus olhos se ajustassem para poder enxergar.[2] E os participantes recebiam o mesmo tipo de pequena refeição a cada duas horas, então não podiam usar o fato de estarem, digamos, tomando café da manhã para avaliar a hora do dia.

A esta altura, você pode estar se perguntando: quem eram esses participantes que concordaram em viver nessas circunstâncias por algum tempo? Bem, porque Carskadon estava interessada na mudança biológica que acontece durante a puberdade, os participantes eram crianças. Especificamente, eles tinham entre 10 e 15 anos de idade – dessa forma, ela poderia comparar os relógios biológicos de crianças que ainda não haviam atingido a puberdade com o daquelas que já haviam alcançado.

Essas crianças estavam tecnicamente participando de um "Summer Sleep Camp", uma espécie de acampamento de verão de duas semanas no laboratório do porão. E, antes que você pense que aquele era o pior acampamento de que já ouviu falar, as crianças faziam coisas normais de acampamento. Elas faziam trabalhos manuais, assistiam a filmes, jogavam e liam livros. A diferença é que faziam todas essas coisas no escuro. Além disso, todas tinham eletrodos presos à cabeça, tinham suas temperaturas medidas, completavam os testes de tempo de reação e cuspiam em tubos a cada duas horas.

Enquanto me preparava para supervisionar esses jovens participantes da pesquisa – crianças na pré e na pós-puberdade, que ficariam presas em um porão escuro por duas semanas seguidas sob essas condições anormais –, eu me preparei para o caos e a rebelião. Pensei em como nós – eu e os outros aprendizes de pesquisa, todos estudantes da graduação – manteríamos o controle do laboratório. Essas crianças tinham que fazer todo tipo de coisa irritante repetidamente ao longo do dia para que pudéssemos coletar dados sobre coisas como sua produção de melatonina e nível de sonolência. Como poderíamos convencê-las a fazer essas coisas?

Eu me imaginei persuadindo e discutindo com elas para que fizessem seus testes, comessem sua comida e tirassem seu cochilo nos horários estabelecidos.

Porém, durante o treinamento para a pesquisa, Carskadon, junto com o psicólogo infantil encarregado de cuidar do bem-estar psicológico dessas crianças, mudou completamente minha perspectiva. O que eles nos disseram durante o treinamento foi o seguinte: essas crianças vão fazer o que você mandar. Elas não têm certeza do que se espera delas, estão preocupadas em levar bronca se fizerem algo errado e esperam que você diga a elas o que fazer. Se algo as deixar desconfortáveis – se você puxar o cabelo delas quando estiver colocando eletrodos na sua cabeça, se sentirem medo de algum procedimento ou sonda –, elas provavelmente não vão te dizer ou reclamar; elas vão simplesmente concordar.

Em outras palavras, Carskadon e sua equipe não estavam preocupados se conseguiríamos controlar aquelas crianças. Eles queriam que estivéssemos cientes do controle que já tínhamos. Precisávamos assumir a responsabilidade pelo poder e influência com que estávamos entrando nessa situação para garantir que não abusaríamos delas e que as crianças se sentiriam à vontade com todas aquelas coisas irritantes que iríamos pedir que fizessem – e com as quais elas inevitavelmente iriam concordar.

Assim que a ouvi, essa perspectiva imediatamente fez sentido – é claro que as crianças ficariam nervosas e inseguras e, portanto, fariam quase tudo o que pedíssemos a elas nesse contexto. Mas então por que eu não tinha percebido isso antes? Por que eu estava tão concentrada em como ganhar e manter a influência em vez de no que significava o fato de já estar entrando nessa situação com uma quantidade desproporcional de poder? Neste capítulo, vamos nos voltar para a questão de que estar em uma posição de poder afeta as percepções das pessoas sobre sua própria influência sobre os outros.

O poder é muitas vezes definido como a capacidade de influenciar os outros. Como tal, você pensaria que pessoas com poder – aqueles em posições de liderança ou que têm controle substancial sobre o que acontece com os outros – estariam cientes de sua influência sobre os demais. Mas, na verdade, o poder às vezes pode levar as pessoas a subestimar *ainda mais* o impacto de suas palavras e ações sobre os outros. Em outras palavras, as próprias pessoas com mais influência sobre as outras podem ser especialmente alheias a essa influência. E, como veremos, esse viés pode ser particularmente problemático quando pessoas em cargos de liderança, como coaches, supervisores e CEOs, estendem os limites do que é apropriado pedir a seus subordinados.

Strip basquete

Josh Sankes tinha 4,5 quilos e 58 centímetros quando nasceu, tão grande que sofreu privação de oxigênio ao nascer, o que o deixou com uma leve condição de paralisia cerebral.[3] Apesar da cirurgia e dos suportes nas pernas quando criança, além de tremores contínuos nas mãos, Sankes cresceu até a estatura de 2 metros e 16 centímetros, e 116 quilos, e emergiu como estrela do basquete em sua escola em um subúrbio de Buffalo, Nova York. Na categoria júnior, ele recebeu uma carta de recrutamento de Mike Krzyzewski, o famoso técnico de basquete da Duke. No ano seguinte, recebeu ofertas para jogar pelo Wake Forest, Penn State, Rutgers e outros times de basquete da primeira divisão.[4] Sankes escolheu a Rutgers. De acordo com John Feinstein, que escreveu sobre Sankes em seu livro *The Last Amateurs: Playing for Glory and Honor in Division I College Basketball* [Os últimos amadores: jogando pela glória e honra no basquete universitário da primeira divisão], "ele gostou do treinador Bob Wenzel e da ideia de jogar na Região Leste". E, por um período de tempo, isso pareceu uma boa decisão.

No entanto, dois dias após a temporada de calouro de Sankes na Rutgers, o técnico Wenzel foi demitido e substituído por Kevin Bannon. No início, Sankes estava animado com seu novo treinador. Ele sabia que Bannon gostava dele e achava que os dois eram uma boa combinação. Mas as coisas logo tomaram outro rumo.

Wenzel foi demitido porque o time não estava jogando bem, então Bannon chegou determinado a mudar as coisas. Ele implementou rotinas intensivas de condicionamento e treinamento com pesos e instruiu seus jogadores a começarem a tomar creatina, um suplemento para aumentar a força muscular. Pressionou seus jogadores com força, e eles fizeram o que ele pediu – até mesmo a ponto de passarem mal.[5]

Um dia depois que a equipe voltou das férias de inverno, Bannon decidiu tentar algo novo – e bem fora da norma – para trabalhar as habilidades de lance livre de seus jogadores. Ele decidiu realizar um concurso de "strip lance livre", em que os atletas tinham que tirar uma peça de roupa para cada lance livre que erravam. Sankes, cujos tremores nas mãos são exacerbados quando ele fica nervoso, teve dificuldades com os lances livres. De acordo com

Feinstein, "quando a competição acabou, Sankes e outro jogador, Earl Johnson, junto com dois gerentes, estavam correndo nus, enquanto o resto do time e os treinadores assistiam".[6]

Sankes "se sentiu degradado e humilhado",[7] chamando o incidente de "o pior momento da minha vida".[8] De acordo com o *The New York Times*, "mais tarde ele desenvolveu uma úlcera e ficou com medo da inevitável gozação que viria depois que o incidente de Rutgers foi tornado público".[9] Junto de seu companheiro de equipe Earl Johnson, Sankes deixou o Rutgers como resultado desse incidente. Ambos foram jogar por outras equipes da primeira divisão e ambos acabaram liderando seus respectivos times para o torneio da NCAA.[10] Depois de deixar o Rutgers, os dois jogadores processaram Bannon, junto com seu assistente técnico na época, por assédio sexual.[11]

As declarações feitas pelas duas partes opostas ao longo dessa batalha legal pública amplamente coberta revelam a dinâmica do poder em jogo – e especialmente como alguém no poder pode ser completamente alheio ao seu impacto sobre os outros.

Bannon defendeu a sessão de treinos de striptease, dizendo que "tinha a intenção de proporcionar um pouco de leveza e diversão" e afirmando que "absolutamente ninguém foi forçado a tirar a roupa ou a correr".[12] No entanto, ao insistir que o jogo havia sido inteiramente voluntário, Bannon revelou o quanto estava alheio à extraordinária influência que exercia sobre seus jogadores. Ali estava Bannon, um treinador de basquete da primeira divisão, distribuindo instruções em uma sessão oficial de treinos do Rutgers para um grupo de jogadores que sonharam a vida toda em jogar basquete na primeira divisão. Esses atletas já haviam demonstrado até onde iriam para seguir suas diretrizes – a ponto de Sankes ter sido hospitalizado por quatro dias após os exercícios extremos ordenados por Bannon.[13]

Quando lhe disseram que Bannon havia considerado "opcional" o exercício do tipo "strip poker", Sankes respondeu: "Opcional? Como ele pode dizer que era opcional? Quem faria algo assim se fosse opcional? Seu treinador diz para você fazer alguma coisa, não há nada opcional nisso".[14]

Parece muito claro que os jogadores sentiram que não tinham escolha. Então, como é que Bannon pode ter falhado tão miseravelmente em perceber isso?

A escolha é sua

Estar em uma posição de poder pode impactar as pessoas de várias maneiras diferentes. Mas há duas coisas particularmente notáveis que o poder faz que podem tornar aqueles que estão em vantagem especialmente alheios à sua influência sobre os demais. Primeiro, quando temos poder, fazemos menos esforço para aceitar as perspectivas de outras pessoas. Isso parece ruim, mas é principalmente prático. Entrar na cabeça de outra pessoa não é tão importante se você não precisar tanto dela – e pessoas com poder não são tão dependentes de pessoas sem poder quanto o contrário.[15]

Em um estudo que desde então se tornou um clássico moderno a demonstrar esse efeito do poder, o psicólogo social Adam Galinsky e colegas designaram aleatoriamente participantes para lembrar e escrever sobre um incidente pessoal no qual eles exercerem poder sobre outra pessoa (o "alto poder") ou um incidente em que alguém tinha poder sobre eles (a condição de "baixo poder").[16] Depois de relembrar um incidente pessoal de uma perspectiva de alto ou baixo poder, todos os participantes foram solicitados a fazer as mesmas duas tarefas, sob o pretexto de que eram "tarefas de coordenação". Primeiro, os participantes foram solicitados a estalar os dedos cinco vezes o mais rápido possível. Em seguida, foram solicitados a pegar um marcador e desenhar um E em sua própria testa. O que interessava aos pesquisadores era como os participantes desenhavam seus Es. Eles desenharam um E voltado para fora, que outras pessoas pudessem ler? Ou desenharam um E voltado para dentro, que ninguém além deles poderia ler?

O que eles descobriram foi que as pessoas com experiências de *alto* poder desenhavam quase três vezes mais Es voltados para dentro, que só elas podiam ler, do que as pessoas com experiências de *baixo* poder. Em outras palavras, relembrar uma época em que estavam em uma posição de poder tornou as pessoas menos propensas a considerar espontaneamente as perspectivas de outras pessoas – ou seja, como o E apareceria para outra pessoa.

Embora esse estudo tenha sido pequeno, o que o torna menos conclusivo e mais ilustrativo, a relação entre poder e tomada de perspectiva também foi mostrada em vários outros trabalhos.[17] Juntos, esses achados sugerem que, quando estamos em posições de poder, deixamos de considerar como os outros provavelmente verão e ouvirão as coisas que fazemos e dizemos. Isso é importante porque os momentos em que estamos em tais posições – os momentos em que é *menos* provável que consideremos como os outros provavelmente interpretarão nossos comportamentos – são aqueles em que as coisas que fazemos e dizemos impactam *mais* as outras pessoas.

Mas também é importante notar que isso nem sempre é o caso. A pesquisa mostra claramente que se sentir poderoso às vezes leva as pessoas a ignorar as perspectivas dos outros. Mas às vezes não leva. Pesquisadores que tentaram entender por que esses efeitos surgem em alguns estudos, mas não em outros, apontaram para um possível fator moderador que pode ativar e desativar o efeito. O que eles concluíram é que, para pessoas que já estão predispostas a pensar nos outros – seja por fatores individuais, como ser mais sociável ou disposto a viver em comunidade, ou por fatores situacionais, como ser explicitamente informado sobre a importância de considerar as perspectivas dos outros para uma liderança eficaz –, o poder pode, em vez disso, torná-las mais sintonizadas com as perspectivas dos outros.[18] Isso ocorre porque as pessoas inclinadas a ver seu poder através das lentes da pró-socialidade são mais propensas a prestar atenção à responsabilidade que vem com o poder, e não apenas às oportunidades que o poder oferece.[19] Por enquanto vamos nos concentrar nas maneiras como o poder pode nos tornar menos conscientes das perspectivas dos outros, mas retornaremos ao efeito de pensar sobre o poder como responsabilidade no final deste capítulo.

Em muitos casos, a primeira coisa que o poder faz é levar as pessoas a ignorar as perspectivas dos outros. A segunda coisa que ele faz é reduzir o que os psicólogos chamam de "pressão da situação", as forças ambientais e sociais que moldam muitas das coisas que fazemos. Isso significa que as pessoas com poder se sentem mais livres para fazer o que *elas* querem, em vez do que a situação exige ou do que os outros querem que elas façam. Elas se sentem mais livres para serem "dissidentes", rejeitando prontamente as opiniões do grupo e as normas sociais, e estão menos preocupadas com o que os demais acham.

Galinsky e outro conjunto de colegas testaram isso usando a mesma manipulação de poder descrita acima. Em um estudo, depois de relembrar uma época em que tinham poder sobre outra pessoa ou alguém tinha poder sobre eles, os participantes receberam uma tarefa de criatividade na qual foram solicitados a imaginar que estavam visitando um planeta muito diferente da Terra e que lá tinham descoberto uma criatura. Os participantes então foram convidados a desenhar uma imagem dessa criatura e receberam como exemplo um desenho que supostamente havia sido feito por outro participante. Na imagem fornecida aos participantes, a criatura tinha asas. O que os pesquisadores estavam interessados em ver era quantos participantes também desenhariam criaturas com asas, indicando que eles haviam sido influenciados pelo desenho desse suposto participante anterior.[20]

Descobriu-se que, quando os participantes pensaram em um momento em que estavam em um papel de baixo poder, 37% copiaram os recursos que haviam visto no desenho do participante anterior e desenharam asas em seu alienígena. No entanto apenas 11% dos participantes que pensaram em um momento em que estiveram em um papel de alto poder desenharam asas em seus alienígenas. Em outras palavras, os participantes que se sentiram mais poderosos foram menos influenciados pelas ideias de outra pessoa.

Em outro estudo, os pesquisadores replicaram esses mesmos efeitos, mas com uma medida diferente. Nele, os participantes que se lembravam de estar em um papel de alto poder que foram solicitados a realizar uma tarefa longa e chata eram mais propensos a admitir que a tarefa era longa e chata – apesar de saber que outros participantes essencialmente mentiram para os pesquisadores e disseram que haviam gostado – do que aqueles que se lembravam de estar em um papel de baixo poder. Novamente, os participantes que se sentiam mais poderosos eram menos propensos a se conformar com as opiniões dos outros sobre a tarefa.

Ao todo, isso significa que as pessoas em posições de poder não se sentem tão obrigadas quanto o resto de nós a se curvar aos tipos de pressões e preocupações sociais que discutimos neste livro. Por exemplo, veja o medo do constrangimento que manteve os participantes do estudo de intervenção de Darley e Latané grudados em seus assentos enquanto a sala de espera do experimento se enchia de fumaça. As pessoas em posições de poder são menos propensas a se estressar com a possibilidade de se envergonharem ao agir em uma situação incerta. Elas simplesmente agem. Em outro estudo bem conhecido, os participantes que foram estimulados com poder eram mais propensos a agir para mover um ventilador irritante que foi configurado para soprar nelas com bastante proximidade durante o experimento.[21] Não ficou claro por que o ventilador estava lá, ou se elas tinham permissão para movê-lo. Mas os participantes que estavam se sentindo mais poderosos no momento não se importaram tanto. Eles não perguntaram ou se preocuparam se seriam julgados ou se teriam problemas. Eles simplesmente mudaram.

Assim, as pessoas em posições de poder parecem se sentir mais livres para fazer o que querem fazer. Mas isso não é tudo.

Como se vê, uma consequência importante de sentir que você é livre para fazer o que quer é que você assume que *outras* pessoas também são livres para fazer o que querem, como descobriram os pesquisadores Yidan Yin, Krishna Savani e Pamela Smith. Isso leva as pessoas em posições de poder a ver as ações dos outros como mais livremente determinadas e abre a porta para culpar os outros por coisas que podem de fato estar além de seu controle.

Em um estudo, os participantes foram solicitados a ler uma série de cenários em que, por exemplo, seu amigo estava 45 minutos atrasado para encontrá-los para jantar por causa do trânsito, ou um colega recebeu sua parte de um projeto em grupo atrasado devido a uma emergência. Os participantes que leram tais cenários depois de se lembrarem de um momento em que estiveram em um papel de alto poder eram mais propensos a culpar a outra pessoa pelo atraso – apesar do fato de a outra pessoa ter fornecido uma explicação externa clara indicando que o atraso estava além de seu controle.[22]

Juntos, esses dois aspectos do poder – uma redução na tomada de perspectiva e um aumento na tendência a ver os outros como tendo a liberdade de fazer o que quiserem – podem ter o efeito contraintuitivo de tornar as pessoas em posições de poder especialmente propensas a subestimar sua influência sobre os demais.

Imagine que você está em uma posição de poder e faz o que pensa ser uma sugestão leve ou improvisada a um subordinado, esperando que ele recue caso discorde. No entanto, como vimos no caso do treinador Bannon, mesmo uma sugestão improvisada de alguém no poder pode parecer um comando para quem está em uma posição de baixo poder. Ou, como colocado por Adam Galinsky, um dos pesquisadores envolvidos nos estudos anteriores, o sussurro de uma pessoa poderosa soa mais como um grito.[23] Seu subordinado provavelmente pensará que sua sugestão não foi *realmente* uma sugestão. No entanto, é provável que você esteja alheio a isso; você não está gastando tempo obcecado sobre como seu subordinado interpretou sua sugestão. Além disso, de acordo com sua visão de mundo, as pessoas podem aceitar ou ignorar sugestões de outras pessoas como acharem melhor. É isso que *você* faz, afinal. Em última análise, então, você pode não perceber com que força sua sugestão "suave" realmente foi percebida.

Uma das minhas citações favoritas sobre como as pessoas em posições de poder veem sua própria influência sobre os outros é do filme *O Diabo veste Prada*. Miranda Priestly, a editora-chefe da revista fictícia *Runway*, inspirada em Anna Wintour, encoraja sua assistente Andy a passar a perna em uma colega, substituindo-a em uma viagem a Paris. Ela diz: "Se você não for, presumo que não esteja levando a sério seu futuro na *Runway* ou em qualquer outra publicação. A decisão é sua".[24] O que eu amo nessa citação é a última parte: *a decisão é sua*. Claramente a decisão não é de Andy. Sua chefe acabou de dizer que ela não terá uma carreira se decidir o contrário. Mas há essa deliciosa pretensão de que Andy de alguma forma tem a capacidade de recusar.

Voltando ao caso do treinador Bannon, pode realmente ter parecido para ele que qualquer um que se sentisse desconfortável com o jogo que ele havia organizado durante sua agora infame sessão de treinos poderia simplesmente ter se recusado a jogar. Pode ter parecido assim para ele porque ele não considerou de que maneira uma sugestão sem compromisso de sua parte provavelmente chegou aos jogadores – no caso, como uma ordem do treinador que eles deveriam acatar.

Quando estamos em uma posição de poder sobre outra pessoa, tendemos a não perceber quão pouca escolha essa pessoa tem de discordar de nós ou de ir contra nossas sugestões. Como Miranda Priestly ou Kevin Bannon, nós nos vemos fazendo propostas que são opcionais, mesmo que não pareça assim para o outro. Tudo isso significa que as pessoas em posições de poder devem pensar duas vezes sobre as coisas que pedem aos demais. Como veremos a seguir, isso também significa que as pessoas em posições de poder devem pensar duas vezes antes de dormir com alguém sobre quem têm poder.

McLovin' (ou por que os chefes não devem dormir com seus subordinados)

Em 27 de outubro de 2019, Katie Hill, uma congressista democrata da Califórnia que havia destituído um candidato republicano menos de um ano antes, renunciou à sua cobiçada cadeira no Congresso, para desgosto de seus apoiadores, devido a um "relacionamento consensual com um funcionário".[25] Duas semanas depois, Steve Easterbrook, CEO do McDonald's, foi demitido por seu conselho, levando a companhia a perder quatro bilhões de dólares em valor de ações,[26] por causa de um "relacionamento consensual com uma subordinada".*[27]

---

*   Mais tarde viria a ser revelado que Easterbrook mantinha ligações românticas com várias funcionárias do McDonald's.

Esses dois incidentes, ocorrendo em um período de tempo tão curto, levaram muitas pessoas – de várias gerações e afiliações políticas – a questionar se tais medidas extremas eram justificadas. Afinal, o que havia de errado com esses relacionamentos? Dois adultos com consentimento mútuo não deveriam ter permissão para tomar decisões por si mesmos sobre suas próprias vidas sexuais privadas?

Na verdade, a ideia de que os chefes não devem ter permissão para namorar seus subordinados e uma implementação de políticas nesse sentido são relativamente novas. Por muito tempo as pessoas argumentaram contra a proibição de relacionamentos entre chefes e subordinados, alegando que dois adultos com boas intenções deveriam ser confiáveis para administrar a dinâmica de poder em seu próprio relacionamento. Quaisquer políticas que limitassem a liberdade das pessoas de fazer o que quisessem em suas próprias vidas privadas eram consideradas exageradamente paternalistas.[28] Esse raciocínio se estendeu também às salas de aula do ensino superior. Minha instituição acadêmica só passou a proibir relações "consensuais" entre professores e alunos a partir de 2018.[29]

Mas, recentemente, as pessoas começaram a considerar seriamente como a dinâmica do poder pode colorir os relacionamentos românticos de adultos "com consentimento mútuo" tanto no local de trabalho quanto na sala de aula. O problema de chamar tais relacionamentos de "consensuais", e a razão pela qual eu insisto em colocar aspas nessa palavra nesses contextos, é que nenhum relacionamento pode ser verdadeiramente consensual se uma parte tem muito mais a perder do que a outra ao rejeitar o interesse romântico inicial de alguém, causando problemas ao longo do relacionamento ou colocando um ponto-final nele.

Hope, autor de *Lab Girl*, que, como observado anteriormente, escreveu sobre essas dinâmicas no contexto das experiências de mulheres nos campos STEM, fala sobre a dificuldade particular de rejeitar os avanços românticos de alguém quando essa pessoa continua a ter controle sobre seus resultados profissionais. Descrevendo a reação de uma típica estudante de pós-graduação em um laboratório STEM a um avanço indesejado de seu superior, Jahren escreve: "Ela está preocupada: precisa vê-lo amanhã. Sua tese não está pronta e ela ainda precisa da assinatura dele. E se ele disser não? Ela está com medo: se ela o rejeitar, ele ficará com raiva?".[30]

Como vimos, o sussurro de uma pessoa poderosa pode soar mais como um grito para a pessoa sobre quem ela tem poder. Como resultado, o que pode ser visto por alguém em um papel de alto poder como uma confissão romântica inocente – "Não consigo parar de pensar em você..." – ou como um pedido – "Posso levá-la para jantar...?" – pode soar muito diferente aos ouvidos de seu alvo de baixo poder que está preocupado com o que ofender essa pessoa pode fazer com suas perspectivas de carreira ou outras aspirações. Há um implícito "... ou então" embutido em cada sugestão e convite.

Uma consequência do que não é declarado, o "... ou então", é que as pessoas podem concordar com encontros sexuais ou até mesmo entrar em relacionamentos em que prefeririam não entrar. Vimos isso em vários casos notórios durante o movimento Me Too nos últimos anos. Brooke Nevils, cujas acusações de estupro contra Matt Lauer foram detalhadas no livro *Operação abafa: predadores sexuais e a indústria do silêncio*, de Ronan Farrow, disse que continuou a dormir com Lauer porque estava com medo do controle que ele exerce sobre sua carreira.[31] Asia Argento, atriz e diretora italiana, disse que se sentiu "obrigada" a aceitar os avanços sexuais de Harvey Weinstein porque temia que ele arruinasse sua carreira.[32]

No entanto, embora esses sejam os tipos de casos que vêm mais facilmente à mente quando pensamos em abusos de poder nesse domínio, também são os tipos de situações que são mais fáceis de rejeitar como sendo fundamentalmente diferentes de nossa própria experiência. Rejeitamos esse tipo de preocupação em nossos próprios relacionamentos porque – somos rápidos em notar – as pessoas com quem saímos se relacionaram conosco com entusiasmo. Pode até ter sido elas que iniciaram o relacionamento.

Mas essa maneira de pensar sugere que o início de um relacionamento é o único ponto em que a coerção pode ocorrer. Dinâmicas de poder semelhantes ocorrem ao longo de todo o curso de um relacionamento – simplesmente estamos menos sintonizados com elas, principalmente quando somos a parte mais poderosa.

Na realidade, mesmo quando duas partes entram em um relacionamento com igual entusiasmo, um desequilíbrio de poder muda a dinâmica das negociações comuns que ocorrem tanto em relacionamentos íntimos quanto nos profissionais – especialmente quando as linhas entre os dois são difusas. Algumas descrições de "jogo aberto" feitas por subordinados sobre como era dormir com seu chefe incluem detalhes sobre novos pedidos sendo adicionados às suas listas de tarefas no trabalho – pedidos como fazer chá ou pegar a roupa na lavanderia – que antes estavam fora do escopo da descrição do trabalho e beirando a inadequação, mas agora eles se sentiam menos à vontade para recusar.[33]

Também pode criar uma situação em que ambas as partes não se sintam igualmente livres para terminar o relacionamento se assim o desejarem, ou em que uma das partes sofre consequências muito desproporcionais quando o relacionamento acaba ou se torna público. Monica Lewinsky, que participou de um dos relacionamentos de desequilíbrio mais famosos de todos os tempos quando era uma estagiária de 22 anos da Casa Branca envolvida com o presidente dos Estados Unidos, disse que os sentimentos eram "recíprocos" quando ela começou o caso.[34] No entanto, quando se tornou público, foi ela quem sofreu o impacto das consequências. Enquanto Bill Clinton conseguiu se manter na presidência e nunca mais teve problemas durante sua carreira, Lewinsky, que se formou na London School of Economics, ainda teve dificuldades para encontrar um emprego nos anos que se seguiram como consequência de sua notoriedade.

Lewinsky ofereceu uma demonstração esclarecedora da dinâmica de poder em jogo nas consequências desse relacionamento durante uma entrevista em 2019 ao *Last Week Tonight,* de John Oliver. Respondendo à pergunta sobre o motivo de não ter simplesmente mudado de nome, ela observou, apropriadamente: "Ninguém nunca perguntou a ele [Bill Clinton] se ele achava que deveria mudar de nome?".[35]

Embora a maioria dos romances de escritório não se torne matéria de tabloides, o arco da história de Lewinsky é familiar. O peso das consequências de um relacionamento exposto ou fracassado com o chefe tem sido tradicionalmente suportado pelo indivíduo de menor poder – a pessoa com menos experiência de trabalho, menos conexões e meios, cujas perspectivas podem ser ainda mais complicadas porque suas realizações profissionais podem ser desvalorizadas por alguns como sendo atribuíveis a ter "dormido com o chefe".

Essa é uma das principais razões pelas quais muitas organizações implementaram recentemente os tipos de políticas punitivas que levaram à demissão de Steve Easterbrook e motivaram Katie Hill a renunciar: garantir consequências sérias para o indivíduo de alto poder ajuda a equilibrar a balança. Na ausência de tais medidas, embora às vezes mesmo a despeito delas, dinâmicas de poder desequilibradas têm o potencial de resultar em coerção sexual e abusos de poder e, especialmente, deixar o parceiro de menor poder em pior situação.

Mas e se todos os envolvidos estiverem realmente agindo de boa-fé – como tenho certeza que a maioria de nós acreditaria ser o caso em nossos próprios relacionamentos? Um chefe inteligente e bem-intencionado que desenvolvesse sentimentos por – ou começasse um relacionamento com – um subordinado não reconheceria se ele ou ela tivesse ultrapassado os limites?

Infelizmente, como já vimos, as pessoas em posições de poder não costumam perceber quando estão abusando desse poder. Elas assumem que os outros simplesmente dirão "não" a coisas que não querem fazer e podem deixar de reconhecer a natureza coercitiva de seu poder em seus próprios relacionamentos.[36] Isso pode encorajá-las a flertar com alvos inadequados e a ultrapassar limites que provavelmente não deveriam em seus relacionamentos pessoais e profissionais – acreditando o tempo todo que o outro concordou com tudo voluntariamente. Se um treinador de basquete pode realmente acreditar que seus jogadores se despiram por vontade própria e por diversão na frente dos companheiros de equipe, você pode imaginar as coisas que um chefe pode acreditar que um funcionário com quem estava dormindo fazia voluntariamente.

O poder também exacerba a incapacidade dos pretendentes não correspondidos de reconhecer a posição incômoda em que colocaram seus alvos. Lembre-se do estudo do capítulo anterior, em que metade dos participantes que pensaram em uma ocasião em que rejeitaram romanticamente um colega de trabalho disse que posteriormente evitou essa pessoa, enquanto apenas 7% dos participantes que se lembraram de uma ocasião em que foram rejeitados por um colega de trabalho pensara que a pessoa os evitou depois. É difícil imaginar essas duas perspectivas se distanciando, mas a distância fica ainda maior quando olhamos para os participantes que se lembraram de relacionamentos em que havia um desequilíbrio de poder. Sessenta e sete por cento dos participantes que se lembraram de uma vez em que rejeitaram os avanços românticos de um colega sênior relataram evitar essa pessoa após o fato, mas nenhum participante que se lembrou de uma vez em que foi rejeitado por um colega júnior lembrou de essa pessoa posteriormente evitá-los.

Para complicar ainda mais as coisas, as pessoas em posições de poder podem ser mais propensas a acreditar que seus avanços indesejados são na verdade desejados. Pesquisas sugerem que as pessoas – especialmente os homens – às vezes podem interpretar mal a amizade como interesse romântico. Em um estudo clássico,[37] participantes observaram uma conversa amigável entre um ator e uma atriz através de um espelho unidirecional. Depois de observar essa interação, tanto os atores quanto os observadores indicaram até que ponto cada um dos atores se sentia sexualmente atraído e queria namorar seu parceiro de conversa. Tanto os atores masculinos quanto os observadores masculinos classificaram os atores como mais sexualmente atraídos e interessados em namorar um com o outro do que as atrizes e observadoras. Em outras palavras, os homens nesse estudo eram mais propensos a inferir interesse romântico dessa conversa amigável do que as mulheres. Essa tendência pode ser particularmente problemática para homens em posições de poder, pois eles podem estar inclinados a interpretar erroneamente a deferência e amizade com que pessoas em posições de baixo poder tendem a cumprimentar pessoas em posições de alto poder como interesse romântico, levando-os a assumir erroneamente que uma subordinada está tão interessada neles quanto eles estão nela.[38]

As relações entre chefes e seus subordinados muitas vezes parecem consensuais – até mesmo para as partes envolvidas. No entanto, como vimos, as pessoas em posições de poder não necessariamente perceberiam se um relacionamento – ou um aspecto desse relacionamento – não fosse consensual. Isso, em última análise, deixa a cargo do subordinado reconhecer e destacar os abusos de poder se e quando ocorrerem. No entanto, como vimos no Capítulo 4, apesar de alguém imaginar que se sentiria encorajado a fazê-lo, tendemos a superestimar o quanto nos sentiríamos à vontade para falar sobre esses abusos.

Em um artigo que Monica Lewinsky escreveu para a *Vanity Fair* muitos anos depois do escândalo, ela declarou: "Agora, aos 44 anos, estou começando (*apenas começando*) a considerar as implicações das diferenças de poder que eram tão vastas entre um presidente e uma estagiária da Casa Branca. Estou começando a ter a noção de que, em tal circunstância, a ideia de consentimento pode muito bem se tornar discutível".[39] Considerando tudo isso, essa dinâmica não é um bom presságio para a ideia de duas pessoas administrando o desequilíbrio de poder em seu relacionamento por si mesmas, o que faz dos relacionamentos "consensuais" entre chefes e funcionários uma zona cinzenta, na melhor das hipóteses.

Poder sistêmico

No feriado do Memorial Day [última segunda-feira de maio] de 2020, nos Estados Unidos, dois incidentes agora infames foram capturados em vídeo: um envolveu uma mulher branca, Amy Cooper, que implicou com um observador de pássaros negro, Christian Cooper (sem parentesco), que solicitara que ela prendesse seu cachorro em uma área do Central Park de Nova York onde as guias são obrigatórias. O vídeo a captura ligando para a polícia e fazendo um relato falso de que um "homem afro-americano" (um ponto que ela enfatiza repetidamente) estaria ameaçando sua vida.[40] O segundo incidente envolveu o assassinato de um homem negro, George Floyd, pelas mãos de um policial branco, Derek Chauvin, depois que Floyd foi preso por supostamente pagar cigarros com uma nota falsa de vinte dólares. O horrível vídeo mostra Chauvin ajoelhado no pescoço de Floyd por quase nove minutos, enquanto os colegas policiais de Chauvin observam e Floyd diz que não consegue respirar.[41]

A triste verdade é que nenhum desses eventos foi único. No entanto, a resposta esmagadora do público a eles parecia diferente da resposta a tantos incidentes que vieram antes. Talvez tenha sido algum elemento visceral dos próprios vídeos, como a forma como a "voz de Amy Cooper subiu para o tom de filme de terror durante a acusação falsa"[42] ou a maneira devastadora como Floyd chamou pela mãe deitado de bruços e indefeso. Talvez tenha sido o fato de os vídeos terem vindo à tona com tanta proximidade, o que tornou impossível ignorar a conexão entre as indignidades regulares que os negros americanos sofrem e a violência a que são desproporcionalmente submetidos.[43] Ou talvez o fato de as pessoas estarem em grande parte em quarentena em casa durante uma pandemia global significasse que não tínhamos como desviar o olhar. Seja qual for o motivo, esses eventos pareciam desencadear um acerto de contas racial nos Estados Unidos e no exterior. Em apenas algumas semanas, centenas de milhões de dólares foram doados para organizações de justiça racial e fundos de fiança,[44] as vendas em comércios de propriedade de negros aumentaram,[45] livros sobre raça e privilégio branco dominaram as listas de best-sellers,[46] e os protestos duraram semanas a fio nos Estados Unidos e internacionalmente.[47]

Esse acerto de contas continuou nas mídias sociais, enquanto os negros americanos compartilhavam em massa a variedade de indignidades e injustiças a que eram submetidos ao perseguirem suas aspirações de carreira, ou simplesmente como parte de um dia de trabalho típico. No que a jornalista Soledad O'Brien chamou de "nosso próprio movimento #MeToo",[48] jornalistas negros compartilharam histórias nas quais foram chamados de pouco objetivos por levantar preocupações sobre a cobertura de notícias a respeito de comunidades negras e por terem tachado perfis de celebridades negras de *offbrand*.*⁴⁹ Escritores compartilharam seus avanços em livros sob a hashtag #PublishingPaidMe [#PublicarMePagou], iniciada pelo autor L. L. McKinney,⁵⁰ que expôs grandes disparidades nas quantias pagas a autores negros e brancos.⁵¹ Em meu próprio campo, a hashtag #BlackInTheIvory [#NegrosNoMarfim], iniciada pelo professor de comunicação Shardé Davis e pela doutoranda Joy Melody Woods,⁵² renovou as conversas sobre o racismo que ocorre no suposto asilo liberal da academia, com cargas de trabalho injustas suportadas por professores negros que são convidados a participar de um número desproporcional de comitês universitários, e falando também dos modos pelos quais a pesquisa dedicada a corrigir as disparidades sociais é desvalorizada como menos importante do que a "pesquisa básica".⁵³

Depois surgiram as indignidades que apareciam repetidas vezes em todos esses campos: ser confundido com o zelador quando você veste terno e gravata, seguranças interrogando você por estar no escritório depois do expediente, comentários aparentemente intermináveis sobre seu cabelo, conselhos para suavizar o tom. Embora qualquer um desses casos possa ser descartado como um erro honesto, uma tentativa de elogio que deu errado ou um conselho mal formulado, mas bem-intencionado, percorrer milhares de incidentes desse tipo deixou claro como é desmoralizante enfrentar essa enxurrada de comentários possivelmente bem-intencionados,

---

* Optamos por manter a expressão *offbrand* no original por ser recorrente na internet. Ela quer dizer que algo ou alguém não está sendo coerente com a sua marca, com o grupo ao qual pertence ou valores que defende. [N.E.]

mas, em última análise, prejudiciais, dia após dia. Não apenas isso, mas também como é exaustivo ter que sorrir graciosamente e manter toda a mágoa e raiva dentro de si por medo de perder o emprego, de perder oportunidades futuras ou de confirmar estereótipos negativos.

Para muitos americanos brancos, ver todos esses incidentes expostos e saber que havia muitos outros incidentes não ditos sob a superfície foi revelador. Embora esse fato fale da eficácia do movimento, também levanta uma questão crítica: *por que* isso foi tão revelador para tantos americanos brancos? Dado o grande escopo dessas histórias, como alguém poderia de fato estar alheio ao que estava acontecendo? Se você não tinha consciência, isso significa que você era parte do problema? Inevitavelmente, muitos americanos brancos em algum momento se perguntaram: alguém tem algo para contar sobre mim? Eu saberia se alguém tivesse?

No início deste capítulo, eu disse que, simplesmente por praticidade, as pessoas em posições de poder fazem menos esforço para enxergar as perspectivas de outras pessoas. Lembre-se de que a ideia básica é que, se eu não depender de você para ter acesso a recursos valiosos, realmente não preciso me esforçar para descobrir o que você está pensando e sentindo, suas preferências e irritações. Quando mencionei isso anteriormente, você pode ter imaginado os tipos de dinâmica de poder que examinamos até agora – o poder relacional que existe entre dois indivíduos, como o caso de um chefe e um subordinado, ou o de um treinador perante um jogador. Porém, existem outras formas de poder, uma das quais é o poder sistêmico. E um dos exemplos mais arraigados de poder sistêmico na sociedade americana é o racismo sistêmico.

O racismo sistêmico refere-se às disparidades raciais que estão embutidas em nossas estruturas e instituições. Desde que o conceito de raça foi inventado, há várias centenas de anos, como um meio de justificar a escravidão e, ao fazê-lo, estabelecer uma hierarquia social com os brancos no topo, as estruturas e instituições da sociedade ocidental, e particularmente da americana, têm, em grande parte, servido para manter essa hierarquia.[54,55] Os efeitos duradouros do racismo sistêmico podem ser vistos hoje nos resultados díspares entre comunidades negras e brancas em vários indicadores, desde a diferença salarial e as diferenças nas taxas de emprego[56] às disparidades nos resultados de saúde,[57] passando por taxas desproporcionais de encarceramento[58] e pelo uso da força policial,[59] até chegar a sistemas educacionais persistentemente segregados.[60]

A hierarquia racial significa várias coisas para os brancos. Primeiro, significa que os brancos são frequentemente os guardiões de recursos valiosos, ocupando cargos de liderança e administrativos encarregados de decidir o destino de candidatos negros a vagas em universidades,[61] empregos[62] e tudo mais (por exemplo, prêmios, bolsas de estudo, promoções). Em segundo lugar, significa que ser branco é ser a norma, o padrão, a não raça. Como Gregory Smithsimon, sociólogo do Brooklyn College e da City University of New York, escreveu em um ensaio na revista digital *Aeon*: "A categoria racial mais poderosa é invisível: a branquitude. O benefício de estar no poder é que os brancos podem imaginar que são a norma e que apenas *outras* pessoas têm raça".*[63] É por isso que alguns estudiosos negros, como a historiadora

---

*   No inglês, etnias, raças e nacionalidades aparecem com letra maiúscula pelas regras de gramática. Assim, a população negra é referida como Black, tratamento que não era conferido aos brancos. [N.E.]

Nell Painter, autora de *The History of White People* [A história dos brancos], afirmaram que o uso de letra inicial maiúscula na palavra "branco" é um meio de racializar as pessoas brancas* e, assim, rejeitar o "conforto dessa invisibilidade racial".[64] Em terceiro lugar, significa que as pessoas brancas têm o privilégio de evitar esse tópico incômodo ao professar não ver a raça – um privilégio que as pessoas negras não têm. Como Jennifer Eberhardt, psicóloga de Stanford, escreveu em seu livro *Biased: Uncovering the Hidden Prejudice That Shapes What We See, Think, and Do* [Tendencioso: descobrindo o preconceito oculto que molda o que vemos, pensamos e fazemos], "a mensagem do daltonismo** é tão valorizada na sociedade americana que até mesmo nossos filhos captam a ideia de que perceber a cor da pele é grosseiro".[65] No entanto, na realidade, praticar o "daltonismo" não é apenas irreal como reforça o domínio da maioria ao minimizar a realidade das persistentes disparidades raciais.[66]

Tudo isso significa que, enquanto os negros "embranquecem" seus currículos,[67] se envolvem em "alternância de códigos linguísticos" no trabalho para parecer e soar mais "profissionais" (ou seja, brancos)[68] e geralmente aprendem a "navegar no ambiente dos brancos como condição para manter a sua existência",[69] os brancos podem fingir que raça não existe e "evitar o ambiente dos negros"[70]

---

* Apesar disso, muitos guias de escrita ainda preferem usar letra inicial minúscula para escrever a palavra "branco". A preferência é motivada em parte por preocupações sobre legitimar inadvertidamente grupos supremacistas brancos que tradicionalmente iniciam essa palavra com letra maiúscula.

** É chamado de "daltonismo" o comportamento de não enxergar a cor preta, como consequência do racismo institucional. [N.E.]

sem consequências. Isso dá aos brancos pouco incentivo para buscar informações sobre as experiências cotidianas dos negros ou para desafiar proativamente suas próprias ideias estereotipadas.[71]

Para responder à pergunta feita anteriormente, é por isso que foi tão esclarecedor para muitos profissionais brancos ler sobre as experiências de seus colegas negros nas mídias sociais e em outros lugares. Os brancos têm o luxo de evitar ver as coisas em termos raciais. No entanto, como Shannon Sullivan, professor de filosofia da Universidade da Carolina do Norte e autor de *Good White People* [Pessoas brancas de bem], aponta no podcast *Seeing White* [Vendo branco] da Scene on Radio, "Se você não consegue ver raça, então como diabos você vai ver o racismo?".[72] Isso significa que, para os brancos, uma simples pergunta sobre o penteado de alguém pode ser vista apenas como isso; eles podem não ver nenhum racismo inerente embutido em tal questão. No entanto, para alguém que ouve essas perguntas o tempo todo, torna-se mais um lembrete de que você é diferente, que não pertence a este espaço. É o racismo estrutural em ação – um indicador de que nosso mundo é tão racialmente segregado que o cabelo de um compatriota americano pode parecer muito "exótico". Para muitos brancos, foi preciso ver milhares de incidentes estranhamente semelhantes descritos em um único lugar para começar a reconhecer o padrão, em vez de ver esses incidentes como "erros" ou "mal-entendidos" individuais.

De acordo com a tese deste livro, esses mesmos fatores podem levar as pessoas brancas a ignorar as maneiras pelas quais nossas *próprias* palavras e ações (falando da perspectiva de uma mulher branca) impactam nossos amigos e colegas negros e, em última análise, servem para perpetuar as disparidades raciais. Em um ensaio intitulado "Reflections from a Token Black Friend" [Reflexões de um amigo negro simbólico] que se tornou viral após o assassinato de George Floyd, Ramesh Nagarajah, graduado da Academia Naval dos EUA, escreveu: "Muitas das pessoas brancas que conheço não têm noção do papel que desempenharam, passiva ou ativamente, na perpetuação dessas condições". Fazendo referência a "exemplos que a maioria das pessoas brancas reconhecerá", como ser apelidado de "o garoto negro mais branco que conheço", ou ser criticado por alternar o código linguístico, ou usar gírias em torno de seus amigos negros, ele escreve, "eles provavelmente nunca souberam quão prejudiciais foram suas palavras".[73]

Chana Joffe-Walt, produtora do podcast *Nice White Parents* [Pais brancos bacanas], faz uma observação semelhante sobre o esquecimento dos brancos quanto ao impacto de suas ações sobre as pessoas negras em um contexto diferente: a educação pública. Ao encerrar o primeiro episódio desse podcast, ela evoca uma imagem muito parecida com a do Mr. Magoo: "Acontece de novo e de novo – pais brancos, exercendo seu poder sem nem perceber. Como um cara vagando por uma loja lotada com uma mochila enorme, derrubando coisas toda vez que se vira".[74]

Tudo isso significa que, se voltarmos a mais duas perguntas feitas anteriormente – "Alguém tem algo para contar sobre mim? Eu saberia se alguém tivesse?" –, as respostas para a maioria dos brancos são "provavelmente sim" e "possivelmente não". Como Naomi Tweyo Nkinsi, estudante do curso de Medicina e do mestrado em Saúde Pública da Faculdade de Medicina da Universidade de Washington, tuitou em um tópico específico sobre a academia, mas que poderia ser facilmente aplicado a qualquer profissão: "Para pessoas brancas/não Bipoc [sigla para "black, indigenous; people of colour" – negros, indígenas e pessoas de cor] na academia perguntando se você já contribuiu para as coisas que estão sendo discutidas em #BlackInTheIvory, deixe-me garantir que a resposta é sim. Provavelmente foi simplesmente uma situação tão inconsequente para você que você nem se lembra disso... Entenda que o que foi um pequeno passo em falso para você pode ter sido outra ferida dolorosa para alguém que já enfrentou uma vida inteira de erros dos outros. Ouvi comentários passivos feitos para/sobre mim que ainda ecoam na minha cabeça".[75]

Em última análise, comentários descuidados e racialmente insensíveis – às vezes chamados de microagressões[76] – são mais uma manifestação de pessoas em posições de poder que são particularmente alheias à influência de suas palavras e ações sobre os outros. Nesse caso, não é necessariamente o poder que vem de ser o chefe ou treinador de alguém, mas o poder que vem de ser o beneficiário de uma hierarquia social arraigada. Por mais bem-intencionados que sejam, os "erros honestos" dos brancos nessa posição se somam, desgastando os negros e causando quantidades desproporcionais de estresse e ansiedade no trabalho[77] e na escola.[78] As consequências desse estresse constante já foram observadas no nível celular em um fenômeno conhecido como "intemperismo", pelo qual as células dos negros americanos mostraram sinais de envelhecimento prematuro.[79] E, se você tem feito esforços para aumentar a diversidade seu local de trabalho, esse tipo de erro pode contribuir para uma cultura organizacional não inclusiva, indo contra seus próprios esforços e empurrando suas contratações "diversas" de volta para a rua.[80]

No geral, esse fenômeno oferece mais uma razão pela qual é tão importante esclarecer a falta de consciência que as pessoas em todos os tipos de posições de poder têm sobre como nossas palavras e ações afetam os outros. As maneiras pelas quais os brancos podem fazer isso são ganhando perspectiva ao prestar atenção às vozes negras nas mídias sociais; lendo memórias de pessoas negras, livros de história e literatura; e, como diz o refrão urgente, ouvindo os negros. Embora pudéssemos simplesmente tentar com mais frequência adotar as perspectivas de pessoas que se identificam com diferentes categorias raciais e outras que não a nossa, tentar fazê-lo às vezes pode servir para reforçar estereótipos, pois baseamos nossas noções sobre o que outra pessoa deve estar pensando ou sentindo nas nossas próprias ideias preconcebidas.[81] Em contraste, *obter* perspectiva ao ser exposto às histórias de outras pessoas em suas próprias palavras pode nos ajudar a entender como nossas próprias palavras e ações são interpretadas no contexto mais amplo das experiências de vida de outra pessoa.[82] No próximo capítulo, vamos voltar a esse ponto sobre o fato de que obter perspectiva em vez de tomar é uma estratégia mais eficaz para neutralizar nossa falta de consciência sobre a influência que exercemos sobre os outros.

Poder como responsabilidade

Já deve estar claro que o poder pode exacerbar nossa tendência a subestimar nossa influência sobre os outros. É particularmente difícil dizer "não" a alguém que tem poder sobre você, mas ter poder faz com que dizer "não" pareça fácil. Isso pode, em última análise, tornar as pessoas em posições de poder alheias às linhas que podem cruzar involuntariamente.

No entanto, como mencionei anteriormente, esse efeito de poder não é inevitável. De fato, provavelmente todos nós podemos pensar em líderes que evitaram essa tendência. Pessoas em posições de poder que pareciam muito conscientes do impacto de suas palavras, ações e decisões sobre outras pessoas. Alguns líderes, cientes de como os subordinados podem se sentir compelidos a se conformar com suas opiniões, fazem um esforço consciente para falar por último, como o presidente Obama teria feito.[83] Outros cultivam uma cultura de ajuda na qual os executivos seniores não precisam ser convidados a participar e oferecer assistência em um projeto, como a cultura criada por David Kelley na Ideo.[84] Outros ainda têm o discernimento de olhar ao redor e reconhecer o impacto de sua mera presença, mesmo quando não gostam do que veem. Por exemplo, Alexis Ohanian, cofundador do site de notícias sociais *Reddit*, decidiu deixar o conselho da empresa por reconhecer que, como um homem branco ocupando aquele lugar, sua presença era mais uma barreira ao aumento da diversidade na companhia.[85] Tudo isso pode ser resumido por uma fala que o presidente eleito John F. Kennedy escolheu para representar suas recém-descobertas "responsabilidades para com o Estado" em um discurso após sua eleição: "Para aqueles a quem muito é dado, muito é exigido".[86]

Por que o poder leva algumas pessoas a se tornarem menos conscientes de sua influência sobre outras, enquanto outras parecem se tornar mais conscientes – às vezes até se sentindo sobrecarregadas pelo peso de sua influência? A diferença parece estar na forma como as pessoas interpretam seu poder sobre os outros. Elas pensam no fato de que estão no controle do que acontece com outras pessoas ou no fato de que são *responsáveis* pelo que acontece com outras pessoas?

Todo poder vem com oportunidades e responsabilidades. Um gestor de fundos que controla os investimentos de um cliente tem a oportunidade de enriquecer e a responsabilidade de garantir a aposentadoria de seu cliente. O CEO de uma empresa tem a oportunidade de apresentar sua própria visão para a empresa e a responsabilidade com funcionários e acionistas para garantir que essa direção seja bem-sucedida.

No entanto, embora o poder venha inerentemente com esses dois atributos, a maioria das pessoas, particularmente nas culturas ocidentais, tende a estar mais sintonizada com as oportunidades oferecidas pelo poder do que com as responsabilidades que o acompanham.[87] Queremos ser o líder da equipe por causa das oportunidades de carreira que isso vai nos oferecer, mas temos menos consideração com a responsabilidade que vamos assumir pelo desempenho da equipe se recebermos esse papel.

A pesquisa até descobriu que quando as pessoas são lembradas da responsabilidade que vem com o poder, a perspectiva de ter poder se torna muito menos atraente. Em um estudo liderado pela psicóloga Annika Scholl, os participantes que foram nomeados capitães da equipe e depois lembrados de sua responsabilidade final de determinar como um bônus seria distribuído entre os membros do time experimentaram uma reação de estresse cardiovascular.[88] Em outro estudo, do psicólogo Kai Sassenberg e colegas, os participantes que foram levados a pensar sobre as responsabilidades associadas ao poder relataram estar menos interessados em ingressar em um grupo de alto poder.[89]

No entanto, independentemente de quão atípico e estressante seja para muitos de nós nos concentrarmos nas responsabilidades que vêm com o poder, há pessoas em posições de poder que interpretam seu poder principalmente em termos de responsabilidade. Essas são as pessoas mais propensas a reconhecer a influência que exercem com seu poder – e a estar cientes de como usam essa influência.

Isso ocorre porque as pessoas que encaram o poder como uma responsabilidade tendem a se concentrar mais nos outros do que em si mesmas. Se estou pensando na responsabilidade que tenho com as pessoas que dependem de mim, estou focando o que pode acontecer a elas, seus possíveis pensamentos e sentimentos – não apenas os meus. Isso significa que, quando tenho um impulso ou tomo uma decisão, é provável que pense cuidadosamente sobre de que forma seguir esse impulso ou tomar essa decisão afetará os outros. É provável que eu pense na posição embaraçosa em que colocaria minha funcionária ao convidá-la para sair, ou em como seria difícil para um dos meus jogadores me dizer que eu o forcei demais durante um exercício.

Como resultado, a pesquisa constata que as pessoas que pensam em seu poder em termos de responsabilidade atribuem cargas de trabalho mais justas[90] e mostram maior sensibilidade interpessoal.[91] Elas também podem ser menos arrogantes em ultrapassar limites e em fazer os tipos de pedidos inapropriados que vimos anteriormente neste capítulo.

Josh Sankes, o jogador de basquete que conhecemos no início deste capítulo, teve a sorte de terminar sua carreira atlética jogando com um treinador que claramente pensava em seu papel dessa maneira. Após o incidente na Rutgers, Sankes foi transferido para Holy Cross, onde Ralph Willard era o técnico principal de basquete. Treinador altamente respeitado, Willard comparou o seu sucesso como técnico a estar "sintonizado com os sentimentos das pessoas".[92]

Em vez de descartar o incidente da Rutgers como simples diversão e brincadeira, Willard reconheceu seu impacto devastador em Sankes e "o coração e a coragem" necessários para que Sankes seguisse em frente. Depois de um primeiro ano difícil, durante o qual Sankes questionou se ainda queria continuar jogando, Willard acabou por ajudá-lo a reconstruir sua confiança e, como resultado, Sankes acabou levando o Holy Cross ao torneio da NCAA. De acordo com Willard, "A coisa mais importante foi fazê-lo confiar em mim e deixá-lo saber que eu me importava com ele como pessoa".[93]

Líderes como Willard são um lembrete de que não é inevitável que o poder torne uma pessoa alheia à sua influência sobre os outros. Existem maneiras de ter poder *e* ainda pensar nos outros. Mas, para fazer isso, você precisa se reorientar para a parte do poder com a qual as pessoas normalmente não estão sintonizadas: a responsabilidade que vem com ele, que coloca em foco o impacto que você tem sobre os outros.

As pessoas em posições de poder têm uma quantidade desproporcional de influência sobre os demais. Ao mesmo tempo, a experiência psicológica de ter poder pode tornar ainda mais difícil reconhecer essa influência. Em última análise, o que isso significa é que as pessoas em posições de poder precisam trabalhar ainda mais para se conscientizar e assumir a responsabilidade sobre a maneira como suas palavras e ações afetam os outros. Como elas podem fazer isso? Melhor ainda, como todos nós podemos fazer isso? É a isso que nos voltaremos no último capítulo.

7

Ver, sentir e experimentar sua influência sobre os outros

Enquanto escrevo este livro, estou sob ordens de ficar em casa no estado de Nova York com meus dois filhos pequenos e meu marido como resultado da crise causada pela covid-19. Encontro tempo para escrever enquanto meu filho de 2 anos cochila e o de 6 fica com o iPad por tempo demais. Certamente estamos entre os afortunados: conseguimos trabalhar remotamente, mantivemos nossos empregos e até agora conseguimos nos manter saudáveis. Outros tiveram muito menos sorte, e perderam empregos e entes queridos, adoeceram foram forçados a se abrigar em situações em que não se sentem seguros e precisaram confiar nos outros de maneiras que nunca imaginaram.

Mesmo nos estágios iniciais desta crise, já vi muitos exemplos de pessoas subestimando sua influência sobre os outros. Alguns desses exemplos me enervaram, enquanto outros me emocionaram, mas todos me levaram à mesma conclusão: nunca em minha vida nossa incapacidade de ver como nossos comportamentos e ações impactam os outros foi tão importante em tantos aspectos diferentes. E nunca iluminar nossa influência real pareceu tão urgente.

Do lado enervante, mesmo após advertências terríveis sobre a necessidade de distanciamento social, continuaram a surgir relatos de pessoas saindo e se reunindo em grupos por motivos frívolos. Havia universitários lotando as praias da Flórida,[1] filas do lado de fora dos pubs em Chicago no Dia de São Patrício,[2] e membros da elite de Manhattan postando no Instagram fotos de si mesmos desrespeitando as proibições de viagens não essenciais.[3] Embora seja fácil classificar essas ações como puro egoísmo, penso nelas como manifestações de tudo o que falamos neste livro. Como escrevi em um artigo para o jornal *The Hill*, egoísmo é se preocupar apenas com o que acontece consigo e desconsiderar os outros. Uma pessoa egoísta pensa: "Só me preocupo com minha própria saúde e estou em um grupo de baixo risco. Não vou respeitar o distanciamento social para proteger a saúde dos outros porque não me importo com eles".[4] Não é assim que a maioria das pessoas pensa. A maioria se preocupa com os demais – mais do que costumamos dar crédito a elas.[5] Uma explicação melhor é que muitos dos que fazem coisas assim simplesmente ignoram o impacto de suas ações sobre os outros. Eles não querem machucar os outros – eu não acho que eles estavam realmente priorizando tomar uma cerveja verde no Dia de São Patrício em detrimento da vida de outra pessoa; só não estavam sintonizados com as consequências que suas ações podem ter para outra pessoa. A enxurrada de desculpas aparentemente sinceras e mea culpas que se seguiram a cada um desses casos parece fundamentar essa explicação.[6,7]

Por outro lado, também houve exemplos reconfortantes de pessoas que subestimaram sua influência de maneira significativa e encantadora. Uma mulher, Rebecca Mehra, postou nas mídias sociais sobre sua experiência de ser perguntada por um casal de idosos no estacionamento de um supermercado se ela poderia fazer a compra para eles porque estavam com medo demais de pegar o vírus para entrar. Quando ela escreveu no Twitter sobre essa experiência, que "simplesmente parecia uma coisa óbvia de se fazer no momento", a resposta à sua história foi incrível. Muitos disseram que a história os levara a procurar maneiras de ajudar indivíduos em risco em suas próprias comunidades. Como disse Mehra: "Parece que inspirou milhares de pessoas, esperançosamente, a cuidar de seus vizinhos, avós e pais".[8]

Muitos ficaram surpresos com a disposição dos outros em concordar não apenas com pedidos de itens essenciais, como comida e máscaras, mas também com pedidos de coisas que podem simplesmente trazer alguma alegria necessária, como fazer parte de uma comemoração durante a quarentena. Uma mãe da Carolina do Norte postou uma mensagem em um fórum da Jeep pedindo a alguns vizinhos que passassem na frente de sua casa no aniversário de seu filho de 8 anos, obcecado por esse carro. Seu post dizia: "Se um único Jeep passasse por aqui, esta mãe agradeceria mais do que vocês poderiam imaginar!". Mais de cem jipes acabaram desfilando pela frente da casa.[9]

Minha colega Gillian Sandstrom, psicóloga da Universidade de Essex, vivenciou uma experiência semelhante quando teve uma ideia de como queria passar seu aniversário na quarentena. Depois de assistir a um show ao vivo pela internet, ela pensou que seria incrível convidar sua cantora de jazz favorita, Sara Dowling, para fazer uma apresentação remota particular em seu aniversário. Ela não sabia se era plausível, ou se a cantora teria algum interesse. Como Gillian me disse: "Eu não tinha ideia se ela faria isso. Estava muito nervosa quando enviei o e-mail. Nem contei ao meu marido até Sara responder". Mas Gillian acabou fazendo o pedido e ficou muito feliz quando sua cantora favorita concordou em atendê-lo. Não só se tornou um presente de aniversário memorável para ela, mas, quando ela convidou seus amigos, acabou sendo uma maneira de arrecadar alguns fundos para a cantora, cuja agenda de shows normalmente lotada de repente ficou vazia.

Considerando tudo o que falamos até agora, nenhum desses exemplos deveria ser tão surpreendente. Já vimos que subestimamos o número de pessoas que veem as coisas que publicamos nas mídias sociais, a probabilidade de elas concordarem com as coisas que pedimos e quantas pessoas copiam as coisas que nos veem fazer. A pandemia pode ter destacado a urgência desses erros de cálculo, mas eles estiveram lá o tempo todo.

A questão que permanece quando chegamos ao final deste livro é o que fazer a respeito. Qual é a melhor maneira de iluminar nossa própria influência sobre os outros, que muitas vezes nos parece invisível? Como você pode se sentir mais confiante em pedir não apenas as coisas de que precisa, mas também coisas que podem facilitar sua vida ou lhe trazer alguma alegria? Ao mesmo tempo, como você pode se tornar mais sintonizado com as maneiras como pode impactar involuntariamente as pessoas, tornando-as desconfortáveis ou dificultando suas vidas?

Os psicólogos passaram décadas tentando encontrar maneiras eficazes de tornar as pessoas mais conscientes de preconceitos como esse. Eu gostaria de poder dizer que depois que você se conscientiza de um viés, ele desaparece, e assim, lendo este livro, o problema está resolvido. Infelizmente, não parece tão simples.[10] Estar atento é certamente um começo. Mas, para realmente compreender nossa influência sobre os outros, devemos ir um pouco mais longe.

Neste capítulo final, vou oferecer algumas estratégias baseadas em pesquisa para ajudar você a se tornar mais consciente de sua influência sobre os outros. Meu objetivo é ajudá-lo a ganhar maior consciência de sua influência para que você possa exercer essa influência inexplorada quando for útil tanto para você quanto para os outros, e recuar quando não for. Para ajudá-lo a fazer isso, organizei este capítulo em torno de três objetivos principais e vou revisar as estratégias para alcançar cada um deles. Esses três objetivos são para todos nós melhorarmos em *ver, sentir* e *experimentar* nossa influência sobre os outros:

1. Começar a *ver* o impacto de nossas ações sobre os outros. Para fazer isso, precisamos sair de nossas próprias mentes. Quando olhamos o mundo através de nossos próprios olhos, não vemos a nós mesmos nem o papel que desempenhamos na criação das situações em que estamos. Vamos explorar algumas estratégias para sair de nossas próprias mentes para que possamos ver o papel que desempenhamos na formação do mundo e das pessoas ao nosso redor.
2. S*entir* verdadeiramente o impacto de nossas ações. Quando estamos fora de nossas próprias mentes, podemos ser capazes de

ver as coisas que fazemos que impactam os outros, mas isso não significa que dimensionamos totalmente seu impacto. Para fazer isso, precisamos entrar na mente das outras pessoas. Devemos melhorar em prever e entender como os outros podem se sentir como resultado das coisas que fazemos e dizemos.

3. *Experimentar* nossa influência. Esse objetivo vem de observar a dramática transformação que os participantes de meus estudos tiveram depois de serem instruídos a sair e pedir coisas às pessoas e perceber que é muito mais fácil do que eles esperavam, e também ouvir os relatos de outras pessoas sobre terem tido transformações semelhantes. No entanto, como vamos constatar, compreender com exatidão sua própria influência por meio da experiência direta acaba não sendo tão simples quanto pode parecer inicialmente.

Na verdade, é importante esclarecer que nenhuma dessas estratégias é uma bala mágica. Ao revisar a pesquisa, vamos perceber que essas sugestões não funcionam para todos o tempo todo. Haverá advertências significativas ao longo do caminho. Às vezes essas estratégias podem não dar em nada. Ao mesmo tempo, também vamos ver que algumas das estratégias mais simples e fáceis de implementar, como um exercício de escrita de sete minutos, ou simplesmente perguntar a outra pessoa o que ela está pensando, podem ter alguns dos maiores efeitos. Em última análise, isso torna muito mais promissora a perspectiva de obter insights sobre sua própria influência.

Ver sua influência nos outros: sair da própria cabeça

Reserve um momento para refletir sobre uma discussão particularmente acalorada que você teve com um amigo ou ente querido. Tente realmente se colocar de volta naquela situação e lembre-se de todos os pequenos detalhes que puder – onde você estava, o que foi dito, a maneira como você disse.

Ao recriar esse cenário, é provável que você tenha viajado mentalmente no tempo de volta à cabeça de seu eu passado, olhando através de seus próprios olhos. Pesquisadores que estudaram o ponto de vista que tendemos a adotar ao resgatar nossas lembranças pessoais descobriram que, quando nos lembramos de interações interpessoais como essas, é mais provável que as lembremos da perspectiva da primeira pessoa. Os participantes solicitados a se lembrar de uma conversa recente, um momento em que sentiram raiva ou um incidente embaraçoso tiveram duas vezes mais chances de se lembrar de cada um desses tipos de eventos da perspectiva da primeira pessoa do que de qualquer outra (por exemplo, da perspectiva de um espectador, ou, ainda menos provável, da perspectiva da outra parte).[11]

Faz sentido que recordemos esses tipos de eventos principalmente dessa maneira. Afinal, essa é a perspectiva através da qual vivenciamos a grande maioria dos eventos em nossas vidas. É raro, embora não inédito, vivenciar um evento "fora do próprio corpo".* No entanto, se você quiser se tornar mais consciente do

---

*   Na verdade, é mais provável que nos lembremos de eventos como fazer uma apresentação ou performance pública – circunstâncias em que já

impacto que exerce sobre os outros, há um problema fundamental em ver, lembrar e interpretar o mundo apenas por essa perspectiva da primeira pessoa: quando olhamos para o mundo de dentro de nossas mentes, o que não vemos somos nós mesmos.

O que isso significa é que, quando nos lembramos daquela discussão que tivemos com um amigo e nos encontramos de volta à nossa própria mente naquele momento acalorado, podemos facilmente visualizar e recriar todas as coisas irritantes que nosso amigo fez. No entanto, desse mesmo ponto de vista, é muito mais difícil visualizar e recriar todas as coisas irritantes que *nós* fizemos – às quais nosso amigo provavelmente estava reagindo. Isso significa que nossa maneira padrão de ver o mundo pode nos deixar alheios ao nosso próprio papel na provocação do comportamento dos outros. Como resultado, podemos atribuir uma explosão durante uma discussão ao mau humor da outra pessoa, e não a algo irritante que nós mesmos dissemos. Ou podemos atribuir o aceno entusiástico de uma pessoa a um discurso exaltado ao qual nos lançamos à sua própria concordância com o que estamos dizendo, e não à inevitável estranheza que se seguiria se ela discordasse de nós naquele momento.

Um estudo clássico dos psicólogos Daniel Gilbert e Ned Jones revela o quanto somos ruins em reconhecer o papel que desempenhamos na provocação do comportamento dos outros.[12] Em seu estudo, os participantes (chamados de "indutores") foram informados de que fariam a outro participante (chamado

---

estamos altamente conscientes de sermos observados por outros – de uma perspectiva de terceiros.

de "respondente") uma série de perguntas que poderiam ser respondidas de maneira politicamente liberal ou politicamente conservadora (por exemplo, "O aborto deveria ser legal ou ilegal?"). Fundamentalmente, todos os participantes foram informados de que o respondente não responderia a nenhuma dessas perguntas com suas próprias opiniões. Em vez disso, o respondente diria o que o indutor dissesse, o que havia sido predeterminado pelo experimentador.

Os indutores receberam uma folha de papel com duas respostas para cada pergunta – uma resposta liberal e uma resposta conservadora – e foram informados de que o respondente tinha uma cópia da mesma folha. Eles então fariam uma pergunta e apertariam um botão que indicava ao respondente qual das duas respostas eles deveriam ler no papel. O que os pesquisadores estavam interessados em ver é se os indutores, apesar de saberem que haviam orientado especificamente os respondentes a responder a essas perguntas de uma maneira particular, ainda consideravam as respostas dos respondentes como indicadores de suas verdadeiras crenças políticas. Para testar isso, metade dos participantes instruiu seus respondentes a darem respostas predominantemente liberais e a outra metade instruiu seus respondentes a darem respostas predominantemente conservadoras. Em seguida, eles perguntaram aos indutores quais eles achavam que eram as reais atitudes políticas do respondente.* O que eles descobriram é que os participantes que instruíram os respondentes a responder de

---

* Sem o conhecimento dos indutores, não houve respondentes reais. Em vez disso, uma resposta pré-gravada era reproduzida por trás da parede de uma cabine no laboratório onde o respondente fictício deveria estar.

maneira mais liberal posteriormente acreditaram que esses respondentes realmente tinham visões mais politicamente liberais, enquanto aqueles que instruíram os respondentes a responder de maneira mais conservadora, por sua vez, pensaram que esses respondentes eram realmente mais conservadores. Apesar de terem controle total sobre as respostas da outra pessoa, eles ainda atribuíam essas respostas a algo sobre a outra pessoa.

Quando vemos o mundo de dentro de nossas próprias mentes, vemos apenas o que as pessoas ao nosso redor estão fazendo – não o que estamos fazendo que pode estar fazendo com que elas se comportem de uma maneira específica. Os participantes desse estudo aceitaram as respostas que ouviram ao pé da letra, e não levaram em conta suficientemente as maneiras como eles mesmos haviam obtido essas respostas.

Uma questão de acompanhamento natural, então, é se visualizar essa cena de um ponto de vista diferente – por exemplo, como um observador externo – ajudaria um indutor a se tornar mais consciente de sua influência sobre a outra pessoa. Embora Gilbert e Jones não tenham encontrado suporte para isso em seu estudo, nas décadas seguintes surgiram várias descobertas que sugerem que pode haver algo nessa possibilidade. Pesquisas mais recentes sugerem que tentar visualizar uma interação de uma perspectiva de terceiros pode nos ajudar a sair de nossas próprias cabeças para que possamos ver o contexto mais amplo no qual um evento está se desenrolando. Isso, por sua vez, pode

---

Para os indutores, entretanto, outro participante do experimento estava lendo as respostas que eles próprios instruíam aquela pessoa a ler.

nos ajudar a reconhecer melhor o impacto de nossas ações sobre os outros.

A perspectiva de terceiros às vezes é descrita como "uma mosca na parede" ou a "visão do olho de Deus".* Tais descrições mostram que essa é uma perspectiva puramente visual. Você não está tomando a perspectiva de nenhuma pessoa em particular – na verdade, não precisa pensar em si mesmo como uma pessoa. É só uma maneira de representar visualmente uma cena para que você veja você e quem estiver interagindo com você.

Vários estudos mostraram que visualizar uma cena a partir dessa perspectiva de terceiros muda a maneira como damos significado aos eventos que imaginamos ou vivenciamos.[13] Quando pensamos em um evento da perspectiva da primeira pessoa, tendemos a prestar atenção aos detalhes concretos – as ações e sensações específicas que imaginamos ou lembramos que ocorreram naquele momento. No entanto, quando pensamos em um evento da perspectiva de terceiros, tendemos a prestar mais atenção ao significado abstrato do que estamos fazendo – o contexto mais amplo no qual nossas ações estão ocorrendo.

Por exemplo, se eu lhe pedisse para se imaginar votando no dia da eleição da perspectiva da primeira pessoa, você poderia pensar em coisas como dirigir até o local de votação, esperar na fila ou marcar o nome do seu candidato na cédula – ações específicas e concretas associadas ao voto. No entanto, se eu lhe pedisse

---

* As expressões se referem a técnicas de filmagem de cinema. "A fly on the wall": observação ultrarrealista, com mínima interferência do observador. "God's eye view": o observador sabe de coisas que os personagens da cena podem não saber.

para se imaginar votando no dia da eleição de uma perspectiva de terceira pessoa, talvez você pensasse mais em coisas que estariam influenciando uma eleição, em fazer sua opinião ser ouvida e em cumprir seu dever cívico.[14]

Em outras palavras, ao se imaginar a partir dessa perspectiva de terceiros, você estaria mais propenso a pensar em como seu comportamento se encaixa no contexto mais amplo e, portanto, como ele influencia as pessoas e os sistemas ao seu redor. E, como é mais provável que você reconheça o impacto que seu voto pode causar, e o valor de fazer esse esforço e esperar nessa fila, você pode, então, ter mais chances de exercer a influência que tem ao votar. De fato, em um estudo da psicóloga Lisa Libby e colegas, os participantes que se imaginavam votando de uma perspectiva de terceiros na noite anterior a uma eleição (a eleição presidencial dos EUA em 2004) estavam mais propensos a votar na eleição no dia seguinte do que aqueles que imaginavam eles mesmos votando a partir de uma perspectiva de primeira pessoa.[15]

Essa mesma lógica se aplica à perspectiva visual que adotamos quando interagimos com outras pessoas. Lembre-se da discussão acalorada que você teve com um amigo ou ente querido que você imaginou antes. Embora a maioria de nós opte por imaginar esses argumentos da perspectiva da primeira pessoa, acontece que treinar a nós mesmos para pensar sobre esse tipo de argumento a partir de uma perspectiva de terceiros traz grandes benefícios para nossos relacionamentos. Eli Finkel, psicólogo e autor de *The All-or-Nothing Marriage* [O casamento tudo ou nada], e seus colegas descobriram que uma intervenção na qual os casais eram instruídos a tentar o seu melhor para ter uma perspectiva neutra, de um terceiro,* durante as interações – particularmente discussões – com seus parceiros conseguiram manter maior satisfação conjugal ao longo do estudo de dois anos do que os casais que não foram instruídos a fazê-lo.[16]

Esses pesquisadores argumentaram que sua intervenção ajudou a romper a cadeia de negatividade que ocorre com tanta frequência durante discussões acaloradas. Adotar a perspectiva de um terceiro nos ajuda a ver o quadro maior em que uma crítica ou preocupação está sendo levantada, para que, em vez de simplesmente trocar farpas, possamos ouvir melhor as preocupações subjacentes de nosso parceiro. Podemos ver o argumento maior e mais sutil sendo construído por trás de uma declaração potencialmente nociva e considerar as consequências de como escolhemos responder. Em última análise, isso significa que somos menos propensos a simplesmente reagir ou atacar com raiva, e mais propensos a ouvir o que a outra pessoa está realmente dizendo e considerar como nossa resposta pode afetar a outra pessoa e nosso relacionamento.[17,18]

A intervenção que Finkel e seus colegas usaram foi incrivelmente simples. Foi uma série de instruções de escrita que levou sete minutos para os participantes concluírem. Eles completaram essa intervenção três vezes ao longo de um ano, totalizando apenas 21 minutos. E, no entanto, algo tão rápido e simples melhorou significativamente a qualidade dos casamentos das pessoas em um estudo randomizado.

---

*   Tecnicamente, os participantes foram instruídos a adotar a "perspectiva de uma parte neutra que deseja o melhor para todos os envolvidos". No entanto, como não havia outra condição de intervenção, a importância do trecho "o melhor para todos os envolvidos" dessa instrução não é clara.

Que outras coisas esse tipo de intervenção pode melhorar? Dedicar alguns minutos regularmente a refletir sobre nossas experiências cotidianas de uma perspectiva de terceiros pode nos ajudar a nos tornarmos mais conscientes de nossa influência sobre outras pessoas em geral? Seríamos mais precisos em estimar quantas pessoas nos notam ao longo de um dia se nos visualizássemos em nosso trajeto diário a partir de uma perspectiva de terceira pessoa? Será que determinaríamos com mais precisão quantas pessoas provavelmente concordariam com nossos pedidos de ajuda ou com pedidos menos inocentes? Pensaríamos com mais cuidado sobre como nossas ações (por exemplo, votar, reunir-se em grupos) se encaixam no contexto social mais amplo (por exemplo, problemas sociais sistêmicos, a disseminação de um vírus mortal)? Seríamos mais cuidadosos com o que publicamos nas redes sociais?

Passamos tempo demais em nossas próprias mentes olhando para fora. Como resultado, nosso modo padrão de atenção é nos concentrarmos na maneira como as outras pessoas nos impactam – todos aqueles outros maus motoristas na estrada, as pessoas irritantes falando alto na mesa ao seu lado, os germes deixados na porta de casa pelas mãos de outra pessoa. É mais difícil para nós reconhecermos quando nós mesmos fechamos alguém ao dirigir, quando nossa conversa barulhenta está incomodando as pessoas na mesa ao lado, ou que os germes podem estar se espalhando pelas nossas próprias mãos. A intervenção de Finkel e seus colegas oferece uma maneira promissora de enxergar que nossas ações estão conectadas às dos outros e o papel que nós mesmos desempenhamos em uma situação.

Sair de nossas próprias mentes é o primeiro passo para nos tornarmos mais conscientes de nossa influência sobre os outros. No entanto, embora tentar refletir sobre as situações de uma perspectiva de terceiros possa facilitar nossa percepção dessa influência, isso não necessariamente nos ajuda a senti-la – ou seja, realmente entender como outras pessoas são impactadas por nós. Isso requer uma etapa adicional, que é passar de uma perspectiva de terceiros para a perspectiva da pessoa ou pessoas que estão sendo impactadas, entrar em suas mentes e sentir o que elas sentem.

Sentir sua influência nos outros: obter perspectiva, não tomar perspectiva

Para realmente entender nossa influência sobre os outros, não apenas devemos ver as maneiras pelas quais nossas ações afetam os outros, mas também precisamos ser capazes de entender como os outros *se sentem* com essas ações. Dar um passo para trás e visualizar nossas ações da perspectiva de terceiros pode, por exemplo, nos ajudar a reconhecer a dinâmica de poder em jogo se convidássemos um subordinado para um encontro. No entanto, a menos que realmente saibamos quão constrangido e desconfortável nosso subordinado se sentiria ao nos rejeitar naquele momento, ainda podemos deixar de avaliar a extensão total da pressão que estamos colocando sobre ele. Embora possamos reconhecer que existe uma dinâmica de poder e optar por reconhecê-la ou enfrentá-la de alguma forma, nossa tentativa de fazê-lo pode, em última análise, ser inadequada – por exemplo, acreditar que qualquer pressão não intencional vai desaparecer magicamente se simplesmente precedermos nosso pedido com um "não se sinta obrigado, mas"...

Uma vez que saímos de nossas próprias mentes, precisamos fazer outra coisa: entrar na mente de outras pessoas. Devemos encontrar uma maneira de entender como elas experimentam nossa presença, palavras e ações. Infelizmente, isso acaba sendo mais difícil do que a maioria de nós pensa.

Acredita-se amplamente que, para entender melhor os pensamentos e sentimentos de outra pessoa, devemos simplesmente nos esforçar mais para pensar sobre as coisas da perspectiva dela. Devemos fazer o nosso melhor para nos colocar no lugar do outro. Essa abordagem foi endossada por ninguém menos que Dale Carnegie, autor do blockbuster de 1936 *Como fazer amigos e influenciar pessoas*, que aconselhou naquele mesmo livro que deveríamos "tentar honestamente ver as coisas do ponto de vista da outra pessoa".[19,20]

Na verdade, muitas pessoas acreditam que esse é um exercício eficaz. Em um estudo, os entrevistados foram questionados se acreditavam que alguém que foi instruído a tentar se colocar no lugar de outra pessoa julgaria melhor os sentimentos e preferências dessa pessoa do que alguém que não recebeu tal instrução. A maioria dos entrevistados – 68% – pensou que simplesmente tentar adotar a perspectiva de outra pessoa tornaria alguém melhor em fazê-lo.[21]

No entanto, acontece que simplesmente tentar entender outra pessoa não nos ajuda a entendê-la melhor. Em uma série de estudos, os psicólogos Tal Eyal, Mary Steffel e Nicholas Epley –

os pesquisadores que conduziram a pesquisa acima – testaram se simplesmente instruir as pessoas a tentar ter a perspectiva de outra pessoa as tornava mais precisas em julgar os pensamentos e sentimentos dos outros do que pessoas que não receberam tal instrução. Em seus 25 estudos, compreendendo mais de 2,6 mil participantes, eles descobriram que tentar ativamente considerar o ponto de vista de outro não tornava as pessoas melhores na compreensão dos sentimentos, atitudes ou preferências dessa pessoa.

Nesses estudos, os participantes foram solicitados a fazer vários julgamentos sobre outras pessoas – por exemplo, se o sorriso de alguém era genuíno, se elas estavam com raiva ou com medo, se estavam mentindo ou dizendo a verdade, de que tipo de filme ou piada elas gostavam, e uma série de outras tarefas para as quais ser capaz de entrar na mente de outra pessoa seria extremamente útil. Alguns participantes fizeram julgamentos de desconhecidos, outros fizeram julgamentos de pessoas que conheciam. Alguns fizeram suposições baseadas em fotos, enquanto outros realmente interagiram com outra pessoa. Nenhum desses detalhes importava. Em geral, os participantes que foram explicitamente instruídos a se colocar no lugar de outra pessoa e a considerar ativamente o que ela estava pensando e sentindo não se saíram melhor em nenhuma dessas tarefas do que os participantes que não receberam essa instrução.

Em outras palavras, simplesmente tentar tomar as perspectivas de outras pessoas faz pouco para lhe dar uma representação mais precisa de como os outros veem o mundo. Isso significa que também é improvável que você tenha uma compreensão mais precisa de como as outras pessoas veem *você* e seu papel no mundo delas.

Aqui vale a pena notar que tentar considerar as coisas do ponto de vista de outra pessoa não é um esforço totalmente inútil. Esse exercício pode nos ajudar a ter empatia com outras pessoas,[22] motivar-nos a cooperar com outras pessoas,[23] e pode até reduzir o preconceito.[24] São grandes benefícios. No entanto, se nosso objetivo é a precisão – chegar à verdade sobre o que outra pessoa pensa e, particularmente, o que ela pensa sobre nós –, a tomada de perspectiva não oferece muito.

Por que não? Porque, quando tomamos a perspectiva de outra pessoa, por mais que tentemos imaginar o mundo do ponto de vista dessa pessoa, nunca saímos de nossas próprias mentes. A "perspectiva" que surge é baseada apenas em nossas próprias ideias sobre o que essa pessoa provavelmente está pensando e sentindo. Por exemplo, se eu lhe pedisse para imaginar como alguém se sentiria se você se aproximasse e fizesse um elogio, você usaria suas próprias ideias sobre como essa experiência aconteceria para imaginar como a outra pessoa se sentiria. E, como vimos no início deste livro, você provavelmente estaria errado. Por mais que tente assumir a perspectiva da outra pessoa, você estaria ancorado em suas próprias suposições sobre quão irritada e incomodada *você* acha que a outra pessoa se sentiria.

Se assumir a perspectiva de outra pessoa não é útil para entrar na mente dela e entender o que ela está realmente pensando e sentindo – particularmente como ela pode estar pensando e sentindo sobre nós –, o que poderia ser mais útil? Embora esses pesquisadores tenham descoberto que *tomar* perspectiva não nos aproxima da compreensão dos mundos internos dos outros, acontece que *obter* perspectiva o faz. Como eles explicam, a principal diferença entre tomar a perspectiva de alguém e obter perspectiva é se você está ou não exposto a novas informações. Tomar a perspectiva de alguém na verdade diz respeito sobre o que presumimos que sejam os sentimentos de outra pessoa, e não o que realmente são os sentimentos de outra pessoa. Mas *obter* perspectiva requer reunir informações adicionais sobre os pensamentos e sentimentos reais de outra pessoa.

Uma maneira extremamente direta e eficaz de obter perspectiva é simplesmente perguntar a alguém o que ela está pensando ou sentindo. Mesmo que as pessoas nem sempre nos digam exatamente o que estão pensando, ou mesmo que necessariamente saibam como realmente se sentem sobre algo, conversar com outra pessoa tira você da câmara de eco de sua própria cabeça. Permite que você baseie sua leitura da mente de outra pessoa em mais do que apenas suas próprias suposições sobre ela. E, como vimos no Capítulo 5, as pessoas estão mais dispostas do que imaginamos a compartilhar informações pessoais.

Para demonstrar a eficácia dessa estratégia, Eyal e seus coautores adicionaram uma nova condição ao estudo final em seu projeto de pesquisa de 25 estudos e alistaram casais românticos para participar. Os participantes foram solicitados a adivinhar como seu parceiro responderia a uma série de perguntas de opinião, como "tenho gostos e hábitos um pouco antiquados" e "sou uma pessoa caseira", em uma escala de 1 (discordo totalmente) a 7 (concordo totalmente). É importante ressaltar que, antes de adivinhar como o parceiro responderia, os participantes foram instruídos a imaginar ver o mundo através dos olhos de seu parceiro (a condição de tomar perspectiva) ou a perguntar diretamente ao parceiro quais eram suas opiniões sobre essas diferentes declarações (a condição de obter perspectiva). Em seguida, os participantes em ambas as condições indicaram como eles achavam que o parceiro responderia a cada item na escala de sete pontos fornecida.

Não surpreendentemente, os participantes que realmente conversaram com seus parceiros sobre suas opiniões foram muito mais precisos em adivinhar a classificação exata que os parceiros dariam na escala do que aqueles que simplesmente tentaram imaginar o mundo da perspectiva de seus parceiros. O que *foi* surpreendente, no entanto, é que, embora os participantes que simplesmente tentaram tomar a perspectiva do parceiro e não o consultaram sobre suas respostas tenham sido menos precisos, eles estavam tão confiantes em sua capacidade de adivinhar as classificações do parceiro quanto aqueles que conversaram diretamente com seus parceiros sobre esses mesmos itens.

O que isso significa é que, embora essa descoberta possa parecer óbvia na teoria, não é óbvia na prática. Claro que somos melhores juízes do que outra pessoa pensa se ela já nos disse o que pensa. No entanto, não reconhecemos a clara superioridade dessa estratégia. Achamos que olhar em nossas próprias mentes é tão eficaz para entender o que outra pessoa está pensando e sentindo quanto efetivamente sondar a mente dessa pessoa.

A dificuldade de entrar na mente dos outros e nossa incapacidade de reconhecer as limitações para tentar fazê-lo apenas por meio da tomada de perspectiva são as principais razões pelas quais subestimamos nossa influência sobre os outros. Nossas expectativas de como os outros provavelmente responderão aos nossos argumentos e súplicas baseiam-se em nossas próprias suposições sobre suas motivações e sentimentos – suposições muitas vezes imprecisas, mas sobre as quais nos sentimos confiantes. Embora possamos sentir fortemente que alguém dirá "não" ao nosso pedido ou se incomodará com nosso elogio, como vimos, estamos muito errados sobre como os outros provavelmente reagirão em ambos os casos.

Para realmente entender o impacto de nossa influência, não podemos apenas adivinhar – devemos coletar informações externas de forma proativa. Como Eyal e seus coautores colocam, "a compreensão interpessoal pode vir mais prontamente se nos tornarmos questionadores e ouvintes mais eficiente, como um jornalista habilidoso ou um entrevistador pesquisador, em vez de tentarmos nos tornar tomadores contumazes de perspectiva".[25]

Às vezes podemos sentir que esse processo de questionar e ouvir é desnecessário. Podemos estar bastante confiantes de que já sabemos o que a outra pessoa está pensando e sentindo. Esse é particularmente o caso se nós mesmos já estivemos em uma situação semelhante. Podemos acreditar que o fato de compartilharmos experiências oferece algum acesso especial à cabeça de outra pessoa e uma visão de seu caráter interior.

E, de fato, às vezes as experiências compartilhadas fornecem uma visão única. Por exemplo, no estudo de avanços românticos indesejados que descrevi no Capítulo 5, Lauren DeVincent e eu descobrimos que indivíduos que haviam anteriormente rejeitado os avanços românticos indesejados de um colega de trabalho eram mais capazes de avaliar como seria constrangedor para um colega de trabalho rejeitar *seus* avanços.[26] Em outras palavras, eles foram capazes de tirar proveito de suas próprias experiências anteriores nesse papel, e isso os ajudou a dimensionar melhor os pensamentos e sentimentos da pessoa em quem estavam romanticamente interessados – e, consequentemente, como suas ações poderiam impactar essa pessoa.

Mas, embora o uso de suas próprias experiências às vezes possa ser uma maneira eficaz de obter perspectiva, os pesquisadores identificaram algumas advertências importantes, que demonstram que esse nem sempre é o caso. Na verdade, como as pessoas podem vivenciar eventos semelhantes de maneiras muito diferentes, às vezes basear-se em sua própria experiência para inferir a experiência de outra pessoa pode ser um tiro n'água.

Por exemplo, quando falo dessas mesmas descobertas sobre avanços românticos indesejados, descubro que muitas vezes recebo o tipo de reação descrito acima: indivíduos (principalmente mulheres) que estiveram na posição embaraçosa de serem agredidos por um chefe ou colega de trabalho e terem que rejeitá-lo dirão que minhas descobertas parecem verdadeiras e que esperam que as reformas no local de trabalho, como a proibição de relacionamentos entre chefes e subordinados, continuem. Mas há outro tipo de reação que também recebo com frequência: indivíduos que foram paquerados por um chefe ou colega de trabalho, que depois se casaram, tiveram filhos e viveram felizes para sempre com aquela pessoa. Em vez disso, essas pessoas tendem a lamentar que a proibição de relacionamentos entre chefes e subordinados signifique o fim do romance no local de trabalho. Esses dois tipos de indivíduos tiveram experiências semelhantes, mas as experiências tomaram rumos muito diferentes e, dependendo do rumo da experiência de qualquer indivíduo em particular, eles podem ter ideias muito diferentes sobre o que alguém pode pensar ou sentir em resposta a levar uma cantada do chefe.

Esses exemplos anedóticos revelam que compartilhar uma experiência comum às vezes pode nos tornar mais sintonizados com os pensamentos e sentimentos dos outros, mas outras vezes pode nos tornar menos. Essa é uma observação consistente com a pesquisa de Rachel Ruttan, Mary-Hunter McDonnell e Loran Nordgren. Essas pesquisadoras examinaram situações em que ter uma experiência passada semelhante na verdade torna a pessoa menos compreensiva sobre o que outra está passando.[27]

Em um estudo, elas fizeram os participantes lerem sobre um aluno do ensino médio que estava sofrendo bullying no refeitório. O aluno foi descrito de duas maneiras: ou suportando essa experiência dolorosa ou perdendo o controle e atacando violentamente os agressores e outros alunos próximos. Depois de ler uma dessas duas descrições, os participantes avaliaram o quanto eram sensíveis à situação do aluno e o quanto gostavam dele e pensavam nele de forma positiva.

Os pesquisadores também coletaram informações sobre as histórias pessoais dos participantes com bullying, para que pudessem avaliar se a experiência anterior de sofrer bullying tornou as pessoas mais compassivas com o aluno intimidado. Acontece que os participantes que sofreram bullying no ensino médio tiveram mais empatia com o aluno intimidado e o avaliaram mais positivamente do que os participantes que não tiveram essa experiência. Porém, isso só foi verdade quando o aluno foi descrito como *suportando* o bullying. Quando ele foi descrito como atacando, o inverso foi verdadeiro – os participantes que já haviam sofrido bullying foram *menos* compassivos e o avaliaram *mais* negativamente do que aqueles que não tiveram uma experiência semelhante com bullying.

A experiência pessoal pode realmente ajudar você a entender melhor a perspectiva de outra pessoa – mas apenas se a maneira de responder a uma experiência espelhar a sua. Tendemos a presumir que os outros reagirão às coisas da maneira como reagimos no presente ou no passado, mas essa suposição geralmente é falsa.[28] Isso nos traz de volta ao valor de simplesmente perguntar. Tentar entender como outra pessoa se sente com base em suas próprias experiências anteriores ainda é, em muitos aspectos, o mesmo que tentar descobrir o que está na mente de outra pessoa examinando a sua. Você ainda está presumindo que sabe o que outra pessoa está pensando e sentindo, em vez de realmente saber o que ela está pensando e sentindo. O problema é que você pode se sentir ainda mais confiante na imagem imprecisa que evocou precisamente porque você mesmo passou por algo semelhante. A única maneira de saber se você está correto é reunir informações de fora da sua mente. Basta perguntar.

O que isso significa para entender nossa influência sobre os outros é que, se realmente queremos entender nossa influência sobre outras pessoas, devemos ouvi-las. Precisamos ouvir suas histórias em vez de simplesmente usar nossas próprias histórias ou das histórias que criamos sobre elas. Idealmente, faríamos isso conversando diretamente com as pessoas que impactamos ou esperamos impactar, mas isso nem sempre é possível. Para cada experiência como a de Aziz Ansari, em que você acorda com um texto descrevendo em detalhes precisos como suas ações impactaram outra pessoa de maneiras que você não sabia, existem muitos outros casos que não são ditos. Além disso, esperar que os outros se manifestem e nos digam como os impactamos coloca o fardo sobre *eles*, o que, como vimos, pode ser irreal e injusto. Tudo isso significa que precisamos encontrar outras maneiras de ouvir as experiências dos demais. Precisamos ler todas essas histórias poderosas do Me Too, as histórias terríveis de discriminação racial compartilhadas por negros, indígenas e outras pessoas de cor, e as histórias comoventes de profissionais de saúde que lutaram contra a covid-19 no epicentro do surto. Devemos ouvir essas histórias, mesmo quando – e especialmente quando – elas nos deixam tristes ou desconfortáveis, ou nunca entenderemos quão profundamente nossas palavras e ações podem impactar os outros. É ouvindo que podemos obter perspectiva.

Experimentando sua influência nos outros: terapia da rejeição

Jason Comely trabalhava como freelancer de tecnologia quando sua esposa o trocou por "alguém que era mais alto" e "tinha mais dinheiro".[29] Nos meses que se seguiram àquela dolorosa rejeição, ele parou de sair e conversar com as pessoas. Isolado e deprimido, acabou tendo uma crise de choro que agora considera um ponto de virada em sua vida. Nessa ocasião, ele decidiu que o medo de ser rejeitado novamente o havia tornado socialmente incapacitado e decidiu fazer algo a respeito.

Na época, Comely estava lendo sobre a Spetsnaz, uma unidade de operações especiais russa conhecida por seus intensos exercícios de treinamento, e decidiu que administrar seu medo de rejeição exigia o mesmo tipo de abordagem militar. Ele estabeleceu como regra para si mesmo que tinha que ser rejeitado todos os dias até que vencer o medo da rejeição. Começou pequeno, por exemplo, pedindo uma bala a um estranho. Mas, como não deveria ser surpresa para nós agora, logo aprendeu que precisava aumentar a aposta para receber sua dose diária de rejeição. Então, ele inventava coisas cada vez mais ridículas para pedir às pessoas: pedia a um estranho para elogiá-lo, a uma pessoa aleatória para competir com ele, a uma garçonete para dançar com ele.

Ao longo dessa "terapia", que na verdade se assemelha a uma abordagem terapêutica real para enfrentar fobias, conhecida como terapia de exposição,[30] Comely passou a acreditar que havia se vacinado contra a rejeição. Ele estava mais feliz e mais confiante. Pensando que outros também poderiam se beneficiar de sua abordagem, ele voltou às muitas rejeições que havia acumulado ao longo de seu "tratamento" e as imprimiu em um baralho de cartas. Ele transformou a "Terapia da Rejeição" em um jogo de cartas.

O jogo realmente decolou quando um aspirante a empresário, Jia Jiang, tropeçou nele procurando na internet estratégias para vencer seu próprio medo da rejeição. Jiang documentou sua progressão no jogo em seu blog, *100 Days of Rejection Therapy* [100 dias de Terapia da Rejeição], que disponibiliza vídeos de todas as cem rejeições. No blog, você pode ver Jiang sendo rejeitado por um gerente da Costco depois de perguntar se ele poderia falar pelo alto-falante da loja, por um funcionário da FedEx depois de perguntar se ele poderia enviar um pacote para o Papai Noel pela empresa e por um tosador da PetSmart que disse não a um pedido para cortar o seu cabelo.

Embora as pessoas possam ter visitado o blog de Jiang pelo *schadenfreude* de ver alguém ser rejeitado, parte de sua popularidade certamente se deve ao fato de que muitos de seus encontros são realmente muito emocionantes. Quando as pessoas o rejeitam, são educadas, até alegres. O gerente da Costco explica cordialmente por que não pode deixar Jiang falar pelo interfone e depois diz para ele pedir o que quiser no restaurante da loja por conta da casa.[31] O funcionário da FedEx tenta com a maior sinceridade encontrar soluções para o dilema do Papai Noel de Jiang.[32] A tosadora da PetSmart parece confusa no vídeo, mas também genuinamente dividida porque quer ajudá-lo, mas cortar cabelo humano é contra a política da loja.[33]

E depois há todas as coisas para as quais as pessoas dizem "sim". Um policial o deixa sentar no banco do motorista de sua viatura.[34] As pessoas dizem que ele é alto, bonito e tem um cabelo lindo depois que ele pede elogios.[35] Um funcionário da Krispy Kreme faz de tudo para unir cinco donuts a fim de torná-los parecidos com os anéis olímpicos.[36]

Ao longo de sua jornada no blog, você pode ver que Jiang teve a mesma revelação a que eu vi tantos dos participantes em meus estudos de laboratório chegarem: as pessoas são mais propensas a concordar em fazer coisas para você do que você pensa – mesmo coisas estranhas e que dão trabalho. Ao descrever seu pedido de donut de anel olímpico em um TEDx Talk anos depois, Jiang se maravilhou com o pedido: "não tem como eles dizerem sim, certo?". Expressando como ficou emocionado com o esforço do fabricante de donuts para realizar seu projeto, ele disse: "eu simplesmente não conseguia acreditar". Não só isso, Jiang continua: "esse vídeo teve mais de cinco milhões de visualizações no YouTube. O mundo também não podia acreditar nisso".[37]

Jiang se converteu. Ele até adquiriu os direitos de marca registrada do nome Terapia da Rejeição, começou a publicar um blog chamado *Terapia da Rejeição com Jia Jiang*, deu seminários de Terapia da Rejeição e escreveu um livro sobre sua experiência chamado *Rejection Proof* [Prova da rejeição]. Por meio desse processo, Jiang certamente se tornou mais consciente de sua própria influência. Ele percebeu, segundo contou em seu TEDx Talk, que "poderia realizar [seus] sonhos de vida simplesmente pedindo". E ele acha que todos deveriam fazer isso.

Ele está certo? A chave para entender nossa influência é simplesmente ir atrás dela e ver o que acontece? Admito que acho a ideia da Terapia da Rejeição extremamente atraente. Das experiências de Comely, Jiang e de muitos outros, a curva de aprendizado parece ser íngreme e as conclusões parecem transformadoras. Também se encaixa com o que eu vi em meu próprio laboratório. Na verdade, aprendi pela primeira vez sobre a Terapia da Rejeição com um participante de um dos meus estudos. Foi um dos estudos em que os participantes pedem a estranhos que vandalizem livros da biblioteca. O participante entrou em contato comigo posteriormente para marcar uma reunião para conversar sobre o estudo. Eu estava preocupada que ele fosse me interrogar sobre a ética de pedir às pessoas para vandalizar livros da biblioteca, mas em vez disso ele me perguntou se o estudo estava relacionado a essa coisa chamada Terapia da Rejeição. Eu admiti que não, e que eu nunca tinha ouvido falar.

Embora eu não tivesse ouvido falar da Terapia da Rejeição, essa não foi a primeira – ou última – vez que alguém sugeriu que participar de um de meus estudos equivale a uma intervenção que muda a maneira como eles veem e experimentam sua própria influência. Parece haver alguma verdade nisso. As pessoas esperam cumprir a tarefa de pedir aos outros seja o que for que eu as instruí a pedir, sair e receber mais sim do que esperavam e ter uma espécie de momento "aha". No entanto, por mais tentador que seja concluir que a melhor maneira de obter percepções sobre sua influência sobre os outros é se expor e testar a influência que você tem, tenho minhas dúvidas sobre essa abordagem como a melhor e mais eficaz.

Por um lado, eu me pergunto quão universais as conclusões obtidas com essa abordagem provavelmente serão. Será que realmente funcionaria para todos? Jason Comely, Jia Jiang e o participante do meu estudo que me apresentou a Terapia da Rejeição são todos brancos ou asiáticos e do sexo masculino. Quão amplamente suas experiências são suscetíveis de se generalizar? Funcionaria para membros de grupos demográficos que experimentaram o que é essencialmente uma rejeição sistêmica e institucionalizada, como é o caso de muitas pessoas de cor? E para membros de grupos que historicamente foram temidos e punidos por exercer seu próprio poder e influência, como os negros americanos? Infelizmente, como muitos psicólogos experimentais contam com amostras convenientes de estudantes universitários para participar de seus estudos, e essas amostras tendem a ser predominantemente brancas, as respostas a essas perguntas estão abertas. Simplesmente não temos os dados para saber como a raça de alguém pode alterar sistematicamente o resultado desse tipo de exercício. Na verdade, esse é o caso de muitas das descobertas que descrevi ao longo deste livro. A dependência excessiva de participantes brancos é uma limitação importante e de longa data de grande parte da pesquisa psicológica.[38]

Outra questão é como o gênero pode afetar a experiência de uma pessoa com algo como a Terapia da Rejeição. As mulheres muitas vezes evitam pedir coisas pela preocupação válida de serem desaprovadas ou não, um fenômeno examinado em detalhes no fantástico livro de Linda Babcock e Sara Laschever *Women Don't Ask* [Mulheres não pedem].[39] As mulheres podem abordar esse tipo de exercício forçado perguntando de forma diferente, ou extrair percepções diferentes disso?

Há pouco tempo, tive a oportunidade de refletir sobre essa questão. Fui convidada a participar de um programa da BBC chamado *My Name Is...* [Meu nome é...], que conta uma história diferente em cada episódio de "um indivíduo com uma história para contar e algumas respostas para encontrar, na Grã-Bretanha de hoje". O episódio de que participei chamava-se "Hayley: Pedindo Rejeição" e era sobre "uma jovem que quer melhorar seu jeito de lidar com a rejeição e pedir o que quer sem medo de receber um não".[40] Durante parte do episódio, Hayley essencialmente embarca em uma sessão de terapia da rejeição de um dia.

A primeira tentativa de rejeição de Hayley se parece muito com a de Jiang. Ela pede uma pera a um vendedor em um mercado de alimentos: "Com licença, amigo. Posso comer esta pera?". "Sim", ele diz, sem perder o ritmo. Enquanto Hayley responde: "Que graça, obrigada", sua produtora, Meara, pode ser ouvida rindo ao fundo, alegre e sem fôlego, dizendo: "Ah, meu Deus. Ele disse, ele disse sim!". Os dois pedidos seguintes de Hayley, por uma pastinaca e um desodorante de ervas de mais dois vendedores no mesmo mercado, não vão tão bem e ela recebe seu primeiro "não". Mas o herborista se desculpa infinitamente: "Eu gostaria de poder..." e "Se eu fosse o dono da loja...".

Depois que outro pedido, para fazer um passeio no barco de alguém, é negado porque a proprietária diz que o barco não está limpo o suficiente para convidados, Hayley e sua produtora observam: "Foi difícil para ela [a dona do barco] dizer não". Jiang notou algo semelhante em suas tentativas de rejeição, dizendo depois de pedir elogios às pessoas que tinha sido "mais difícil [para elas] rejeitar elogios do que concordar com os pedidos".[41] Mas é aqui que as experiências de Hayley e Jiang divergem de maneiras interessantes e esclarecedoras.

Seguindo a observação de que é difícil para as pessoas dizerem "não", Jiang, no entanto, declara com segurança: "Todos devemos tentar". O que ele está aprendendo com essa experiência, afinal, é que a maneira de alcançar todos os seus objetivos é simplesmente pedir.

A conclusão de Hayley dessa relativa observação, por outro lado, é bem diferente. Imediatamente depois de notar quão difícil era para a dona do barco dizer "não", ela reflete: "Acho que você tem que ler a situação, e não insistir". Mais tarde no podcast, Hayley está conversando com uma amiga sobre sua experiência e a conversa se volta para quão importante é dar às pessoas espaço para se sentirem à vontade para rejeitar você. "Nunca fique entre uma mulher e a porta, literal ou metaforicamente", reflete sua amiga. Enquanto Jiang relembrava os momentos em que as pessoas hesitavam em concordar para descobrir o que ele poderia ter feito diferente para obter um "sim", Hayley refletiu sobre esses momentos como oportunidades para tornar mais fácil para alguém dizer "não".

Essas duas conclusões não poderiam ser mais diferentes. Enquanto ambos os indivíduos passaram a reconhecer o poder de sua própria influência através dessa experiência, um deles tomou isso como permissão para usar mais essa influência, enquanto outro considerou uma razão para dar um passo para trás e dar mais espaço às pessoas – essencialmente, para usar menos a sua influência. Como vimos, ambas as conclusões são válidas. Em um mundo ideal, uma pessoa teria essas duas percepções. No entanto, pelo menos nessas duas ocorrências anedóticas, as conclusões que as pessoas estão extraindo dessas experiências parecem se inclinar mais para um lado do que para o outro, e a direção parece ter gênero.

Não quero dar muito valor a esses dois casos individuais. Certamente há mulheres cujas experiências com a Terapia da Rejeição são muito semelhantes às de Jiang. Em um artigo da *Harper's Bazaar*, uma escritora escreveu sobre sua experiência com a Terapia da Rejeição (em uma frase que poderia ter sido escrita pela própria Carrie Bradshaw) que o processo a fez perceber que "a vida pode mudar no momento em que você para de dar desculpas e faz as coisas que te assustam".[42] Normalmente, também não encontro diferenças de gênero nos estudos que realizei que sejam mais semelhantes à Terapia da Rejeição. Mulheres e homens que pediram favores a estranhos em meus estudos subestimaram a probabilidade de as pessoas concordarem com esses pedidos em grau semelhante.[43]

Por outro lado, o contraste entre o que Jiang e Hayley aprenderam com suas experiências com a Terapia da Rejeição é consistente com as diferenças de gênero que encontrei em meus estudos sobre avanços românticos indesejados – um domínio em que homens e mulheres tendem a ter histórias muito diferentes. Como observado acima, as mulheres nesses estudos estavam mais conscientes da pressão que exercem sobre outras pessoas por quem estavam romanticamente interessadas devido à frequência com que se encontravam em situações semelhantes. Sua própria experiência anterior no papel de ser alvo de avanços indesejados as ajudou a compreender melhor os pensamentos e sentimentos da pessoa pela qual estavam romanticamente interessadas quando descobriram que essa pessoa não retornava seu interesse.

Em última análise, não posso dizer com certeza se existem diferenças sistemáticas em como as pessoas com diferentes identidades de gênero ou raça podem experimentar um exercício como esse. Mas o que tudo isso significa para mim é que não devemos presumir que as lições que as pessoas aprenderão com tal intervenção serão universais. As conclusões de tal experiência são certamente mais complexas do que poderíamos concluir a partir dos relatos de alguns convertidos à Terapia da Rejeição. E esse não é o único problema em confiar na experiência como o principal meio de aprender sobre sua influência sobre os outros.

Você já deve ter se perguntado em algum momento deste livro: se as pessoas estão tão dispostas a concordar com nossos pedidos, por que ainda não sabemos disso? Afinal, ninguém pode evitar completamente pedir coisas às pessoas por toda a vida. A maioria de nós, em algum momento, pediu orientações, conselhos, uma caneta emprestada ou para alguém segurar a porta. E provavelmente nos disseram "sim" em cada um desses casos. Por que não aprendemos com essas experiências a nos preocuparmos menos em pedir coisas às pessoas, como Comely e Jiang parecem ter feito?

O problema é que nem sempre lembramos dessas experiências da maneira mais precisa e objetiva. Tal como acontece com tantas outras coisas na vida, o negativo é maior do que o positivo. Eventos negativos tendem a ser mais salientes e deixam uma impressão mais duradoura em nós do que eventos positivos – um fenômeno conhecido como "viés de negatividade".[44] Isso significa que tendemos a esquecer todos aqueles pedidos mundanos com os quais as pessoas concordaram, enquanto nossa memória para cada pequena rejeição que experimentamos tende a ser longa e dolorosa.

Hayley foi vítima dessa tendência quando ela e sua produtora fizeram uma pausa em sua sessão do tipo Terapia da Rejeição para pegar uma Guinness em um pub próximo. Sentada no bar, a produtora de Hayley pergunta se ela sente menos medo da rejeição. Hayley responde que se sente menos otimista sobre a raça humana. "Mas", sua produtora intervém rapidamente para lembrá-la, "você também recebeu muitos sins. Pense nos sins. Você ganhou uma pera grátis, você ganhou batatas fritas...". Hayley concorda, dizendo: "Acho que isso é parte do meu problema; eu me concentro nos negativos com muita facilidade".

Mas esse problema não é específico de Hayley. "O mal é mais forte do que o bem" é um dos efeitos mais confiáveis da psicologia social.[45] É um problema que todos parecem compartilhar, e é uma parte substancial do motivo pelo qual subestimamos nossa influência sobre os outros. Embora possamos repetir várias vezes em nossas mentes o momento em que tentamos influenciar alguém e falhamos, rapidamente esquecemos todas as vezes que conseguimos.

Outro problema com uma intervenção experiencial, como a Terapia da Rejeição, é que qualquer exercício nunca poderia ser amplo o suficiente a ponto de oferecer uma compreensão completa de nossa própria influência multifacetada sobre os outros. No entanto, pesquisas mostram que ter um gostinho de um fenômeno complicado pode nos levar a pensar que entendemos do que se trata esse fenômeno. Por exemplo, em um estudo dos psicólogos Arielle Silverman, Jason Gwinn e Leaf Van Boven, os participantes foram solicitados a simular como seria ser cego, completando uma série de tarefas com os olhos vendados. Os participantes que se envolveram nessa simulação breve e grosseira foram posteriormente mais simpáticos às pessoas cegas, o que normalmente é o objetivo desse tipo de intervenção. Mas, ao mesmo tempo, eles também julgaram as pessoas cegas menos capazes do que os participantes que foram simplesmente solicitados a imaginar como seria ser cego.[46] Embora os simuladores tenham experimentado apenas um momento fugaz de serem incapazes de ver, eles extrapolaram essa experiência para compreender o processo real e de longo prazo de primeiro se tornar e depois se adaptar e funcionar como cegos – e, portanto, tiveram uma percepção mais negativa das capacidades das pessoas cegas.* Assim como colocar uma venda nos olhos não pode nos dizer sobre a complexa experiência de ser cego, seria irreal pensar que sair e fazer um punhado de pedidos malucos provavelmente seja a palavra final para entender nossa influência sobre os outros. Pedir mais pode realmente nos ensinar sobre o poder de pedir. Mas não nos ensinará sobre todas as maneiras complexas como influenciamos os outros ao longo de nossas vidas, principalmente quando não estamos pedindo coisas e, em vez disso, influenciamos os outros modelando o comportamento, persuadindo ou simplesmente existindo em um ambiente.

Finalmente, como vimos, há casos, como avanços românticos e pedidos inadequados, em que é melhor encontrar uma maneira

---

* Uma percepção que certamente não é ajudada por desenhos como *Mr. Magoo*.

de reconhecer sua influência *sem* ter de experimentá-la diretamente. Não apenas não queremos que as pessoas saiam e peçam coisas indiscriminadamente apenas para testar sua própria influência nestes domínios como não está claro o que alguém aprenderia com isso. Como vimos, as pessoas a quem você pergunta podem muito bem sorrir e concordar, o tempo todo desejando poder dizer "não", mas se sentindo muito constrangidas e desconfortáveis para fazê-lo. Então, você pode sair dessa interação com uma interpretação totalmente diferente do que acabou de acontecer em relação à outra pessoa.

Por exemplo, depois de participar do meu estudo sobre vandalismo de livros na biblioteca, os participantes às vezes expressavam seu choque por terem descoberto quão antiéticas as pessoas realmente eram. Um sentimento comum era: "não posso acreditar em quantas pessoas estão dispostas a fazer isso!". Claro, sabemos que muitas das pessoas que esses participantes abordaram não estavam dispostas – elas simplesmente não conseguiam encontrar as palavras para expressar sua falta de vontade. Mas essa dinâmica muitas vezes não era percebida por quem fazia o pedido. Ao descobrir que as pessoas estavam mais dispostas a fazer coisas antiéticas do que pensavam, esses participantes pensaram que haviam adquirido algum tipo de percepção sobre a moralidade da raça humana. Mas eles estavam, de fato, perdendo a percepção mais importante – que era mais difícil para as pessoas dizer "não" a *eles* do que pensavam –, e, portanto, seu próprio poder de moldar o comportamento moral dos outros era maior do que eles pensavam.

Para ter certeza, não deixamos os participantes saírem do nosso experimento pensando nisso. No debriefing que todos os participantes receberam no final do estudo, demos a todos uma pista sobre o ponto principal da pesquisa. No entanto, esse exemplo mais uma vez demonstra as limitações de confiar apenas na experiência para obter insights sobre nossa influência sobre os outros.

Apesar de todas essas advertências, certamente não quero descartar completamente o papel da experiência (afinal de contas, eu fiz dela uma das minhas três principais maneiras de obter percepções sobre a influência que você tem sobre os outros). Sob certas circunstâncias – como no caso das pessoas que acharam a Terapia da Rejeição profundamente transformadora – a experiência pode ser uma ferramenta poderosa para avaliar a influência que você tem. Porém, tendemos a considerar a experiência pessoal o ápice da percepção, quando, como vimos, a experiência pode ser falha. Nossas próprias experiências pessoais podem ser mal lembradas e mal interpretadas, o que significa que as coisas que aprendemos com nossas experiências não representam necessariamente a verdade suprema.

Mais do que isso, tarefas experienciais simples e diretas (por exemplo, "saia e peça algo a alguém!"; "faça um elogio a alguém hoje!") podem realmente nos ensinar sobre formas simples e diretas de influência. Mas isso não é a mesma coisa que aprender a usar sua influência com sabedoria, por exemplo, saber quando não perguntar ou se abster de falar sobre algo que você não conhece o suficiente. É mais difícil aprender com a experiência quando a experiência é de inação, em vez de ação. É por isso que, para entender a natureza multifacetada de sua própria influência, você precisa mais do que apenas experiência – você precisa ser capaz de ver e sentir sua influência também, como falamos anteriormente neste capítulo.

Tudo isso significa que eu acho que você *deveria* sair hoje e pedir algo a alguém, ou fazer um elogio a alguém. Mas, além disso, acho que você precisa sair da sua própria mente, obter perspectiva e refletir sobre suas experiências.

Mesmo Jia Jiang não descobriu sua "superpotência" apenas pela experiência. Em seu TEDx Talk, ele descreve o primeiro pedido que fez como parte de seu experimento de Terapia da Rejeição. Ele teve que pedir cem dólares emprestados a alguém, então foi até o saguão de seu prédio e pediu a um segurança sentado atrás de uma mesa. "Ei, senhor, pode me emprestar cem dólares?", perguntou Jiang. "Não", foi a resposta inicial. Humilhado e envergonhado, Jiang quase não ouviu a pergunta que o segurança fez em seguida: "Por quê?". Nesse ponto, ele ficou tão mortificado que, em vez de responder a essa pergunta, Jiang apenas perguntou: "Não?", pediu desculpas e fugiu.

A primeira experiência de Jiang com rejeição foi horrível e humilhante. No entanto, ele não confiou apenas na experiência para tirar conclusões sobre o que acabara de acontecer. Ele também gravou a interação entre ele e o segurança. Enquanto assistia à filmagem mais tarde naquela noite, ele conta: "Eu me vi sendo rejeitado e vi quão assustado eu estava". Mas, enquanto assistia, sua atenção se voltou para a outra pessoa e para a troca que ocorreu entre eles: "Então eu vi esse cara. Você sabe, ele não era tão ameaçador... e até me perguntou: 'Por quê?'. Na verdade, ele me deu a chance de eu me explicar. E eu poderia ter dito muitas coisas. Eu poderia ter explicado, poderia ter negociado. Eu não fiz nada disso. Tudo o que fiz foi correr".[47]

Olhando através de seus próprios olhos no momento, Jiang viu a experiência da rejeição como humilhante e aterrorizante, e a pessoa que o rejeitara como ameaçadora. No entanto, quando ele recuou e assumiu uma perspectiva de terceiros – quando foi capaz de observar a interação entre ele e essa outra pessoa, como se ele fosse uma mosca na parede –, uma dinâmica diferente tornou-se clara. Ele viu a disposição da outra pessoa em ouvi-lo. Ele ouviu a oportunidade de influência embutida naquela pergunta ("Por quê?"), e ele foi capaz de ver a influência que tinha – a influência que ele havia perdido no momento.

A jornada da Terapia da Rejeição de Jiang é certamente um exemplo poderoso de como as intervenções experienciais podem ser esclarecedoras. Mas, como acabamos de ver, também é um lembrete de como podemos ser enganados por confiar demais na experiência. A experiência por si só não é suficiente para obter uma visão de todas as maneiras complexas e subestimadas como você regularmente impacta outras pessoas, para melhor ou pior. Para isso, você precisa ver, sentir *e* experimentar a influência que tem.

Conclusão

O Halloween é o meu feriado favorito. Eu não via a hora de que meus filhos crescessem o suficiente para levá-los para pedir doces ou travessuras. Meu marido, no entanto, renunciou a doces ou travessuras desde uma fatídica noite de Halloween na quinta série. Alto para sua idade e vestido com o casaco de seu pai e uma máscara assustadora, ele bateu na porta de um vizinho dizendo: "Doces ou travessuras!". O vizinho não o reconheceu e resmungou algo como: "só dou doces para crianças". Abatido, meu marido foi direto para casa naquela noite e agora conta sua triste história todo mês de outubro, explicando por que é sua prerrogativa ficar em casa e distribuir os doces.

Todos nós temos pensamentos e lembranças de coisas que outras pessoas disseram ou fizeram que reverberam em nossas cabeças e impactam nosso modo de pensar e ser de maneira duradoura. Um breve comentário de um vizinho volta para assombrar meu marido todo Halloween. Posso creditar algumas das minhas decisões de carreira mais importantes, aspectos-chave da minha visão de mundo e a maneira como tomo meu café, em parte, a comentários improvisados de colegas e encontros aleatórios com desconhecidos. Ainda sinto uma dose de segurança ao lembrar daquela vez em que um respeitado colega sênior elogiou minha pesquisa anos atrás, e ainda me lembro de como me senti mal ao receber uma revisão particularmente mal-humorada de um dos meus primeiros artigos.

O que tentei destacar neste livro é que as coisas que dizemos e fazemos podem acabar se tornando os pensamentos e lembranças que reverberam na cabeça de *outras pessoas*. E não é preciso mais do que pensarmos para que isso aconteça.

Ao longo deste livro, vimos as percepções errôneas que temos sobre como a influência funciona. Vimos a lacuna entre as *coisas* que pensamos que precisamos fazer para ter influência e as coisas que realmente nos dão influência todos os dias. Vimos que nossa mera presença tem mais impacto sobre os outros do que imaginamos, que não devemos nos preocupar tanto em dizer as coisas com perfeição e que as pessoas são mais propensas a fazer coisas por nós do que pensamos – desde que tenhamos coragem de pedir diretamente a eles. Mas também vimos como é importante que as pessoas assumam a responsabilidade por suas palavras e ações, especialmente quando estão em posições de poder, justamente *porque* as pessoas veem, ouvem, processam e fazem as coisas que dizemos e fazemos mais do que imaginamos.

Espero que as ferramentas que compartilhei aqui o ajudem a reconhecer tudo isso em sua própria vida. Mas vale repetir que nenhuma dessas ferramentas é uma bala mágica. Em última análise,

CONCLUSÃO

você não saberá sempre que alguém perceber você, pensar em algo que você disse semanas depois ou for movido a mudar seu comportamento depois de ver algo que você fez. Você ainda pode subestimar quão bem seu argumento foi percebido por outra pessoa. Você pode continuar não percebendo momentos em que pediu a alguém algo que o deixou desconfortável. Mas agora você sabe que todas essas coisas estão acontecendo mais do que você provavelmente percebeu. Você tem mais influência do que pensa – tanto quando está tentando ativamente influenciar os outros quanto quando não está. E toda essa influência invisível vem com muita responsabilidade invisível.

Como afirmei no início deste livro, a maioria dos livros sobre influência e persuasão tem um objetivo principal: torná-lo um influenciador mais confiante e eficiente. Eu compartilho desse objetivo – até certo ponto. Espero tê-lo convencido de que ter influência é, em muitos aspectos, mais fácil e menos extraordinário do que imaginamos. Embora as vezes em que você tentou e falhou em influenciar alguém possam parecer ameaçadoras, sem dúvida há muito mais exemplos de vezes em que você influenciou alguém sem tentar – e sem nunca ver a influência que teve. Espero que esse conhecimento realmente faça de você um influenciador mais confiante e eficiente. E espero que a confiança o liberte para usar sua voz para defender o que você precisa e no que acredita, bem como confiar que os outros estão ouvindo e respondendo a você.

Mas meu objetivo ao escrever este livro vai além disso. Também quero ajudá-lo a desenvolver uma compreensão mais sutil de sua influência sobre os outros – uma compreensão que permita que você reconheça com mais precisão a influência que já tem, não apenas para se sentir mais confiante ao usar essa influência, mas também para se sentir mais confiante *não* usando. Talvez você precise pedir mais. Mas talvez você precise pedir menos. Minha esperança é que, saindo de sua própria mente, obtendo perspectiva e refletindo sobre suas próprias experiências, você possa aprender a usar sua influência invisível com sabedoria. Se as coisas que dizemos e fazemos têm o potencial de reverberar na mente de outras pessoas da mesma forma que reverberam na nossa, devemos tentar fazer essas coisas valerem a pena.

Agradecimentos

Seguindo o espírito deste livro, preciso agradecer a muitas pessoas cuja amizade, sabedoria e sagacidade me influenciaram e inspiraram de mais maneiras do que jamais poderiam imaginar.

Em primeiro lugar, sou eternamente grata ao meu marido, companheiro de vida e melhor amigo, Stephen D'Angelo, cujo apoio generoso tornou possível terminar este livro com duas crianças pequenas em casa no meio de uma pandemia – circunstâncias que confesso que não previ quando comecei o projeto.

Devo muita gratidão à minha editora, Quynh Do, por sua edição exata, por reduzir minhas referências a Taylor Swift ao número ideal e por me deixar escrever um livro sobre influência um tanto pouco convencional, e ao meu agente, Giles Anderson, pelo apoio e direção, por identificar a editora perfeita e pela disposição de abordar o assunto com a óbvia conexão com *Buffy*. Obrigado a ambos pela paciência e pelas percepções. Agradeço também a Kate Adams pelos conselhos e pela edição indispensável quando este livro estava em seus estágios iniciais, e a Melanie Tortoroli, por segurar minha mão até a linha de chegada.

Obrigada aos meus maravilhosos amigos e colegas que leram vários rascunhos do livro. Dois dos melhores escritores que conheço, Kirstin Appelt e Dan Newark, leram o livro cuidadosamente de capa a capa. Obrigado a Dan por zerar meus itálicos e por me ensinar o uso correto de "*perscrutar*", e a Kirstin por seu trabalho sobrenatural com as palavras em todo o livro. Obrigada também a Laura Giurge por ler o livro inteiro e apresentar novas ideias de pesquisa em cada página, a Rachel Aleks, Bob Frank e Emily Zitek, por fornecerem um feedback inestimável sobre as seções do livro, e ao meu marido, por ter lido dois terços de tudo.

Às pessoas que moldaram meu pensamento ao longo de minha carreira, enquanto serviam de modelo para como ser grandes pesquisadores e também seres humanos atenciosos, divertidos e multidimensionais. Meu incomparável colaborador, mentor e amigo Frank Flynn, sem o qual este livro não existiria. Minha incrível orientadora da pós-graduação, Tory Higgins. O Laboratório Higgins. O Laboratório ExPO. Todos os meus incríveis colegas, colaboradores e mentores ao longo dos anos.

Aos pesquisadores em cujo trabalho minhas ideias sempre parecem começar e voltar, Erica Boothby, Bob Cialdini, David Dunning, Nick Epley, Erving Goffman, Tom Gilovich, Adam Grant, Marianne LaFrance, Stanley Milgram, Dale Miller, John Sabini, Roseanna Sommers, Sunita Sah, Leaf Van Boven.

A todas as pessoas que compartilharam artigos e exemplos que acabei usando no livro, entre elas Natalie Bazarova, Erica Boothby, Brady Butterfield, Brian Earl, René Kizilcec, Alison Ledgerwood,

Neil Lewis, Drew Margolin, Dan Newark, Nick Saleh, e Janis Whitlock, e a todos que me deixaram compartilhar suas histórias e percepções pessoais, incluindo Alex Colvin, Kevin Hallock, Alan Mathios, Naomi Tweyo Nkinsi, Erika Rauer, Gillian Sandstrom e, claro, Stephen, Hanna e Evelyn.

Aos meus atuais e ex-alunos, alunos colaboradores e assistentes de pesquisa, sem os quais muito desta pesquisa não teria sido possível, incluindo Hillie Aaldering, Meredith Anderer, Ava Barnett, Sangah Bae, Emily Dawson, Sebastian Deri, Lauren DeVincent, Lily Ellis, Kelly Jahnsen, Eshaan Jain, Jennifer Logg, Changguo Mao, Amanda Miner, David Navadeh, Courtney Noll, Pierson Ohr, Maya Portillo, Megan Rodriguez, Mahdi Roghanizad, Jeffrey Sherman, Cassidy Shiel, Kendra Sober, Daniel Stein, Carlie Stewart, Harry Trabue, Charlotte Walden, Vicki Xie e Amy Xu.

Para todas as pessoas incríveis que tive a sorte de ter em minha vida que me impactaram de maneiras grandes e pequenas, incluindo Keith, Ashley e Connor Bohns, Sue, Paul e Sarah D'Angelo, Rachel Aleks, Kirstin Appelt, Kate Bieger, Becky Colesworthy, Lauren Costa, Sanford DeVoe, Allison Elias, Jeremy Goodridge e Abby Scholer.

Aos cuidadores que me deixaram à vontade para que eu pudesse me concentrar em escrever sabendo que meus pequenos estavam seguros e felizes.

Para vovó, Poppy e toda a minha família pelo amor e apoio.

E, por último, aos meus pais, Steve e Kathy, por tudo.

Notas

Introdução

1. Erica J. Boothby; Vanessa K. Bohns. Why a simple act of kindness is not as simple as it seems: Underestimating the positive impact of our compliments on others. *Personality and Social Psychology Bulletin*. v. 47, n. 5, p. 826-840, 2021. Disponível em: https://doi.org/10.1177/0146167220949003.
2. Para descobertas semelhantes quando as pessoas elogiam amigos, veja também: Xuan Zhao; Nicholas Epley. Kind words do not become tired words: Undervaluing the positive impact of frequent compliments. *Self and Identity*, 2020. Disponível em: https://doi.org/10.1080/15298868.2020.1761438. Idem. Insufficiently complimentary? Underestimating the positive impact of compliments creates a barrier to expressing them. *Journal of Personality and Social Psychology*. 2021.
3. Amit Kumar; Nicholas Epley. Undervaluing gratitude: Expressers misunderstand the consequences of showing appreciation. *Psychological Science*. v. 29, n. 9, p. 1423-1435, 2018. Disponível em: https://doi.org/10.1177/0956797618772506.

1. Influência invisível

1. Kenneth P. Vogel. Isn't that the Trump Lawyer?. *New York Times*, 2017. Disponível em: https://www.nytimes.com/2017/09/19/us/politics/isnt-that-the-trump-lawyer-a-reporters-accidental-scoop.html.
2. Fred Barbash. Trump lawyers spill beans, thanks to terrible choice of restaurant. *Washington Post*. 2017. Disponível em: https://www.washingtonpost.com/news/morning-mix/wp/2017/09/18/trump-lawyers-spill-beans-after-terrible-restaurant-choice-next-to-nyt/.
3. Dana Milbank. A Trump lawyer caught gabbing about Russia at lunch racks up career errors. *Washington Post*, 2017. Disponível em: https://www.washingtonpost.com/opinions/a-trump-lawyer-caught-gabbing-about-russia-at-lunch-racks-up-career-errors/2017/09/18/34eea27a-9cbc-11e7-9083-fbfddf6804c2_story.html.
4. Erica J. Boothby; Margaret S. Clark; John A. Bargh. The invisibility cloak illusion: People (incorrectly) believe they observe others more than others observe them. *Journal of Personality and Social Psychology*. v. 112, n. 4, p. 589, 2017. Disponível em: https://doi.org/10.1037/pspi0000082.
5. Chenbo Zhong, Francesca Gino e eu nos referimos à sensação de invisibilidade que experimentamos ao usar óculos de sol como a "ilusão do anonimato", e descobri que essa falsa sensação de anonimato pode até levar as pessoas a se comportarem de modo mais egoísta e desonesto. Chen-Bo Zhong; Vanessa K. Bohns; Francesca Gino. Good lamps are the best police: Darkness increases dishonesty and self-interested behavior. *Psychological Science*. v. 21, n. 3, p. 311-314, 2010. Disponível em: https://doi.org/10.1177/0956797609360754.
6. Clara Colombatto; Yi-Chia Chen; Brian J. Scholl. Gaze deflection reveals how gaze cueing is tuned to extract the mind behind the eyes. *Proceedings of the National Academy of Sciences*. 2020. Disponível em: https://doi.org/10.1073/pnas.2010841117.
7. Thomas Gilovich; Victoria Husted Medvec; Kenneth Savitsky. The spotlight effect in social judgment: An egocentric bias in estimates of the salience of one's own actions and appearance. *Journal of Personality and Social Psychology*. v. 78, n. 2, p. 211, 2000. Disponível em: https:// doi.org/10.1037/0022-3514.78.2.211.
8. Erica J. Boothby; Margaret S. Clark; John A. Bargh. The invisibility cloak illusion, p. 589.

9. Idem. Shared experiences are amplified. *Psychological Science*. v. 25, n. 12, p. 2209-2216, 2014. Disponível em: https://doi.org/10.1177/0956797614551162.
10. Garriy Shteynberg; Jacob B. Hirsh; Adam D. Galinsky; Andrew P. Shared attention increases mood infusion. *Journal of Experimental Psychology: General*. v. 143, n. 1, p. 123, 2014. Disponível em: https://doi.org/10.1037/a0031549.
11. Todd Leopold. Broadway legend grabs phone from texter, laments future. *CNN*, 2015. Disponível em: https://www.cnn.com/2015/07/09/entertainment/feat-patti-lupone-cell-phone/index.html.
12. Eric Sullivan. Hannah Gadsby explains why Jerry Seinfeld is wrong about PC culture, *Esquire*, 2019. Disponível em: https:// www.esquire.com/entertainment/tv/a28989896/hannah-gadsby-interview-jerry-seinfeld-pc-culture/.
13. Elizabeth Blair. Comedy clubs are closed, so to reach audiences, comics have to improvise. *NPR*, 2020. Disponível em: https://www.npr.org/2020/05/07/848109182/comedy-clubs-are-closed-so-to-reach-audiences-comics-have-to-improvise.
14. Christian Charles (dir.). *Comedian*. Miramax, 2002.
15. Katie Reilly. Read Hillary Clinton's "basket of deplorables" remarks about Donald Trump supporters. *Time*, 2016. Disponível em: https://time.com/4486502/hillary-clinton-basket-of-deplorables-transcript/.
16. Chris Cillizza. Why Mitt Romney's "47 percent" comment was so bad. *Washington Post*, 2013. Disponível em: https://www.washingtonpost.com/news/the-fix/wp/2013/03/04/why-mitt-romneys-47-percent-comment-was-so-bad/?utm_term=.42fe4de07d11.
17. Gerald E. Echterhoff; E. Tory Higgins; Stephan Groll. Audience-tuning effects on memory: The role of shared reality. *Journal of Personality and Social Psychology*. v. 89, n. 3, p. 257, 2005. Disponível em: https://doi.org/10.1037/0022-3514.89.3.257.
18. Douglas Kingsbury. *Manipulating the amount of information obtained from a person giving directions*. Tese (PhD). Harvard University, 1968.
19. Robert M. Krauss; Susan R. Fussell. Perspective-taking in communication: Representations of others' knowledge in reference. *Social Cognition*. v. 9, n. 1, p. 2-24, 1991. Disponível em: https://doi.org/10.1521/soco.1991.9.1.2.
20. Donn Byrne. *The Attraction Paradigm*. Academic Press, 1971.
21. Manis, Melvin; S. Douglas Cornell; Jeffrey C. Moore. Transmission of attitude relevant information through a communication chain. *Journal of*

Personality and Social Psychology. v. 30, n. 1, p. 81, 1974. Disponível em: https://doi.org/10.1037/h0036639.

22. Seth Meyers. Trevor Noah was a victim of fake news. *Late Night with Seth Meyers*. 2017. Disponível em: https://www.youtube.com/ watch?v= OLxDnnTpgAo.

23. E. Tory Higgins; William S. Rholes. "Saying is believing": Effects of message modification on memory and liking for the person described. *Journal of Experimental Social Psychology*. v. 14, p. 363-378, 1978. Disponível em: https://doi.org/10.1016/0022-1031(78)90032-X.

24. Tamara Keith. Wikileaks claims to release Hillary Clinton's Goldman Sachs Transcripts, *NPR*, 15 de outubro de 2016. Disponível em: ttps://www.npr.org/2016/10/15/498085611/wikileaks-claims-to-release-hillary-clintons-goldman-sachs-transcripts.

25. Peter Brown. *The Curious Garden*. Little, Brown Books for Young Readers, 2013 [*O jardim curioso*. Martins Fontes, 2015].

26. Damon Centola. *How Behavior Spreads: The Science of Complex Contagions*. v. 3, Princeton University Press, 2018.

27. Robert H. Frank. Thy neighbor's solar panels. *The Atlantic*, 2020. Disponível em: https://www.theatlantic.com/magazine/archive/2020/03/climate-change-peer-pressure/605515/.

28. Bryan Bollinger; Kenneth Gillingham. Peer effects in the diffusion of solar photovoltaic panels. *Marketing Science*. v. 31, n. 6, p. 900-912, 2012. Disponível em: http://dx.doi.org/10.1287/mksc.1120.0727.

2. Seu poder de persuasão

1. Sebastian Deri; Shai Davidai; Thomas Gilovich. Home alone: Why people believe others' social lives are richer than their own. *Journal of Personality and Social Psychology*. v. 113, n. 6, p. 858, 2017. Disponível em: https://doi.org/10.1037/pspa0000105.

2. Mark D. Alicke; Olesya Govorun. The better-than-average effect. *The Self in Social Judgment*. M. D. Alicke; D. A. Dunning; J. I. Krueger (eds.). Psychology Press, 2005. p. 85-106.

3. Nicholas Epley; David Dunning. Feeling "holier than thou": Are self-serving assessments produced by errors in self- or social prediction? *Journal of*

Personality and Social Psychology. v. 79, n. 6, p. 861, 2000. Disponível em: https://doi.org/10.1037/0022-3514.79.6.861.

4. Elanor F. Williams; Thomas Gilovich. Do people really believe they are above average? *Journal of Experimental Social Psychology*. v. 44, p. 1121-1128, 2008. Disponível em: https://doi.org/10.1016/j.jesp.2008.01.002.

5. Ola Svenson. Are we all less risky and more skillful than our fellow drivers? *Acta Psychologica*. v. 47, n. 2, p. 143-148, 1981. Disponível em: https://doi.org/10.1016/0001-6918(81)90005-6.

6. Robinson Meyer. It's a lonely world: The median Twitter user has 1 measly follower. *The Atlantic*, 2013. Disponível em: https://www.theatlantic.com/technology/archive/2013/12/its-a-lonely-world-the-median-twitter-user-has-1-measly-follower/282513/.

7. Erica J. Boothby et al. The liking gap in conversations: Do people like us more than we think? *Psychological Science*. v. 29, n. 11, p. 1742-1756, 2018. Disponível em: https://doi.org/10.1177/0956797618783714.

8. Robert B. Cialdini. *Influence: The Psychology of Persuasion*. Harper Business, 2006.

9. Molly J. Crockett. Moral outrage in the digital age. *Nature Human Behaviour*. v. 1, n. 11, p. 769, 2017. Disponível em: https://doi.org/10.1038/s41562-017-0213-3.

10. Laura Stafford; Cynthia S. Burggraf; William F. Sharkey. Conversational memory: The effects of time, recall, mode, and memory expectancies on remembrances of natural conversations. *Human Communication Research*. v. 14, n. 2, p. 203-229, 1987. Disponível em: https://doi.org/10.1111/j.1468-2958.1987.tb00127.x.

11. Thomas Holtgraves. Conversation, speech acts, and memory. *Memory & Cognition*. v. 36, n. 2, p. 361-374, 2008. Disponível em: https://link.springer.com/article/10.3758/MC.36.2.361.

12. Ellen J. Langer; Arthur Blank; Benzion Chanowitz. The mindlessness of ostensibly thoughtful action: The role of "placebic" information in interpersonal interaction. *Journal of Personality and Social Psychology*. v. 36, n. 6, p. 635, 1978. Disponível em: https://doi.org/10.1037/0022-3514.36.6.635.

13. Ibidem.

14. Cialdini, *Influence*.

15. M. Anne Britt et al. I agreed with what? Memory for simple argument claims. *Discourse Processes*. v. 45, n. 1, p. 52-84, 2007. Disponível em: https://doi.org/10.1080/01638530701739207.
16. M. Anne Britt; Aaron A. Larson. Constructing representations of arguments. *Journal of Memory and Language*. v. 48, n. 4, p. 794-810, 2003. Disponível em: https://doi.org/10.1016/S0749-596X(03)00002-0.
17. Valerie F. Reyna; Charles J. Brainerd. Fuzzy-trace theory: An interim synthesis. *Learning and Individual Differences*. v. 7, n. 1, p. 1-75, 1995. Disponível em: https://doi.org/10.1016/1041-6080(95)90031-4.
18. H. Paul Grice. Logic and conversation. In: *Syntax and Semantics 3*: Speech Arts. Peter Cole; Jerry L. Morgan (eds.). Academic Press, 1975. p. 41-58.
19. Benedictus de (Baruch) Spinoza. *The Ethics and Selected Letters*. Trad. Seymour Feldman; Ed. Samuel Shirley. Hackett, 1982 [1677].
20. David D. Clare; Timothy R. Levine. Documenting the truth-default: The low frequency of spontaneous unprompted veracity assessments in deception detection. *Human Communication Research*. v. 45, n. 3, p. 286-308, 2019. Disponível em: https://doi.org/10.1093/hcr/ hqz001.
21. Daniel T. Gilbert; Douglas S. Krull; Patrick S. Malone. Unbelieving the unbelievable: Some problems in the rejection of false information. *Journal of Personality and Social Psychology*. v. 59, n. 4, p. 601-613, 1990. Disponível em: https://doi.org/10.1037/0022-3514.59.4.601.
22. Daniel T. Gilbert; Romin W. Tafarodi; Patrick S. Malone. You can't not believe everything you read. *Journal of Personality and Social Psychology*. v. 65, n. 2, p. 221, 1993. Disponível em: https://doi.org/10.1037/0022-3514.65.2.221.
23. Katherine Bischoping. Gender differences in conversation topics, 1922-1990. *Sex Roles*. v. 28, n. 1-2, p. 1-18, 1993. Disponível em: http://dx.doi.org/10.1007/BF00289744.
24. Ann Kronrod; Amir Grinstein; Luc Wathieu. *Mind the gap between needs and wants*: Misused assertiveness in well-being communication. 2020.
25. Idem. Go green! Should environmental messages be so assertive?. *Journal of Marketing*. v. 76, n. 1, p. 95-102, 2012. Disponível em: https://doi.org/10.1509/jm.10.0416.
26. Ijeoma Oluo. *So You Want to Talk about Race*. Seal Press, 2019 [*Então você quer conversar sobre raça*. Best Seller, 2020].

27. Don A. Moore; Paul J. Healy. The trouble with overconfidence. *Psychological Review*. v. 115, n. 2, p. 502, 2008. Disponível em: https://doi.org/10.1037/0033-295X.115.2.502.
28. Scott Plous. *The Psychology of Judgment and Decision Making*. McGraw-Hill Book Company, 1993.

3. Só porque você pediu

1. Heidi Grant. *Reinforcements: How to Get People to Help You*. Harvard Business Review, 2018.
2. Vanessa K. Bohns. (Mis)Understanding our influence over others: A review of the underestimation-of-compliance effect. *Current Directions in Psychological Science*. v. 25, n. 2, p. 119-123. Disponível em: https://doi.org/10.1177/0963721415628011.
3. Francis J. Flynn; Vanessa K. B. Lake (Bohns). If you need help, just ask: Underestimating compliance with direct requests for help. *Journal of Personality and Social Psychology*. v. 95, n. 1, p. 128, 2008. Disponível em: https://doi.org/10.1037/0022-3514.95.1.128.
4. Ibidem.
5. Sebastian Deri; Daniel H. Stein; Vanessa K. Bohns. With a little help from my friends (and strangers): Closeness as a moderator of the underestimation-of-compliance effect. *Journal of Experimental Social Psychology*. v. 82, p. 6-15, 2019. Disponível em: https://doi.org/10.1016/j.jesp.2018.11.002.
6. Daniel A. Newark; Francis J. Flynn; Vanessa K. Bohns. Once bitten, twice shy: The effect of a past refusal on expectations of future compliance. *Social Psychological and Personality Science*. v. 5, n. 2, p. 218-225, 2014. Disponível em: https://doi.org/10.1177/1948550613490967.
7. M. Mahdi Roghanizad; Vanessa K. Bohns. Ask in person: You're less persuasive than you think over email. *Journal of Experimental Social Psychology*. v. 69, p. 223-226, 2017. Disponível em: https://doi.org/10.1016/j.jesp.2016.10.002.
8. Vanessa K. Bohns; Daniel A. Newark; Amy Z. Xu. For a dollar, would you...? How (we think) money affects compliance with our requests. *Organizational Behavior and Human Decision Processes*. v. 134, p. 45-62, 2016. Disponível em: https://doi.org/10.1016/j.obhdp.2016.04.004.
9. Hillie Aaldering. *If you need help, just ask*: Underestimating helping behavior across cultures. Tese (Mestrado). University of Amsterdam, 2009.

10. Vanessa K. Bohns et al. Are social prediction errors universal? Predicting compliance with a direct request across cultures. *Journal of Experimental Social Psychology*. v. 47, n. 3, p. 676-680, 2011. Disponível em: https://doi.org/10.1016/j.jesp.2011.01.001.
11. Bohns; Newark; Xu, *For a dollar, would you...?*
12. Francis J. Flynn. How much is it worth to you? Subjective evaluations of help in organizations. *Research in Organizational Behavior*. v. 27, p. 133-174, 2006. Disponível em: https://doi.org/10.1016/S0191-3085(06)27004-7.
13. Francis J. Flynn. What have you done for me lately? Temporal adjustments to favor evaluations. *Organizational Behavior and Human Decision Processes*. v. 91, n. 1, p. 38-50, 2003. Disponível em: https://doi.org/10.1016/S0749-5978(02)00523-X.
14. *Dumbo*. Dirigido por Ben Sharpsteen (Walt Disney Studios, 1941).
15. Flynn; Lake (Bohns), *If you need help, just ask*.
16. Bohns, *(Mis)Understanding our influence over others*.
17. Robert B. Cialdini; Betty Lee Darby; Joyce E. Vincent. Transgression and altruism: A case for hedonism. *Journal of Experimental Social Psychology*. 9, n. 6 (1973), p. 502-516. Disponível em: https://doi.org/10.1016/0022-1031(73)90031-0.
18. C. Daniel Batson; Judy G. Batson; Cari A. Griffitt; Sergio Barrientos; J. Randall Brandt; Peter Sprengelmeyer; Michael J. Bayly. Negative-state relief and the empathy-altruism hypothesis. *Journal of Personality and Social Psychology*. v. 56, n. 6, p. 922, 1989. Disponível em: https://doi.org/10.1037/0022-3514.56.6.922.
19. Dale T. Miller. The norm of self-interest. *American Psychologist*. v. 54, n. 12, p. 1053, 1999. Disponível em: https://doi.org/10.1037/0003-066X.54.12.1053.
20. Chip Heath. On the social psychology of agency relationships: Lay theories of motivation overemphasize extrinsic incentives. *Organizational Behavior and Human Decision Processes*. v. 78, n. 1, p. 25-62, 1999. Disponível em: https://doi.org/10.1006/obhd.1999.2826.
21. Daniel A. Newark; Vanessa K. Bohns; Francis J. Flynn. A helping hand is hard at work: Help-seekers' underestimation of helpers' effort. *Organizational Behavior and Human Decision Processes*. v. 139, p. 18-29, 2017. Disponível em: https://doi.org/10.1016/j.obhdp.2017.01.001.
22. Francis J. Flynn; Vanessa K. B. Lake (Bohns). If you need help, just ask. Sharon Driscoll, Paul Brest. *Stanford Lawyer*, 2014. Disponível em: https://law.stanford.edu/stanford-lawyer/articles/paul-brest/.

23. Sharon Driscoll; Paul Brest. *Stanford Lawyer*, 2014. Disponível em: https://law.stanford.edu/stanford-lawyer/articles/paul-brest/.
24. Ibidem.
25. Ibidem.
26. Susan Bell. Reflections upon a leader: Paul Brest, mentor and friend. *Stanford Law Review*. p. 257-260, 2000. Disponível em: https://www.jstor.org/stable/1229479.
27. Paul Brest. Fundraising, football and other lessons learned as dean. *Stanford Report* (1999). Disponível em: https://news.stanford.edu/news/1999/august25/brestvantage-825.html.
28. Correspondência pessoal por e-mail, 20 de julho de 2019.

4. Por que é tão difícil dizer "não"

1. Erving Goffman. *The Presentation of Self in Everyday Life*. Anchor, 1959.
2. Sunita Sah; George Loewenstein; Daylian Cain. Insinuation anxiety: Concern that advice rejection will signal distrust after conflict of interest disclosures. *Personality and Social Psychology Bulletin*. v. 45, n. 7, p. 1099-1112, 2019. Disponível em: https://doi.org/10.1177/0146167218805991.
3. Choking prevention and rescue tips. *National Safety Council*. Disponível em: https://www.nsc.org/home-safety/safety-topics/choking-suffocation.
4. Emma Hammett. Have YOU ever choked on your food? The DIY guide to saving your own life... *Daily Mail*, 27 de janeiro de 2017. Disponível em: https://www.dailymail.co.uk/health/article-4163960/Revealed-DIY-guide-not-dying-choking.html.
5. John Sabini; Michael Siepmann; Julia Stein. The really fundamental attribution error in social psychological research. *Psychological Inquiry*. v. 12, n. 1, p. 1-15, 2001. Disponível em: https://doi.org/10.1207/S15327965PLI1201_01.
6. John M. Darley; Bibb Latané. Bystander intervention in emergencies: Diffusion of responsibility. *Journal of Personality and Social Psychology*. v. 8, n. 4, p. 1, 1968. 377. Disponível em: https://doi.org/10.1037/ h0025589.
7. Bibb Latané; John M. Darley. Group inhibition of bystander intervention in emergencies. *Journal of Personality and Social Psychology*. v. 10, n. 3 (1968), p. 215. Disponível em: https://doi.org/10.1037/h0026570.
8. Ibidem.

9. Deborah A. Prentice; Dale T. Miller. Pluralistic ignorance and the perpetuation of social norms by unwitting actors, in *Advances in Experimental Social Psychology*. v. 28, p. 161-209 (Academic Press: 1996).
10. Bibb Latané; Judith Rodin. A lady in distress: Inhibiting effects of friends and strangers on bystander intervention. *Journal of Experimental Social Psychology*. v. 5, n. 2 (1969), p. 189-202. Disponível em: https://doi.org/10.1016/0022-1031(69)90046-8.
11. Sabini; Siepmann; Stein, *The really fundamental attribution error*.
12. Stanley Milgram. *Obedience to Authority: An Experimental View* (Harper & Row, 1974).
13. Thomas Blass. *Obedience to Authority: Current Perspectives on the Milgram Paradigm* (Lawrence Erlbaum Associates Publishers, 1999).
14. M. Mahdi Roghanizad; Vanessa K. Bohns. Ask in person: You're less persuasive than you think over email. *Journal of Experimental Social Psychology*. v. 69, p. 223-226, 2017. Disponível em: https://doi.org/10.1016/j.jesp.2016.10.002.
15. Sabini; Siepmann; Stein, *The really fundamental attribution error*.
16. Leaf Van Boven, George Loewenstein; David Dunning. The illusion of courage in social predictions: Underestimating the impact of fear of embarrassment on other people. *Organizational Behavior and Human Decision Processes*. v. 96, n. 2, p. 130-141, 2005. Disponível em: https://doi.org/10.1016/j.obhdp.2004.12.001.
17. Francis J. Flynn; Vanessa K. B. Lake (Bohns). If you need help, just ask: Underestimating compliance with direct requests for help. *Journal of Personality and Social Psychology*. v. 95, n. 1, p. 128, 2008. Disponível em: https://doi.org/10.1037/0022-3514.95.1.128.
18. Julie A. Woodzicka; Marianne LaFrance. Real versus imagined gender harassment, *Journal of Social Issues*. v. 57, n. 1, p. 15-30, 2001. Disponível em: https://doi.org/10.1111/0022-4537.00199.
19. Jennifer Randall Crosby; Johannes Wilson. Let's not, and say we would: Imagined and actual responses to witnessing homophobia. *Journal of Homosexuality*. v. 62, n. 7, p. 957-970, 2015. Disponível em: https://doi.org/10.1080/00918369.2015.1008284.
20. Kerry Kawakami; Elizabeth Dunn; Francine Karmali; John F. Dovidio. Mispredicting affective and behavioral responses to racism. *Science*. v. 323, n. 5911, p. 276-278, 2009. Disponível em: https://doi.org/10.1126/science.1164951.

21. Kevin Mitnick. *Ghost in the Wires: My Adventures as the World's Most Wanted Hacker* (Little, Brown and Company, 2011).
22. Brad J. Sagarin; Kevin D. Mitnick. The path of least resistance, in Douglas Kenrick, Noah Goldstein; Sanford Braver (eds.). *Six Degrees of Social Influence: Science, Application, and the Psychology of Robert Cialdini* (Oxford University Press, 2012).
23. "Alisa" e "Steve", de *Ghost in the Wires*, são chamados de "Alice" e "John" no artigo de 2012 de Sagarin e Mitnick.
24. Daryl J. Bem. Self-perception theory, in *Advances in Experimental Social Psychology*. v. 6, p. 1-62 (Academic Press, 1972). Disponível em: https://doi.org/10.1016/S00652601(08)60024-6.

5. Desinformação, perguntas inadequadas e o movimento Me Too

1. Gretchen Morgenson. Debt watchdogs: Tamed or caught napping?. *New York Times*, 6 de dezembro de 2008. Disponível em: https://www.nytimes.com/2008/12/07/business/07rating.html.
2. Vanessa K. Bohns; M. Mahdi Roghanizad; Amy Z. Xu. Underestimating our influence over others' unethical behavior and decisions. *Personality and Social Psychology Bulletin*. v. 40, n. 3, p. 348-362, 2014. Disponível em: https://doi.org/10.1177/0146167213511825.
3. Vanessa K. Bohns. (Mis)Understanding our influence over others: A review of the underestimation-of-compliance effect. *Current Directions in Psychological Science*. v. 25, n. 2, p. 119-223, 2016. Disponível em: https://doi.org/10.1177/0963721415628011.
4. Bohns; Roghanizad; Xu, *Underestimating our influence over others' unethical behavior*.
5. Bohns, *(Mis)Understanding our influence over others*.
6. Emma Brockes. Me Too founder Tarana Burke: You have to use your privilege to serve other people. *The Guardian*. 15 de janeiro de 2018. Disponível em: https://www.theguardian.com/world/2018/jan/15/me-too-founder-tarana-burke-women-sexual-assault.
7. Jodi Kantor; Megan Twohey. Harvey Weinstein Paid Off Sexual Harassment Accusers for Decades. *New York Times*, 5 de outubro de 2017. Disponível em: https://www.nytimes.com/2017/10/05/us/harvey-weinstein-harassment-allegations.html.

8. Paul Farhi. So, you had questions about that button on Matt Lauer's desk?. *Washington Post*, 1 de dezembro de 2017. Disponível em: https://www.washingtonpost.com/lifestyle/style/so-you-had-questions-about-that-button-on-matt-lauers-desk/2017/12/01/48b1f7c2-d6bd-11e7-a986-d0a9770d9a3e_story.html.
9. Louis C. K. Louis C.K. responds to accusations: These stories are true. *New York Times*, 10 de novembro de 2017. Disponível em: https://www.nytimes.com/2017/11/10/arts/television/louis-ck-statement.html.
10. Anna North. The Aziz Ansari story is ordinary, and that's why we have to talk about it. *Vox*, 16 de janeiro de 2018. Disponível em: https://www.vox.com/identities/2018/1/16/16894722/aziz-ansari-grace-babe-me-too.
11. Katie Way. I went on a date with Aziz Ansari. It turned into the worst night of my life. *Babe*. Disponível em: https://babe.net/2018/01/13/aziz-ansari-28355.
12. Emily Stewart. Aziz Ansari responds to sexual allegations against him. *Vox*, 15 de janeiro de 2018. Disponível em: https://www.vox.com/identities/2018/1/15/16893468/aziz-ansari-allegations.
13. Way. *I went on a date with Aziz Ansari.*
14. Kelly McEvers; Caitlin Flanagan. The fine line between a bad date and sexual assault: 2 views on Aziz Ansari, entrevistado por Ari Shapiro, do programa de rádio *All Things Considered*. NPR, 16 de janeiro de 2018. Disponível em: https://www.npr.org/2018/01/16/578422491/the-fine-line-between-a-bad-date-and-sexual-assault-two-views-on-aziz-ansari.
15. North, *The Aziz Ansari story is ordinary.*
16. Kristen Roupenian. Cat Person. *New Yorker*, 4 de dezembro de 2017. Disponível em: https://www.newyorker.com/magazine/2017/12/11/cat-person.
17. Olga Khazan. A viral short story for the #MeToo movement. *The Atlantic*, 11 de dezembro de 2017. Disponível em: https://www.theatlantic.com/technology/archive/2017/12/a-viral-short-story-for-the-metoo-moment/548009/.
18. Roupenian, Cat Person.
19. Megan Garber. The weaponization of awkwardness. *The Atlantic*, 15 de dezembro de 2017. Disponível em: https://www.theatlantic.com/entertainment/archive/2017/12/the-weaponization-of-awkwardness/548291/.
20. Ella Dawson. "Bad sex", or the sex we don't want but have anyway. *Elle*, 12 de dezembro de 2017. Disponível em: https://www.elle.com/life-love/sex-relationships/a14414938/bad-sex-or-the-sex-we-dont-want-but-have-anyway/.

21. Emily A. Impett; Letitia A. Peplau. Sexual compliance: Gender, motivational, and relationship perspectives. *Journal of Sex Research*. v. 40, n. 1, p. 87-100, 2003. Disponível em: https://doi.org/10.1080/00224490309552169.
22. Garber. The Weaponization of Awkwardness.
23. Samantha Joel; Rimma Teper; Geoff MacDonald. People overestimate their willingness to reject potential romantic partners by overlooking their concern for other people. *Psychological Science*. v. 25, n. 12, p. 2233-2240, 2014. Disponível em: https://doi.org/10.1177/0956797614552828.
24. Vanessa K. Bohns; Lauren A. DeVincent. Rejecting unwanted romantic advances is more difficult than suitors realize. *Social Psychological and Personality Science*. v. 10, n. 8, p. 1102-1110, 2019. Disponível em: https://doi.org/10.1177/1948550618769880.
25. Louise F. Fitzgerald; Sandra L. Shullman; Nancy Bailey; Margaret Richards; Janice Swecker; Yael Gold; Mimi Omerod; Lauren Weitzman. The incidence and dimensions of sexual harassment in academia and the workplace. *Journal of Vocational Behavior*. v. 32, p. 152-175, 1988. Disponível em: https://doi.org/10.1016/0001-8791(88)90012-7.
26. Reshma Jagsi; Kent A. Griffith; Rochelle Jones; Chithra R. Perumalswami; Peter Ubel; Abigail Stewart. Sexual harassment and discrimination experiences of academic medical faculty. *JAMA*. v. 315, p. 2120-2121, 2016. Disponível em: https://doi.org/10.1001/jama.2016.2188.
27. Hope Jahren. She wanted to do her research. He wanted to talk feelings. *New York Times*, 4 de março de 2016. Disponível em: https://www.nytimes.com/2016/03/06/opinion/sunday/she-wanted-to-do-her-research-he-wanted-to-talk-feelings.html.
28. Vanessa K. Bohns. Why "just go for it" is bad dating advice. *Character & Context*, 20 de fevereiro de 2020. Disponível em: http://www.spsp.org/news-center/blog/bohns-unwanted-romantic-advances#gsc.tab=0.
29. Jada Yuan. L.A. writer says Richard Dreyfuss sexually harassed and exposed himself to her in the 1980's. *Vulture*, 10 de novembro de 2017. Disponível em: https://www.vulture.com/2017/11/richard-dreyfuss-accused-of-exposing-himself-to-woman.html.
30. *Aziz Ansari: Right Now*. Dirigido por Spike Jonze (Netflix, 2019).
31. Alain-Phillipe Durand. Prepping for the campus visit. *Inside Higher Ed*, 11 de abril de 2011. Disponível em: https://www.insidehighered.com/advice/2011/04/11/prepping-campus-visit.

32. Lauren A. Rivera. *Pedigree: How Elite Students Get Elite Jobs* (Princeton University Press, 2016).
33. Lauren A. Rivera. When two bodies are (not) a problem: Gender and relationship status discrimination in academic hiring. *American Sociological Review*. v. 82, n. 6, p. 1111-1138, 2017. Disponível em: https://doi.org/10.1177/0003122417739294.
34. Alexander H. Jordan; Emily M. Zitek. Marital status bias in perceptions of employees. *Basic and Applied Social Psychology*. v. 34, n. 5, p. 474-481, 2012. Disponível em: https://doi.org/10.1080/01973533.2012.711687.
35. Laura Davis. You can't ask that! Unmasking the myths about "ilegal" pre-employment interview questions. *ALSB Journal of Employment and Labor Law*. v. 12, p. 39-57, primavera de 2011. Disponível em: https://castle.eiu.edu/~alsb/Spring2011.html.
36. H. Gene Hern Jr.; Tarak Trivedi; Harrison J. Alter; Charlotte P. Wills. How prevalent are potentially illegal questions during residency interviews? A follow-up study of applicants to all specialties in the National Resident Matching Program. *Academic Medicine*. v. 91, n. 11, p. 1546-1453, 2016. Disponível em: https://doi.org/10.1097/ACM.0000000000001181.
37. Vivian Giang. 11 common interview questions that are actually illegal. *Business Insider*. 5 de julho de 2013. Disponível em: https://www.businessinsider.com/11-illegal-interview-questions-2013-7.
38. Einav Hart; Eric VanEpps; Maurice Schweitzer. I didn't want to offend you: The cost of avoiding sensitive questions (documento de trabalho). Einav Hart; Eric M. VanEpps; Maurice E. Schweitzer. The (better than expected) consequences of asking sensitive questions. *Organizational Behavior and Human Decision Processes*. v. 162, p. 136-154, 2021. Disponível em: https://doi.org/10.1016/j.obhdp.2020.10.014.
39. Kathryn Greene; Valerian J. Derlega; Alicia Mathews. Self-disclosure in personal relationships, in A. L. Vangelisti; D. Perlman (eds.). *The Cambridge Handbook of Personal Relationships* (Cambridge University Press, 2006). p. 409-427. Disponível em: https://doi.org/10.1017/CBO9780511606632.023).
40. Catherine Shea; Sunita Sah; Ashley Martin. Just don't ask: Raising protected class issues in job interviews increases insinuation anxiety and negatively influences outcomes for employers and employees (documento de trabalho).
41. Dolly Chugh. *The Person You Mean to Be: How Good People Fight Bias* (HarperCollins, 2018).

42. Harry G. Frankfurt. *On Bullshit* (Princeton University Press, 2005).
43. John V. Petrocelli. Antecedents of bullshitting. *Journal of Experimental Social Psychology*. v. 76, p. 249-258, 2018. Disponível em: https://doi.org/10.1016/j.jesp.2018.03.004.
44. Gordon Pennycook; David G. Rand. Who falls for fake news? The roles of bullshit receptivity, overclaiming, familiarity, and analytic thinking. *Journal of Personality*. v. 88, n. 2, p. 185-200, 2018. Disponível em: https://doi.org/10.1111/jopy.12476.
45. Gordon Pennycook; James Allan Cheyne; Nathaniel Barr; Derek J. Koehler; Jonathan A. Fugelsang. On the reception and detection of pseudo-profound bullshit. *Judgment and Decision Making*. v. 10, n. 6, p. 549-563, 2015. Disponível em: http://journal.sjdm.org/15/15923a/jdm15923a.html.
46. Soroush Vosoughi; Deb Roy; Sinan Aral. The spread of true and false news online, *Science*. v. 359, n. 6380, p. 1146-1151, 2018. Disponível em: https://doi.org/10.1126/science.aap9559.
47. Gordan Pennycook; David G. Rand. Lazy, not biased: Susceptibility to partisan fake news is better explained by lack of reasoning than by motivated reasoning. *Cognition*. v. 188, 39-50, 2019. Disponível em: https://doi.org/10.1016/j.cognition.2018.06.011.
48. Michael S. Bernstein; Eytan Bakshy; Moira Burke; Brian Karrer. Quantifying the invisible audience in social networks. *Proceedings of the SIGCHI Conference on Human Factors in Computing Systems*. p. 21-30, 2013. Disponível em: https://doi.org/10.1145/2470654.2470658.

6. O poder e a influência percebida

1. Amy R. Wolfson; Mary A. Carskadon. A survey of factors influencing high school start-times. *NASSP Bulletin*. v. 89, n. 642, p. 47-66, 2005. Disponível em: https://doi.org/10.1177/019263650508964205.
2. Mary A. Carskadon; Susan E. Labyak; Christine Acebo; Ronald Seifer. Intrinsic circadian period of adolescent humans measured in conditions of forced desynchrony. *Neuroscience Letters*. v. 260, n. 2, p. 129-132, 1999. Disponível em: https://doi.org/10.1016/S0304-3940(98) 00971-9.
3. Jere Longman. College Basketball East: Once lowly, Sankes and Holy Cross bounce back. *New York Times*, 15 de março de 2001. Disponível em: https://

www.nytimes.com/2001/03/15/sports/college-basketball-east-once-lowly-sankes-and-holy-cross-bounce-back.html.

4. John Feinstein. *The Last Amateurs: Playing for Glory and Honor in Division I College Basketball* (Back Bay Books, 2008).
5. Ibidem.
6. Ibidem.
7. Longman, College Basketball East.
8. Jocks can sue over nude drill as court strips earlier decision, 1 de julho de 2001. *New Brunswick Daily Herald*. Disponível em: https://www.heraldextra.com/sports/jocks-can-sue-over-nude-drill-as-court-strips-earlier/article_8916f968-d533-55ce-a052-a985989843c9.html.
9. Longman, College Basketball East.
10. Ibidem.
11. Welch Suggs. N. J. court allows Rutgers athletes to sue over being forced to run naked. *Chronicle of Higher Education*. Disponível em: https://www.chronicle.com/article/NJ-Court-Allows-Rutgers/9622.
12. Ken Davis. Bannon's actions get under Rutgers' skin. *Hartford Courant*, 12 de setembro de 1999. Disponível em: https://www.courant.com/news/connecticut/hc-xpm-1999-09-12-9909120266-story.html.
13. Feinstein, *The Last Amateurs*.
14. Ibidem.
15. Susan T. Fiske. Controlling other people: The impact of power on stereotyping. *American Psychologist*. v. 48, n. 6, p. 621, 1993. Disponível em: https://doi.org/10.1037/0003-066X.48.6.621.
16. Adam D. Galinsky; Joe C. Magee; M. Ena Inesi; Deborah H. Gruenfeld. Power and perspectives not taken. *Psychological Science*. v. 17, n. 12, p. 1068-1074, 2006. Disponível em: https://doi.org/10.1111/j.1467-9280.2006.01824.x.
17. Adam D. Galinsky; Derek D. Rucker; Joe C. Magee. Power and perspective-taking: A critical examination. *Journal of Experimental Social Psychology*. v. 67, p. 91-92, 2016. Disponível em: https://doi.org/10.1016/j.jesp.2015.12.002.
18. Marianne Schmid Mast; Klaus Jonas; Judith A. Hall. Give a person power and he or she will show interpersonal sensitivity: The phenomenon and its why and when. *Journal of Personality and Social Psychology*. v. 97, n. 5, p. 835, 2009. Disponível em: https://doi.org/10.1037/a0016234.
19. Galinsky; Rucker; Magee, *Power and perspective-taking*.

20. Adam D. Galinsky, Joe C. Magee; Deborah H. Gruenfeld; Jennifer A. Whitson; Katie A. Liljenquist. Power reduces the press of the situation: implications for creativity, conformity, and dissonance. *Journal of Personality and Social Psychology*. v. 95, n. 6, p. 1450, 2008. Disponível em: https://doi.org/10.1037/a0012633.
21. Adam D. Galinsky; Deborah H. Gruenfeld; Joe C. Magee. From power to action. *Journal of Personality and Social Psychology*. v. 85, n. 3, p. 453, 2003. Disponível em: https://doi.org/10.1037/0022-3514.85.3.453.
22. Yidan Yin; Krishna Savani; Pamela Smith. *From power to choice: A high sense of power increases blame* (documento de trabalho).
23. Adam Galinsky. When you're in charge, your whisper may feel like a shout. *New York Times*, 15 de agosto de 2015. Disponível em: https://www.nytimes.com/2015/08/16/jobs/when-youre-in-charge-your-whisper-may-feel-like-a-shout.html.
24. *O Diabo veste Prada*. Dirigido por David Frankel (20th Century Fox, 2006).
25. Heather Caygle; John Bresnahan; Kyle Cheney. Rep. Katie Hill to resign amid allegations of inappropriate relationships with staffers. *Politico*, 27 de outubro de 2019. Disponível em: https://www.politico.com/news/2019/10/27/rep-katie-hill-to-resign-amid-allegations-of-inappropriate-relationships-with-staffers-000301.
26. Yusaf Khan. McDonald's loses $ 4 billion in value after CEO fired over relationship with subordinate. *Business Insider*, 4 de novembro de 2019. Disponível em: https://markets.businessinsider.com/news/stocks/mcdonalds-stock-price-billions-wiped-from-value-on-fired-ceo-easterbrook-2019-11-1028654817.
27. Danielle Wiener-Bronner. McDonald's CEO Steve Easterbrook is out for "consensual relationship with an employee". *CNN*, 4 de novembro de 2019. Disponível em: https://www.cnn.com/2019/11/03/business/mcdonalds-ceo-steve-easterbrook-steps-down/index.html.
28. Paula McDonald. Banning workplace romances won't solve the problem of sexual misconduct in the workplace. *The Conversation*, 15 de fevereiro de 2018. Disponível em: https://theconversation.com/banning-workplace-romances-wont-solve-the-problem-of-sexual-mis conduct-in-the-office-91975
29. President endorses consensual relationship policy. *Cornell Chronicle*, 21 de maio de 2018. Disponível em: https://news.cornell.edu/stories/2018/05/president-endorses-consensual-relationship-policy.

30. Hope Jahren. She wanted to do her research. He wanted to talk feelings. *New York Times*, 4 de março de 2016. Disponível em: https://www.nytimes.com/2016/03/06/opinion/sunday/she-wanted-to-do-her-research-he-wanted-to-talk-feelings.html.
31. Elizabeth Wagmeister. Matt Lauer accuser Brook Nevils slams him for victim blaming, *Variety*, 10 de outubro de 2019. Disponível em: https://variety.com/2019/tv/news/matt-lauer-accuser-victim-blaming-1203365926/.
32. Ronan Farrow. From aggressive overtures to sexual assault: Harvey Weinstein's accusers tell their stories. *New Yorker*, 10 de outubro de 2017 [*Operação abafa: predadores sexuais e a indústria do silêncio*. Todavia, 2020]. Disponível em: https://www.newyorker.com/news/news-desk/from-aggressive-overtures-to-sexual-assault-harvey-weinsteins-accusers-tell-their-stories.
33. Dilvan Yasa. There can be no winners: The consequences of sleeping with my boss, *Syndey Herald*, 9 de dezembro de 2017. Disponível em: https://www.smh.com.au/lifestyle/life-and-relationships/i-came-out-realising-there-can-be-no-winners-the-consequences-of-sleeping-with-my-boss-20171207-h00g47.html
34. Monica Lewinsky. Shame and survival. *Vanity Fair*, 6 de maio de 2014. Disponível em: https://www.vanityfair.com/news/2014/05/monica-lewinsky-speaks.
35. Public shaming. *Last Week Tonight with John Oliver*, 18 de março de 2019, HBO.
36. Vanessa K. Bohns. McDonald's fired its CEO for sleeping with an employee: Research shows why even consensual office romances can be a problem. *The Conversation*, 1 de novembro de 2019. Disponível em: https://theconversation.com/mcdonalds-fired-its-ceo-for-sleeping-with-an-employee-research-shows-why-even-consensual-office-romances-can-be-a-problem-12621.
37. Antonia Abbey. Sex differences in attributions for friendly behavior: Do males misperceive females' friendliness?. *Journal of Personality and Social Psychology*. v. 42, n. 5, p. 830, 1982. Disponível em: https://doi.org/10.1037/0022-3514.42.5.830.
38. John A. Bargh; Paula Raymond; John B. Pryor; Fritz Strack. Attractiveness of the underling: An automatic power → sex association and its consequences for sexual harassment and aggression. *Journal of Personality*

       and Social Psychology. v. 68, n. 5, p. 768, 1995. Disponível em: https://doi.org/10.1037/0022-3514.68.5.768.

39. Monica Lewinsky. Emerging from the "house of gaslight" in the age of #metoo. *Vanity Fair*, março de 2018. Disponível em: https://www.vanityfair.com/news/2018/02/monica-lewinsky-in-the-age-of-metoo.

40. Sarah Maslin Nir. How 2 lives clashed in Central Park, rattling the nation. *New York Times*, 14 de junho de 2020. Disponível em: https://www.nytimes.com/2020/06/14/nyregion/central-park-amy-cooper-christian-racism.html.

41. Evan Hill; Ainara Tiefenthäler; Christiaan Triebert; Drew Jordan; Haley Willis; Robin Stein. How George Floyd was killed in police custody. *New York Times*, 22 de junho de 2020. Disponível em: https://www.nytimes.com/2020/05/31/us/george-floyd-investigation.html.

42. Ginia Bellafante. Why Amy Cooper's use of "African-American" stung. *New York Times*, 29 de maio de 2020. Disponível em: https://www.nytimes.com/2020/05/29/nyregion/Amy-Cooper-Central-Park-racism.html.

43. Frank Edwards; Hedwig Lee; Michael Esposito. Risk of being killed by police use of force in the United States by age, race-ethnicity, and sex. *Proceedings of the National Academy of Sciences*. v. 116, n. 34, p. 16793-16798, 2019. Disponível em: https://doi.org/10.1073/pnas.1821204116.

44. Shane Goldmacher. Racial justice groups flooded with millions in donations in wake of Floyd death. *New York Times*, 14 de junho de 2020. Disponível em: https://www.nytimes.com/2020/06/14/us/politics/black-lives-matter-racism-donations.html.

45. Philip Marcel. Black-owned businesses see sales surge amid racism reckoning. *Associated Press*, 1 de julho de 2020. Disponível em: https://apnews.com/5738fc904a6b29118e63a5d762f48791.

46. Marguerite Ward. The NYT bestseller list this week is almost entirely comprised of books about race and white privilege in America. *Business Insider*, 11 de junho de 2020. Disponível em: https://www.businessinsider.com/new-york-times-bestseller-list-books-about-race-in-america-2020-6.

47. Dionne Searcey; David Zucchino. Protests swell across America as George Floyd is mourned near his birthplace. *New York Times*, 6 de junho de 2020. Disponível em: https://www.nytimes.com/2020/06/06/us/ protests-today-police-george-floyd.html.

48. Soledad O'Brien. A MeToo movement for journalists of color. *New York Times*, 4 de julho de 2020. Disponível em: https://www.nytimes.com/2020/07/04/opinion/soledad-obrien-racism-journalism.html
49. Kerry Flynn. Refinery29 is reeling from claims of racism and toxic work culture. Employees say it's even worse behind the scenes. *CNN*, 11 de junho de 2020. Disponível em: https://www.cnn.com/2020/06/11/media/refinery29-workplace-culture/index.html.
50. Concepción de León; Elizabeth A. Harris. #PublishingPaidMe and a Day of Action Reveal an Industry Reckoning. *New York Times*, 8 de junho de 2020. Disponível em: https://www.nytimes.com/2020/06/08/books/publishing paidme-publishing-day-of-action.html.
51. Mary Louise Kelly. #PublishingPaidMe: Authors share their advances to expose racial disparaties. *All Things Considered. NPR*, 8 de junho de 2020. Disponível em: https://www.npr.org/2020/06/08/872470156/-publishing paidme-authors-share-their-advances-to-expose-racial-disparities.
52. Nidhi Subbaraman. How #BlackInTheIvory put a spotlight on racism in academia. *Nature*, 11 de junho de 2020. Disponível em: https://www.nature.com/articles/d41586-020-01741-7.
53. Neil Lewis. What I've learned about being a Black scientist. *Science*, 16 de junho de 2020. Disponível em: https://www.sciencemag.org/careers/2020/06/what-ive-learned-about-being-black-scientist.
54. Karen E. Fields; Barbara Jeanne Fields. *Racecraft: The Soul of Inequality in American Life* (Verso Trade, 2014).
55. Ibram X. Kendi. *Stamped from the Beginning: The Definitive History of Racist Ideas in America* (Random House, 2017).
56. Bruce Western; Becky Pettit. Black-white wage inequality, employment rates, and incarceration. *American Journal of Sociology*. v. 111, n. 2, p. 553-578, 2005. Disponível em: https://doi.org/10.1086/432780.
57. Zinzi D. Bailey; Nancy Krieger; Madina Agénor; Jasmine Graves; Natalia Linos; Mary T. Bassett. Structural racism and health inequities in the USA: Evidence and interventions. *The Lancet*. v. 389, n. 10077, p. 1453-1463, 2017. Disponível em: https://doi.org/10.1016/S0140-6736(17)30569-X.
58. Becky Pettit; Bruce Western. Mass imprisonment and the life course: Race and class inequality in US incarceration. *American Sociological Review*. v. 69, n. 2, p. 151-169, 2004. Disponível em: https://doi.org/10.1177/000312240406900201.

59. Edwards; Lee; Esposito, *Risk of being killed by police*.
60. Sean F. Reardon. School segregation and racial academic achievement gaps. *RSF: The Russell Sage Foundation Journal of the Social Sciences*. v. 2, n. 5, p. 34-57, 2016. Disponível em: https://www.rsfjournal.org/content/2/5/34.short.
61. Ted Thornhill. We want black students, just not you: How white admissions counselors screen black prospective students. *Sociology of Race and Ethnicity*. v. 5, n. 4, p. 456-470, 2019. Disponível em: https://doi.org/10.1177/2332649218792579.
62. Bertrand; Sendhil Mullainathan. Are Emily and Greg more employable than Lakisha and Jamal? A field experiment on labor market discrimination. *American Economic Review*. v. 94, n. 4, p. 991-1013, 2004. Disponível em: https://doi.org/10.3386/w9873.
63. Gregory Smithsimon. How to see race. *Aeon*, 26 de março de 2018. Disponível em: https://aeon.co/essays/race-is-not-real-what-you-see-is-a-power-relationship-made-flesh.
64. Nell Irvin Painter. Why "White" should be capitalized, too. *Washington Post*, 22 de julho de 2020.
65. Jennifer L. Eberhardt. *Biased: Uncovering the Hidden Prejudice that Shapes What We See, Think, and Do* (Penguin Books, 2020).
66. Victoria C. Plaut; Kecia M. Thomas; Matt J. Goren. Is multi-culturalism or color blindness better for minorities?. *Psychological Science*. v. 20, n. 4, p. 444-446, 2009. Disponível em: https://doi.org/10.1111/j.1467-9280.2009.02318.x.
67. Sonia K. Kang; Katherine A. DeCelles; András Tilcsik; Sora Jun. Whitened résumés: Race and self-presentation in the labor market. *Administrative Science Quarterly*. v. 61, n. 3, p. 469-502, 2016. Disponível em: https://doi.org/10.1177/0001839216639577.
68. Courtney L. McCluney; Kathrina Robotham; Serenity Lee; Richard Smith; Miles Durkee. The costs of code-switching. *Harvard Business Review*, 15 de novembro de 2019. Disponível em: https://hbr.org/2019/11/the-costs-of-codeswitching.
69. Elijah Anderson. The white space. *Sociology of Race and Ethnicity*. v. 1, n. 1, p. 10-21, 2015. Disponível em: https://doi.org/10.1177/2332649214561306.
70. Ibidem.
71. Fiske. Controlling other people: The impact of power on stereotyping.
72. John Biewen; Chenjerai Kumanyika. Seeing white: Episode 6: That's not us, so we're clean. Cena em Radio Season 2, Center for Documentary Studies,

distribuída pela PRX. Disponível em: http://www.sceneonradio.org/tag/season-2/.

73. Ramesh Nagarajah. Reflections from a token black friend. *Medium*, 4 de junho de 2020. Disponível em: https://humanparts.medium.com/reflections-from-a-token-black-friend-2f1ea522d42d.

74. Chana Joffe-Walt. Episode 1: The book of statuses, do podcast *Nice White Parents*, 30 de julho de 2020.

75. Naomi Tweyo Nkinsi. Status do Twitter, 13 de junho de 2020. Disponível em: https://twitter.com/NNkinsi/status/1271855868531765253.

76. Derald Wing Sue; Christina M. Capodilupo; Gina C. Torino; Jennifer M. Bucceri; Aisha Holder; Kevin L. Nadal; Marta Esquilin. Racial microaggressions in everyday life: implications for clinical practice. *American Psychologist*. v. 62, n. 4, p. 271, 2007. Disponível em: https://doi.org/10.1037/0003-066X.62.4.271.

77. Courtney L. McCluney; Lauren L. Schmitz; Margaret T. Hicken; Amanda Sonnega. Structural racism in the workplace: Does perception matter for health inequalities?. *Social Science & Medicine*. v. 199, p. 106-114, 2018. Disponível em: https://doi.org/10.1016/j.socscimed.2017.05.039.

78. Arline T. Geronimus; Margaret Hicken; Danya Keene; John Bound. "Weathering" and age patterns of allostatic load scores among blacks and whites in the United States. *American Journal of Public Health*. v. 96, n. 5, p. 826-833, 2006. Disponível em: https://doi.org/10.2105/AJPH.2004.060749.

79. Arthur W. Blume; Laura V. Lovato; Bryan N. Thyken; Natasha Denny. The relationship of microaggressions with alcohol use and anxiety among ethnic minority college students in a historically white institution. *Cultural Diversity and Ethnic Minority Psychology*. v. 18, n. 1, p. 45, 2012. Disponível em: https://doi.org/10.1037/a0025457.

80. Oscar Holmes IV; Kaifeng Jiang; Derek R. Avery; Patrick F. McKay; In-Sue Oh; C. Justice Tillman. A meta-analysis integrating 25 years of diversity climate research. *Journal of Management*. 2020. Disponível em: https://doi.org/10.1177/0149206320934547.

81. Andrew R. Todd; Adam D. Galinsky. Perspective-taking as a strategy for improving intergroup relations: Evidence, mechanisms, and qualifications. *Social and Personality Psychology Compass*. v. 8, n. 7, p. 374-387, 2014. Disponível em: https://doi.org/10.1111/spc3.12116.

82. Tal Eyal; Mary Steffel; Nicholas Epley. Perspective mistaking: Accurately understanding the mind of another requires getting perspective, not taking perspective. *Journal of Personality and Social Psychology*. v. 114, n. 4, p. 547, 2018. Disponível em: https://doi.org/10.1037/pspa0000115.
83. Jeff Moag. *The power of inclusion*, 7 de maio de 2020. Disponível em: https://www.tuck.dartmouth.edu/news/articles/the-power-of-inclusion.
84. Teresa Amabile; Colin Fisher; Julianna Pillemer. Ideo's culture of helping. *Harvard Business Review*, janeiro/fevereiro de 2014. Disponível em: https://hbr.org/2014/01/ideos-culture-of-helping.
85. Whitelaw Reid. Reddit co-founder Alexis Ohanian says it was long past time to do the right thing. *UVA Today*, 23 de junho de 2020. Disponível em: https://news.virginia.edu/content/reddit-co-founder-alexis-ohanian-says-it-was-long-past-time-do-right-thing.
86. Address of President-Elect John F. Kennedy delivered to a joint convention of the General Court of the Commonwealth of Massachusetts, 9 de janeiro de 1961. Disponível em: https://www.jfklibrary.org/archives/other-resources/john-f-kennedy-speeches/massachusetts-general-court-19610109.
87. Kai Sassenberg; Naomi Ellemers; Daan Scheepers; Annika Scholl. "Power corrupts" revisited: The role of construal of power as opportunity or responsibility, in J.-W. van Prooijen; Paul A. M. van Lange, ed. *Power, Politics, and Paranoia: Why People Are Suspicious of Their Leaders*. 2014. p. 73-87. Disponível em: https://doi.org/10.1017/ CBO9781139565417.007.
88. Annika Scholl; Frank de Wit; Naomi Ellemers; Adam K. Fetterman; Kai Sassenberg; Daan Scheepers. The burden of power: Construing power as responsibility (rather than as opportunity) alters threat-challenge responses. *Personality and Social Psychology Bulletin*. v. 44, n. 7, p. 1024-1038, 2018. Disponível em: https://doi.org/10.1177/0146167218757452.
89. Kai Sassenberg; Naomi Ellemers; Daan Scheepers. The attraction of social power: The influence of construing power as opportunity versus responsibility. *Journal of Experimental Social Psychology*. v. 48, n. 2, p. 550-555, 2012. Disponível em: https://doi.org/10.1016/j.jesp.2011.11.008.
90. Serena Chen; Annette Y. Lee-Chai; John A. Bargh. Relationship orientation as a moderator of the effects of social power. *Journal of Personality and Social Psychology*. v. 80, n. 2, p. 173, 2001. Disponível em: https://doi.org/10.1037/0022-3514.80.2.173.
91. Schmid Mast; Jonas; Hall, Give a person power.

92. Bob Gilber. More than just a game. *Seton Hall Magazine*, 9 de novembro de 2010. Disponível em: https://blogs.shu.edu/magazine/2010/11/more-than-just-a-game-2/.
93. Longman, College Basketball East.

7. Ver, sentir e experimentar sua influência sobre os outros

1. Patricia Mazzei; Frances Robles. The costly toll of not shutting down Spring break earlier. *New York Times*, 11 de abril de 2020. Disponível em: https://www.nytimes.com/2020/04/11/us/florida-spring-break-coronavirus.html.
2. Jake Wittich. St. Patrick's Day partiers hit the town over officials' pleas amid coronavirus outbreak. *Chicago Sun-Times*, 14 de março de 2020. Disponível em: https://chicago.suntimes.com/coronavirus/2020/3/14/21179885/st-patricks-day-chicago-coronavirus.
3. Taylor Lorenz. Flight of the influencers. *New York Times*, 3 de abril de 2020. Disponível em: https://www.nytimes.com/2020/04/02/style/influencers-leave-new-york-coronavirus.html?fbclid=IwAR3xnN5uIgtlZh5FbB09eik5ht n3DYH9DwbRMFL4y_zPugpcgf2hZPyhkNo.
4. Vanessa K. Bohns. Why so many people are still going out and congregating in groups despite coronavirus pandemic: It's not selfishness. *The Hill*, 20 de março de 2020. Disponível em: https://thehill.com/changing-america/opinion/488654-why-so-many-people-are-still-going-out-and-congregating-in-groups.
5. Dale T. Miller. The norm of self-interest. *American Psychologist*. v. 54, n. 12, p. 1053-1060, 1999. Disponível em: https://doi.org/10.1037/0003-066X.54. 12.1053.
6. Aimee Ortiz. Man who said, "If I get corona, I get corona" apologizes. *New York Times*, 24 de março de 2020. Disponível em: https://www.nytimes. com/2020/03/24/us/coronavirus-brady-sluder-spring-break.html.
7. Rachel Greenspan. In a tearful post from the Hamptons, an influencer apologized after fleeing NYC following her COVID-19 diagnosis. *Insider*, 2 de abril de 2020. Disponível em: https://www.insider.com/arielle-charnas-something-navy-responds-to-backlash-coronavirus-2020-4.
8. Caitlin O'Kane. Woman helped elderly couple get food when they were too scared to go shopping during coronavirus outbreak. *CBS News*, 13 de março de 2020. Disponível em: https://www.cbsnews.com/news/corona

virus-elderly-rebecca-mehra-twitter-buys-couple-groceries-scared-to-go-into-store-during-oregon-outbreak/.

9. 8-year-old NC child with autism gets surprise 100+ Jeep parade for birthday. *North Carolina News*, CBS17.com. Disponível em: https://www.cbs17.com/news/north-carolina-news/8-year-old-nc-child-with-autism-gets-surprise-100-jeep-parade-for-birthday/.

10. Max H. Bazerman; George Loewenstein; Don A. Moore. Why good accountants do bad audits. *Harvard Business Review*. v. 80, n. 11, p. 96-103, 2002. Disponível em: https://hbr.org/2002/11/why-good-accountants-do-bad-audits.

11. Georgia Nigro; Ulric Neisser. Point of view in personal memories. *Cognitive Psychology*. v. 15, n. 4, p. 467-482, 1983. Disponível em: https://doi.org/10.1016/0010-0285(83)90016-6.

12. Daniel T. Gilbert; Edward E. Jones. Perceiver-induced constraint: Interpretations of self-generated reality. *Journal of Personality and Social Psychology*. v. 50, n. 2, p. 269, 1986. Disponível em: https://doi.org/10.1037/0022-3514.50.2.269.

13. Lisa K. Libby; Richard P. Eibach. Visual perspective in mental imagery: A representational tool that functions in judgment, emotion, and self-insight, in J. M. Olson; M. P. Zanna, ed. *Advances in Experimental Social Psychology*. v. 44, Academic Press, 2011. p. 185-245. Disponível em: https://doi.org/10.1016/B978-0-12-385522-0.00004-4.

14. Lisa K. Libby; Eric M. Shaeffer; Richard P. Eibach; Jonathan A. Slemmer. Picture yourself at the polls: Visual perspective in mental imagery affects self-perception and behavior. *Psychological Science*. v. 18, n. 3, p. 199-203, 2007. Disponível em: https://doi.org/10.1111/j.1467-9280.2007.01872.x.

15. Ibidem.

16. Eli J. Finkel; Erica B. Slotter; Laura B. Luchies; Gregory M. Walton; James J. Gross. A brief intervention to promote conflict reappraisal preserves marital quality over time. *Psychological Science*. v. 24, n. 8, p. 1595-1601, 2013. Disponível em: https://doi.org/10.1177/0956797612474938.

17. Rebecca D. Ray; Frank H. Wilhelm; James J. Gross. All in the mind's eye? Anger rumination and reappraisal. *Journal of Personality and Social Psychology*. v. 94, n. 1, p. 133, 2008. Disponível em: https://doi.org/10.1037/0022-3514.94.1.133.

18. Ethan Kross; Ozlem Ayduk; Walter Mischel. When asking "why" does not hurt distinguishing rumination from reflective processing of negative emotions.

Psychological Science. v. 16, n. 9, p. 709-715, 2005. Disponível em: https://doi.org/10.1111/j.1467-9280.2005.01600.x.

19. Dale Carnegie. *How to Win Friends and Influence People* (Simon & Schuster, 1936).
20. Nicholas Epley. *Mindwise: Why We Misunderstand What Others Think, Believe, Feel, and Want* (Vintage, 2014).
21. Tal Eyal; Mary Steffel; Nicholas Epley. Perspective mistaking: Accurately understanding the mind of another requires getting perspective, not taking perspective!. *Journal of Personality and Social Psychology.* v. 114, n. 4, p. 547, 2018. Disponível em: https://doi.org/10.1037/ pspa0000115.
22. C. Daniel Batson; Shannon Early; Giovanni Salvarani. Perspective taking: Imagining how another feels versus imaging how you would feel. *Personality and Social Psychology Bulletin.* v. 23, n. 7 (1997), p. 751-758. Disponível em: https://doi.org/10.1177/0146167297237008.
23. Adam D. Galinsky; Gillian Ku; Cynthia S. Wang. Perspective-taking and self-other overlap: Fostering social bonds and facilitating social coordination. *Group Processes & Intergroup Relations.* v. 8, n. 2, p. 109-124, 2005. Disponível em: https://doi.org/10.1177/1368430205051060.
24. Andrew R. Todd; Galen V. Bodenhausen; Jennifer A. Richeson; Adam D. Galinsky. Perspective taking combats automatic expressions of racial bias. *Journal of Personality and Social Psychology.* v. 100, n. 6, p. 1027, 2011. Disponível em: https://doi.org/10.1037/a0022308.
25. Eyal; Steffel; Epley, Perspective mistaking, p. 568.
26. Vanessa K. Bohns; Lauren A. DeVincent. Rejecting unwanted romantic advances is more difficult than suitors realize. *Social Psychological and Personality Science.* v. 10, n. 8, p. 1102-1110, 2019. Disponível em: https://doi.org/10.1177/1948550618769880.
27. Rachel L. Ruttan; Mary-Hunter McDonnell; Loran F. Nordgren. Having "been there" doesn't mean I care: When prior experience reduces compassion for emotional distress. *Journal of Personality and Social Psychology.* v. 108, n. 4 2015. 610. Disponível em: https://doi.org/10.1037/pspi0000012.
28. Lee Ross; David Greene; Pamela House. The "false consensus effect": An egocentric bias in social perception and attribution processes. *Journal of Experimental Social Psychology.* v. 13, n. 3 (1977), p. 279-301. Disponível em: https://doi.org/10.1016/0022-1031(77)90049-X.

29. Alix Spiegel. By making a game out of rejection, a man conquers fear. *Invisibilia*. NPR, 16 de janeiro de 2015. Disponível em: https://www.npr.org/sections/health-shots/2015/01/16/377239011/by-making-a-game-out-of-rejection-a-man-conquers-fear.
30. Jonathan S. Abramowitz; Brett J. Deacon; Stephen P. H. White-side. *Exposure Therapy for Anxiety: Principles and Practice* (Guilford Publications, 2019).
31. Jia Jiang. Day 7: Speak over Costco's intercom. 100 Days of Rejection Therapy. *Rejection Therapy with Jian Jiang*, 22 de novembro de 2012. Disponível em: https://www.rejectiontherapy.com/blog/2012/11/22/day-7-rejection-therapy-speak-over-costcos-intercom/.
32. Jia Jiang. Day 9: Send stuff to Santa Claus through FedEx. 100 Days of Rejection Therapy. *Rejection Therapy with Jian Jiang*, 24 de novembro de 2012. Disponível em: https://www.rejectiontherapy.com/blog/2012/11/24/day-9-rejection-therapy-send-stuff-to-santa-claus-through-fedex/.
33. Jia Jiang. Day 36: Trim my hair at PetSmart. 100 Days of Rejection Therapy. *Rejection Therapy with Jian Jiang*, 4 de janeiro de 2013. Disponível em: https://www.rejectiontherapy.com/blog/2013/01/04/day-36-trim-my-hair-at-petsmart/.
34. Jia Jiang. Day 41: Sit in police car's driver's seat. 100 Days of Rejection Therapy. *Rejection Therapy with Jian Jiang*, 12 de janeiro de 2013. Disponível em: https://www.rejectiontherapy.com/blog/2013/01/12/rejection-41-sit-in-police-cars-drivers-seat/.
35. Jia Jiang. Day 21: Ask strangers for compliments. 100 Days of Rejection Therapy. *Rejection Therapy with Jian Jiang*, 9 de dezembro de 2012. Disponível em: https://www.rejectiontherapy.com/blog/2012/12/09/day-21-ask-strangers-for-compliments/.
36. Jia Jang. Day 3: Ask for Olympic symbol donuts. *100 Days of Rejection Therapy*, 18 de novembro de 2012. Disponível em: https://www.rejectiontherapy.com/blog/2012/11/18/day-3-rejection-therapy-ask-for-olympic-symbol-doughnuts-jackie-delivers/.
37. Jia Jiang. *What I learned from 100 days of rejection*. TEDxMt-Hood, maio de 2015. Disponível em: https://www.ted.com/talks/jia_jiang_what_i_learned_from_100_days_of_rejection.
38. Steven O. Roberts; Carmelle Bareket-Shavit; Forrest A. Dollins; Peter D. Goldie; Elizabeth Mortenson. Racial inequality in psychological research: Trends of

the past and recommendations for the future. *Perspectives on Psychological Science* (2020). Disponível em: https:// doi.org/10.1177/1745691620927709.
39. Linda Babcock; Sara Laschever. *Women Don't Ask: Negotiation and the Gender Divide* (Princeton University Press, 2009).
40. Hayley: Asking for Rejection. *My Name Is...*, BBC Radio 4, 19 de fevereiro de 2020. Disponível em: https://www.bbc.co.uk/programmes/moooffzx.
41. Jiang. Day 21: Ask strangers for compliments, 100 Days of Rejection Therapy (video).
42. Marianne Power. I was rejected every day for a month. *Bazaar*, 30 de janeiro de 2019. Disponível em: https://www.harpersbazaar.com/culture/features/a26062963/what-is-rejection-therapy-self-help/.
43. Vanessa K. Bohns. (Mis)Understanding our influence over others: A review of the underestimation-of-compliance effect. *Current Directions in Psychological Science*. v. 25, n. 2, p. 119-123, 2016. Disponível em: https://doi.org/10.1177/0963721415628011.
44. Paul Rozin; Edward B. Royzman. Negativity bias, negativity dominance, and contagion. *Personality and Social Psychology Review*. v. 5, n. 4, p. 296-320, 2001. Disponível em: https://doi.org/10.1207/ S15327957PSPR0504_2.
45. Roy F. Baumeister; Ellen Bratslavsky; Catrin Finkenauer; Kathleen D. Vohs. Bad is stronger than good. *Review of General Psychology*. v. 5, n. 4, p. 323-370, 2001. Disponível em: https://doi.org/10.1037/1089-2680.5.4.323.
46. Arielle M. Silverman; Jason D. Gwinn; Leaf Van Boven. Stumbling in their shoes: Disability simulations reduce judged capabilities of disabled people. *Social Psychological and Personality Science*. v. 6, n. 4, p. 464-471, 2015. Disponível em: https://doi.org/10.1177/1948550614559650.
47. Jiang, *TEDx Talk*.

Editora Planeta Brasil | 20 ANOS

Acreditamos nos livros

Este livro foi composto em Utopia Std e impresso pela Geográfica para a Editora Planeta do Brasil em março de 2023.